Hannah Emde
Abenteuer Artenschutz

Hannah Emde

ABENTEUER
Artenschutz
ALS TIERÄRZTIN IM DSCHUNGEL

Mit 57 farbigen Fotos,
zwölf Zeichnungen und
zwei Karten

MALIK

Mehr über unsere Autoren und Bücher:
www.malik.de

www.cpi-print.de/umwelt

Dieser Titel wird von einem Recyclingkarton eingefasst und unterstützt
die Erstaufforstung von Laubmischwäldern in Schleswig-Holstein
im Rahmen der CPI Books GmbH-Beteiligung an »klimaneutrales
Drucken«, bei dem der CO_2-Ausstoß bei der Produktion eines Buches
durch die Beteiligung an diesem Projekt ausgeglichen wird. Das ein-
gesetzte Material ist FSC-zertifiziert und entstammt nachhaltiger Forst-
wirtschaft. Der Verbindungskleber ist auf Holzleimbasis und vegan.

MIX
Papier aus verantwor-
tungsvollen Quellen
FSC® C083411

ISBN 978-3-89029-540-4
© Piper Verlag GmbH, München 2020
Redaktion: Antje Steinhäuser, München
Alle Fotos im Bildteil: © Hannah Emde,
bis auf Seite 8 oben: Beth Dolmage
und Seite 9 unten: Kyle Hendrikson
Illustrationen: © Eric Peters, Hamburg
Karte: Birgit Kohlhaas, kohlhaas-buchgestaltung.de
Gesetzt aus der Granjon
Satz: psb, Berlin
Litho: Lorenz & Zeller, Inning am Ammersee
Druck und Bindung: CPI Books GmbH, Leck
Printed in Germany

Für Noah

INHALT

PROLOG

Schwül-feuchte Luft strömt mir entgegen, als ich die Autotür öffne. Meine Kleidung klebt an der Haut, es herrschen über 30 Grad. Neugierig blicke ich mich um. Das Auto parkt unter einer großen Brücke. Um mich herum stehen weitere Pick-ups, ich erkenne vereinzelte Häuser, und zweihundert Meter entfernt befindet sich ein menschenleeres Restaurant. Ich schnappe mir meinen Rucksack und folge einem schmalen Trampelpfad in Richtung Bootssteg. Hier startet die letzte Etappe der Reise, mein Ziel: eine kleine Forschungsstation mitten im Regenwald der Insel Borneo – weit weg von der Zivilisation. Begleitet werde ich von Peter; der Malaysier ist Manager der Forschungsstation.

Ich hebe den Blick, und zum ersten Mal taucht er vor mir auf: der Kinabatangan River. Ein mächtiger, schlammbrauner Fluss, der sich durch Urwälder und Schwemmebenen bis in die Sulusee windet. Er entspringt im Herzen der nebelverhangenen Regenwälder im Hochland und ist Lebensader der Provinz Sabah. Die Einheimischen nennen ihn »Sabahs Geschenk an die Erde«. Die atemberaubende Vielfalt der Tierwelt entlang dieses Gewässers ist etwas ganz Besonderes. Lediglich das gewaltige Flusssystem des Amazonas hat einen vergleichbaren Artenreichtum zu bieten.

Umrahmt von gigantischen Bäumen und sattem Grün, liegt der breite, reißende Fluss vor mir. Mein Herz schlägt schneller. Für uns Forschende ist der Kinabatangan der einzige Weg, auf dem wir in die Tiefen des Dschungels gelangen. In den Naturdokus, die ich vor meiner Abreise geschaut habe, wird das Wasser charmant als »kaffee-« oder »bernsteinfarben« beschrieben, und es heißt, an seinen Ufern würde das Überraschende alltäglich. Zwar ist das Wasser meiner Meinung nach schlicht schlammbraun, doch vor allem bin ich enorm gespannt auf die nächsten drei Monate im Dschungel.

Ich kann es kaum erwarten, endlich auf das Wasser zu kommen. Mit Schwimmweste um die Schultern und Rucksack auf dem Schoß sitze ich aufmerksam auf der Vorderbank des kleinen Motorboots, das Peter hinter mir steuert. Der Fahrtwind bläst mir ins Gesicht, und Urwaldbäume in allen Größen und Formen rauschen an mir vorbei. Ein herrlich frischer Duft aus Wald und Unbekanntem liegt in der Luft. Das dunkle Wasser spritzt vom Boot ab, und am Horizont türmen sich Wolkenberge auf. Wir rasen von einer Flussschlinge in die nächste.

Aufgeregt versuche ich, überall gleichzeitig hinzugucken. Über meinen Kopf fliegt ein Nashornvogel-Pärchen hinweg: große schwarze Vögel, mit weißer Brust und einem mächtigen, gebogenen Schnabel, auf dem ein fast ebenso großes Horn sitzt. Durch ihren hektischen Flügelschlag, der mich ein bisschen an flatternde Hühner erinnert, kann ich sie am Himmel gut identifizieren.

Eine weitere Bewegung fällt mir ins Auge: eine Gruppe Affen erkundet das Ufer. Bestimmt fünfzehn Langschwanz-Makaken laufen leichtfüßig am Wasser entlang und suchen nach Futter. Ein Baby klammert sich am Rücken seiner Mutter fest, zwei Junge tollen über den Boden. Als sich das Motorboot nähert, schauen sie kurz auf, mustern uns kritisch und sprinten geschickt den nächsten Baumstamm hinauf. Die auslaufenden Äste des großen Baumes wippen verräterisch. Hinter jeder Flussbiegung wartet eine neue Überraschung auf mich.

Plötzlich zeigt Peter auf das Ufer rechts von uns und bremst das Boot ab: Langsam schiebt sich ein großer, schuppiger Rücken aus dem trüben Wasser. Erschrocken erkenne ich ein monströses, spitz zulaufendes Maul mit gewaltigen Zahnreihen und zwei gelbe, eng beieinanderstehende Augen. Der braun-schwarze Panzer hebt sich kaum vom Ufer ab.

Mittlerweile ist das riesige Reptil ganz aus dem Wasser gekommen und schleicht bedrohlich über den schlammigen Boden, ehe es sich niederlässt. Ein Leistenkrokodil, das größte Krokodil der Welt. Begeistert präge ich mir alles genau ein.

»Leistenkrokodile können über sieben Meter lang werden mit bis zu einer Tonne Gewicht. Und sie sind zahlreich im Kinabatangan vertreten. Sehr zahlreich. Es ist das größte aller heute lebenden Reptilien«, erklärt mir der Malaysier stolz.

Andächtig mustere ich das prähistorische Raubtier. Ruhig liegt es in der Sonne und nimmt keinerlei Notiz von unserem Boot.

»Wichtigste Regel für dich: niemals im Kinabatangan schwimmen! In den angrenzenden Dörfern sind schon Menschen von Kroko-

dilen schwer verletzt worden. Meist waren es Kinder, die am Wasser spielten«, fährt Peter fort.

Ich muss schlucken. Während der Weiterfahrt entdecke ich noch mindestens sechs weitere Krokodile am Flussufer, die meisten liegen bewegungslos in der Sonne. Manche haben ihr Maul weit geöffnet und präsentieren ihre gewaltigen Zähne.

»Wir befinden uns hier in den Tieflandschwemmebenen des Kinabatangan-Flusses!«, ruft mir Peter über das Motorengeräusch zu. »Sie gehören zu den wenigen Regionen der Erde, in denen zehn unterschiedliche Primatenarten heimisch sind. Neben den bekannten Orang-Utans, Gibbons, Makaken und Languren lebt hier einer der seltensten und einzigartigsten Affen der Welt. Gleich müssten wir an einer Gruppe vorbeikommen.«

Staunend suche ich die vorüberrauschenden Bäume ab, und dann sehe ich sie: orangefarbene Flecken mit großer, birnenförmiger Nase und dickem Kugelbauch – die Nasenaffen. Mit beeindruckenden Sprüngen bewegen sie sich in den üppigen Bäumen fort. Ein großer Affe fühlt sich von dem näher kommenden Boot gestört, streckt seinen Oberkörper nach vorne, zeigt seine Zähne und beginnt laut zu rufen. Mich erinnert das Gebrüll allerdings eher an ein bedrohliches Schnarchen.

»Nasenaffen zählen zu den seltensten Affen der Welt, nur etwa siebentausend Tiere leben in freier Wildbahn. Ihr Lebensraum schrumpft stetig«, erklärt mir der Manager.

Es ist eine große Freude, der Affengruppe beim Fressen und Toben zuzuschauen.

Die Naturdokumentationen haben nicht übertrieben: Der Kinabatangan sprüht nur so vor Leben. Ein herausragendes Beispiel dieses Artenreichtums ist der Sunda-Nebelparder. Eine sehr scheue und durch ihre ungewöhnliche Fellzeichnung exzellent getarnte Raubkatze, die nur auf Borneo vorkommt. Mein Traum ist es, diese besondere Katze während meines Forschungsaufenthaltes zu Gesicht zu bekommen.

Ein besonders liebenswertes Tier, das mir in freier Wildbahn allerdings nicht mehr begegnen wird, ist das Sumatra-Nashorn. Das kleine, vollkommen behaarte Nashorn, das hier über fünfunddreißig Millionen Jahre gelebt hat, ist nämlich seit 2015 in Sabah ausgestorben. Eine tragische Entwicklung, die mir die Fragilität dieses Ökosystems schmerzlich vor Augen führt.

Während der rasanten Flussfahrt über den Kinabatangan spüre ich ein Kribbeln in mir aufsteigen: ein aufgeregtes Glücksgefühl – auf ins Unbekannte!

TEIL I

FASZINATION WILDNIS

1.

MEIN NATURKUNDEMUSEUM
IN DER SCHUBLADE

Goldenes Licht flutet den Raum, die Vögel zwitschern fröhlich
vor sich hin, und der Wind rauscht durch das Blätterdach. Wider-
willig erwache ich aus meinem Tiefschlaf und öffne vorsichtig
die Augen. Etwas enttäuscht stelle ich fest, dass ich mich gar
nicht im Dschungel befinde. Das Bett ist zu weich, die Luft zu
trocken und das Zwitschern zu eintönig. Da kommt der neu-
modische Tageslichtwecker mit Vogelfunktion an seine Grenzen. Ernüchtert blicke ich aus dem Fenster. Weder Affen noch
Nashornvögel in den Bäumen, stattdessen grauer Himmel, Nie-
selregen und ein Linienbus, der sich durch die Straßen kämpft.
Wenigstens die Kohlmeisen im Baum gegenüber lassen mich
nicht im Stich. Mein Leben lang habe ich in Städten gewohnt,
und trotzdem werden mir all der Beton, der laute Verkehr, die
Hektik und der getaktete Lebensstil manchmal zu viel. Dann
zieht es mich in die Ferne, in ein einfaches Leben aus dem Rucksack mit vier T-Shirts, Gummistiefeln, fremden Sprachen, hohen
Bäumen und wilden Tieren.

Ich heiße Hannah, bin 26 Jahre alt und wohne in Hamburg, wenn ich nicht gerade in den Dschungeln unserer Erde arbeiten darf. Ich esse gerne Reis, mag keine Spinnen und freue mich über jede warme Dusche. Warum das so ist – und warum ich nicht eine klassische Tierärztin in der Kleintierpraxis geworden bin, sondern lieber einer vom Aussterben bedrohten Raubkatze durch den Regenwald folge –, erzähle ich in diesem Buch. Ich möchte meine Leserinnen und Leser* mitnehmen auf eine Reise. Eine Reise durch fremde Länder und dichte Wälder mit wilden Tieren und interessanten Begegnungen. Und vor allem möchte ich herausfinden, warum der Orang-Utan auf Borneo, der Lemur auf Madagaskar oder der Hellrote Ara in Guatemala vom Aussterben bedroht sind und was wir alle dagegen tun können.

Mit meiner Kaffeetasse in der Hand setze ich mich an den Laptop und gehe die Newsletter in meinem Posteingang durch. Schlagzeilen fluten die Kanäle:

»Eine Million Arten sind vom Aussterben bedroht«.

»Ein Massensterben wie bei den Dinosauriern – nur menschengemacht«.

»Artensterben so gefährlich wie der Klimawandel«.

Bestürzt lese ich mich durch die Nachrichten. Gerade veröffentlichte der Weltbiodiversitätsrat (IPBES)** der Vereinten Nationen einen wichtigen Bericht. Hundertfünfzig Fachleute

---

* Gendergerechtigkeit ist mir sehr wichtig – auch in der Sprache. In meinem beruflichen Umfeld wird beispielsweise viel vom »Tierarzt« gesprochen, obwohl dieses Studium mittlerweile von Frauen dominiert wird. In meinem Buch nutze ich gendergerechte Bezeichnungen, soweit der Text dadurch nicht an Lesbarkeit verliert.

** Eine intergouvernementale Plattform zwischen Wissenschaft und Politik, die Informationen zu Biodiversität und Ökosystemleistungen bereitstellt.

aus fünfzig Ländern analysierten dafür Tausende Studien zum Thema Artenvielfalt. Erstmals bezogen sie darüber hinaus auch das Wissen indigener Völker und regionaler Gemeinden mit ein.

Was bedeutet *Biodiversität* überhaupt? Dieser Begriff beinhaltet alles, was zur Vielfalt der belebten Natur beiträgt: Arten von Tieren und Pflanzen, Pilzen und Mikroorganismen sowie die genetische Vielfalt innerhalb der Arten und die Vielfalt der Lebensräume. Biodiversitätsschutz bedeutet also nicht nur, die Schönheit der Natur zu bewahren, sondern auch die Grundlage des Überlebens auf unserem Planeten zu sichern.

Die Ergebnisse des Artenschutzberichtes sind erschreckend: Immer mehr Tier- und Pflanzenarten sind vom Aussterben bedroht. Gründe dafür sind die intensive Nutzung der Landflächen und Meere, der Klimawandel und die Verschmutzung der Umwelt. Auch invasive Arten, die heimische Tiere und Pflanzen verdrängen, spielen eine Rolle. Sogar bei unseren Nutztieren schwindet die Vielfalt. Dabei sollten laut Biodiversitätskonvention bereits bis 2020 der Verlust der Lebensräume um die Hälfte reduziert, die Überfischung gestoppt und Schutzgebiete erweitert werden. Keines dieser Ziele wurde erreicht.

Ich bin schockiert, mit einer derart schlechten Bilanz habe ich nicht gerechnet. Eine Million Arten vom Aussterben bedroht — es tut weh, so etwas zu lesen. Schließlich sind darunter auch Arten, die wir bisher nicht mal kennen. Beispielsweise der Tapanuli-Orang-Utan, der erst vor zwei Jahren auf Sumatra entdeckt wurde und mit nur achthundert Individuen schon jetzt als die seltenste Menschenaffen-Art der Welt gilt. Häufig sind es sogar Arten, von denen wir noch gar nicht wissen, welche Rolle sie im Ökosystem spielen. Jeden Tag gehen dabei Informationen verloren, die für uns Menschen von großer Bedeutung sein können, zum Beispiel für die Grundlagenforschung oder die Gewinnung von Medikamenten. Gleichzeitig verspüre ich einen starken Drang, etwas gegen das fortschreitende Artensterben zu tun.

Bedrückt verfasse ich einen Post zu dem Thema für Facebook, viele Likes wird er wohl nicht bekommen. Mein Kaffee ist mittlerweile kalt. Beim Kaffeekauf achte ich besonders auf Bioanbau und fairen Handel, um die Kleinbauern in den Anbauregionen zu unterstützen und dem Ökosystem nicht zu schaden. Zahlreiche alltägliche Kaufentscheidungen wie diese können einen Unterschied machen. Ich hatte noch nie einen besonderen Hang zur Schwarzmalerei und bin froh, als ich in dem Bericht doch noch einen Hoffnungsschimmer entdecke. Auf die Frage, ob sich der Rückgang der Artenvielfalt überhaupt noch aufhalten lasse, antworten die Publizierenden mit einem klaren Ja. Aber nur, wenn auf allen Ebenen unverzüglich und konsequent gegengesteuert wird.

Ich liebe Tiere. Ob groß, klein, schuppig, süß oder gefährlich – nichts fasziniert mich so sehr wie die Tierwelt. Deswegen bin ich auch Tierärztin geworden. Das wollte ich schon als kleines Mädchen: »Tiereztin« steht in krakeliger Schrift in meinem »Wilde Hühner«-Freundebuch. Was ich damals mit sieben Jahren gar nicht mochte, sind »Tierkweler«. Auch das hat sich bis heute nicht geändert.

»Du hattest schon immer diesen besonderen Draht zu Tieren«, erzählt mir meine Mutter, als ich sie nach den Anfängen meiner Tierliebe befrage. »Schon im Kindergarten, da warst du gerade mal fünf, bist du mit den Vorschulkindern jeden Freitag zur Jugendfarm gefahren, um Ställe auszumisten und Tiere zu füttern. Die anderen Kinder hatten Angst, den Stall des Ziegenbocks sauber zu machen, weil der so stur war. Aber Klein-Hannah ließ sich davon nicht beeindrucken, stapfte schnurstracks in den Stall und stemmte sich gegen den Bock, wenn er sie beiseitedrängen wollte. Berührungsängste Tieren gegenüber waren dir völlig fremd.«

Ich bin im Rheinland aufgewachsen, in einem Haus am Stadtrand mit kleinem Garten und viel Grün drum herum. Meine Kindheit spielte sich weitgehend draußen ab, und ich hatte nie

Hemmungen, mich dreckig zu machen. Als Tochter einer Biologin und eines Forstwissenschaftlers wurde ich in einem naturverbundenen Haushalt groß und kam schon früh mit einem umweltbewussten Lebensstil in Berührung. Das erste gemeinsame Projekt mit meiner Mutter, an das ich mich erinnere, war das Züchten von Salzkrebsen. Wir starteten öfter solche Experimente: Insektenhotels bauen, Zwiebelschalen mikroskopieren oder Spinnen aufziehen, um die Abneigung ihnen gegenüber zu verlieren. Gut, Letzteres hat bei keinem von uns so richtig geklappt. Ein Dackel gehörte ebenfalls zur Familie Emde. So lernten meine Schwester und ich schon früh, Verantwortung für ein Tier zu übernehmen.

Mein Vater erzählte damals gern, dass er bei »Wetten, dass ..?« die Wette abschließen wolle, zwölf verschiedene Baumarten an ihrem Geschmack zu erkennen. Daraufhin verbrachte ich einige Tage damit, Bäume anzulecken, weil ich das auch können wollte. Außerdem hatte ich eine Vorliebe für Naturschätze. Schon in der Grundschule begann ich damit, jeden schönen Stein, jede Feder und auch jeden Knochen einzusammeln, den ich im Wald fand. Meine große Schwester pflegte eine hübsche Ausstellung von Edelsteinen und Sammelfiguren in ihrer Glasvitrine. So etwas wollte ich auch haben, allerdings war mir all die Ordnung zu viel Aufwand, sodass mein »Naturkundemuseum in der Schublade« etwas rustikaler ausfiel. Als mein großer Stolz musste es von jedem Gast des Hauses bewundert werden.

Mit der Zeit häuften sich immer mehr »Materialien« an, die ich vorsichtig mit dem Lupenglas inspizierte und dann in der Schublade verschwinden ließ. Eines Tages begrüßten mich viele kleine Mitbewohnerinnen in meinem Kinderzimmer. Zu meiner großen Freude und dem Entsetzen meiner Eltern hatten sich Hunderte weiße Larven in dem Rehschädel in meiner Schublade eingenistet. Daraufhin bestanden die Erwachsenen darauf, dass ich ihnen jeden neuen Fund erst zeigte, bevor er dort seinen ehrenvollen Platz bekam.

Auch meine Grundschullehrerin trug zu meinem frühen Forscherdrang bei. Frau Vogel schickte uns, wann immer es möglich war, hinaus in die Natur. Sie weckte durch ihren anschaulichen und spannenden Unterricht einen Wissensdurst in mir, für den ich ihr bis heute dankbar bin. Frau Vogel wurde ein *Local Hero* für mich, eine Person, die mich nachhaltig prägte und inspirierte. Meine Local Heroes begegnen mir überall auf der Welt und begleiten mich mein Leben lang.

Frau Vogel führte von Anfang an zahlreiche Projekte mit unserer Klasse durch, die nicht im Lehrplan standen, entdeckte meine Stärken und förderte mich, wo immer es ging. Dabei blieb mir am meisten unser Schneckenprojekt im Gedächtnis: Jeder Gruppentisch bekam ein Terrarium mit Weichtieren. Wir richteten ihnen das Zuhause naturnah ein, teilten uns die Fütterungszeiten ordentlich auf, gaben unseren Schnecken Namen, erforschten und studierten sie. Das hatte zur Folge, dass ich ein großer Schneckenfan wurde. Stundenlang konnte ich hinter unserem Haus neben den Büschen hocken und Schnecken beobachten. Andere spielten mit Barbies oder Gameboys, ich veranstaltete Schneckenrennen, sammelte Futter und pflegte die schleimigen Tierchen. Einmal nahm ich eine Schnecke mit in mein Kinderzimmer, um sie genauer unter die Lupe zu nehmen. Ich muss ungefähr sieben Jahre alt gewesen sein. Als ich mich nach dem Abendessen wieder zu ihr gesellen wollte, war sie nicht mehr aufzufinden. Erst erzählte ich niemandem von meinem schmerzlichen Verlust, bis meine Eltern einige Wochen später fast verzweifelten. Es stank ziemlich übel in meinem Zimmer, doch keiner konnte sich die Ursache erklären. Mein Vater montierte die halbe Holzvertäfelung ab, da er dahinter eine tote Maus vermutete, doch der penetrante Verwesungsgeruch blieb unaufgeklärt. Sogar Dackel Lotta kam als Spürhund zum Einsatz. Da nahm mich meine Mutter zur Seite: »Hannah, war hier irgendein Tier in deinem Zimmer? Sei ehrlich, ich schimpfe auch nicht.«

Betreten gab ich zu: »Mhhm … na ja … ich hatte eine Schnecke in der Hosentasche. Dann gab es Abendbrot, und ich habe sie hier so lange auf den Tisch gelegt. Und als ich wiederkam, war sie nicht mehr da.«

Jetzt wussten sie zumindest, wonach sie suchten, aber es dauerte trotzdem noch einige Tage, bis sie einen dunklen, streng riechenden, festgetretenen Fleck im Teppich fanden. Danach durfte ich keine lebendigen Tiere mehr mit in mein Zimmer nehmen. Und hatte auch nie wieder einen Teppich.

Meine Mutter erzählt heute noch lachend: »Mir war klar, dass das bei dir nie die ›Pferdenummer‹ werden würde. Du hast auf dem Reiterhof schon immer lieber mit den Tieren gearbeitet, als sie zu striegeln oder ihnen Flechtfrisuren zu zaubern. Du wolltest nicht Tierärztin werden, weil du so gerne Tiere streichelst, sondern weil du sie erforschen wolltest.«

Meine ersten wichtigen Naturmomente erlebte ich in Schweden. Seit ich klein bin, fahre ich dorthin, damals häufig mit Familie und VW-Bus in den Sommerferien, später dann mit den Pfadfindern oder Freundinnen. Wildes Zelten, Blaubeeren pflücken, Pfannkuchen über dem Feuer. In klaren, kalten Seen schwimmen und mich anschließend auf den warmen Felsen wieder aufwärmen. Klar kenne ich die Geschichten von Astrid Lindgren, und Ronja Räubertochter bleibt eine große Heldin.

Ich schwärme für warme Zimtschnecken und rostrote Schwedenhäuschen, aber vor allem liebe ich diese raue skandinavische Natur: Nadelwälder, so weit das Auge reicht, moosbewachsene Felsen, einsame Inseln und die kurzen Sommer. Besonders eindrücklich blieben mir die langen Kanutouren. Im Nachhinein bewundere ich den Mut meiner Eltern. Für zehn Tage mit zwei Kanus, zwei Kindern, zwei Zelten und einem Dackel auf dem Wasser unterwegs zu sein ist wahrlich eine Herausforderung.

Das Gefühl, über einen seelenruhigen See zu paddeln, ist ganz tief in meinem Herzen verankert. Wenn ich so lautlos durch die Natur gleite, nehme ich die Landschaft und die Tiere intensiv wahr. Ich lasse die Seele baumeln und spüre eine tiefe Verbundenheit mit der Natur. Hier nehme ich Zeit ganz anders wahr. Ich richte mich nach Wind, Wetter und den eigenen Kräften. Ich lerne, mich anhand einer Karte zu orientieren und das Kanu durch Stromschnellen zu navigieren.

Gegen Nachmittag wird auf Kanutour nach der schönsten Insel oder dem prächtigsten Ausblick Ausschau gehalten. Routiniert werden die Boote ausgeladen, Zelte aufgebaut und Feuer gemacht. Ist jemand beim Angeln erfolgreich, gibt es zu Tütensuppen und Reis sogar mal gegrillten Fisch.

Kurz bevor es dunkel wird, in der blauen Stunde, verstummt für einen Augenblick die Natur, und der See ist spiegelglatt. Ein magischer Moment. Auch der Morgen hat seinen eigenen Zauber, wenn die Nebelschwaden auf dem Wasser tanzen. Die kurze Erfrischung im eiskalten See macht mich blitzschnell wach. Mit biologisch abbaubarer Seife waschen und dann mit Klappspaten ein stilles Örtchen mit Ausblick suchen: alles Rituale, die mir damals so selbstverständlich und natürlich schienen.

Einzig die langen Regentage blieben eine Herausforderung. Anfangs sind die prasselnden Tropfen auf dem Zeltdach noch gemütlich, aber nach einigen Stunden halte ich es in dem kleinen Zelt kaum mehr aus. Alles ist nass, mindestens feucht und kalt. Ich sehne mich nach einem trockenen Handtuch oder einem festen Dach über dem Kopf. Nach solchen Tagen ist der erste Sonnenstrahl, der wieder durch die Wolkendecke dringt, ein großes Geschenk.

Diese Urlaube in Schweden haben mich nachhaltig geprägt. So lernte ich schon als Kind, meine Sinne zu schärfen und sorgsam mit meiner Umwelt umzugehen. Ein Leben im Einklang mit der Natur. Das lernte ich auch von klein auf bei den Pfadfindern kennen: »Versucht, diese Welt ein wenig besser zu verlassen, als ihr sie vorgefunden habt«, schrieb der Gründer der Pfadfinderbewegung schon 1941. Diese Worte begleiten mich bis heute.

Meine erste lange Station im Ausland war ein Jahr in den USA. Zwei Tage nach meinem sechzehnten Geburtstag flog ich nach Pennsylvania. Ich lebte bei einer Gastfamilie in einer Kleinstadt, besuchte die Highschool und spielte in der Drumline (Schlagzeuggruppe) einer Marching Band. Schnell erfuhr ich kulturelle Unterschiede. Auch herrschte eine andere Oberflächlichkeit. Mit meiner Mülltrennung und dem Stromsparen wurde ich zur Exotin. Zu dem Fast Food-Restaurant auf der anderen Straßenseite fuhr die Familie mit dem Auto. Und für den *Black Friday* standen wir schon um fünf Uhr morgens in der Warteschlange der Shopping Mall.

Ich erlebte die Konfrontation mit dem amerikanischen Lebensstil als eine große Herausforderung. Losgelöst aus meinem bisherigen Wertesystem lernte ich, die Dinge infrage zu stellen, bewusster durch die Welt zu gehen und meinen eigenen Standpunkt zu finden. Sogar unsere Politik und unser Gesundheitssystem wusste ich plötzlich ganz anders zu schätzen. Und vor allem lernte ich dort Folgendes: Kommunikation, Kontakte nach Hause pflegen, Heimweh überwinden, neue Freunde finden und Englisch.

Zurück in Deutschland plante ich mit meiner Pfadfindergruppe ein Projekt für ein Waisenhaus in Südafrika. Für die Finanzierung sammelten wir ein Jahr lang Spenden, verkauften selbst gebackene Plätzchen, putzten Fenster, arbeiteten als Kinderbetreuer und veranstalteten Flohmärkte: zehn Jugendliche und zwei Gruppenleiter aus unterschiedlichen Lebenssituationen (Schule, Zivildienst, Ausbildung, Studium, Arbeit, frischgebackener Vater) mit einem gemeinsamen Ziel.

Unsere Reise beginnt in der Hauptstadt Johannesburg. Ich bin mittlerweile fast achtzehn, die Jüngste der Gruppe, und freue mich, dieses fremde Land besser kennenzulernen. Wenige Wochen zuvor fand die Fußballweltmeisterschaft in Südafrika statt, und Shakiras Worte »*Waka waka ... 'cause this is Africa!*« begleiten uns die gesamte Reise. Für die ersten Tage in Johannesburg kommen wir in den Gastfamilien südafrikanischer Scouts unter. Anfangs wirken die riesigen Mauern mit Stacheldraht und Elektrozaun noch etwas einschüchternd, aber unsere südafrikanischen Freunde machen uns das Wohlfühlen leicht. Schnell wird mir deutlich, dass wir uns in den reicheren Teilen der Stadt aufhalten.

Wir besuchen das Apartheid-Museum, steigen in eine Goldmine und lernen viel über die Geschichte des Landes. Anschließend geht es für unsere Gruppe mit zwei Kleinbussen Richtung Süden. Die Landschaft wird immer grüner, die Straßen werden immer wilder, und wir lernen auch die weniger schöne Seite des Landes kennen: In einem Lager aus Wellblechhütten leben illegale Einwanderer dicht beieinander. Sanitäre Anlagen und sauberes Trinkwasser gibt es nicht.

In der Nähe von Mbombela beginnen wir mit unserem Projekt im AIDS-Waisenhaus Siyakhula. Als wir über die staubigen Straßen der Township fahren, ist uns noch etwas mulmig zumute, denn wir wissen nicht, was uns erwarten wird. Doch sobald wir im Waisenhaus ankommen, werden wir von so vielen aufgeregten Kindern empfangen, dass es einfach nur schön ist. Wie froh die Kinder sind, so viel Aufmerksamkeit von uns zu bekommen. Wir erfahren Dankbarkeit und pure Lebensfreude. Gerade bei dem Fußballspiel »Deutschland gegen Südafrika« mit dem zerfledderten Ball auf staubigem Boden blühen die Kinder auf.

Unsere Unsicherheit weicht fünf sehr bewegenden und anstrengenden Tagen. Wir streichen ein Haus, erneuern Fußböden, bauen einen Gartenzaun und einen Kompostkasten. Außerdem kaufen wir von dem Geld, das wir in Deutschland verdient haben, einige Utensilien für das Waisenhaus ein. Am letzten Tag des Siyakhula-Projektes treffen wir abends auf die südafrikanischen Scouts, bei denen wir für die nächsten Nächte unterkommen sollen. Gastfamilien. Township. Wieder ein mulmiges Gefühl im Bauch. Doch wir werden euphorisch mit Gesang, Tanz, Lagerfeuer und Gebäck von den Jugendlichen begrüßt. Diese Erfahrung ist das krasse Gegenstück zu dem Leben der reichen weißen Gastfamilien, bei denen wir in Johannesburg wohnten: Fließendes Wasser für ein paar Stunden und ein eigenes Zimmer hat hier kaum einer. Aber das ist überhaupt nicht mehr wichtig, denn die Gastfreundschaft ist überwältigend.

Als Nächstes steht ein Zeltlager mit zweihundert afrikanischen Scouts auf unserem Programm. Wir hatten dieses Camp schon in den Gruppenstunden in Deutschland vorbereitet und uns ein passendes Programm für die Sieben- bis Zehnjährigen überlegt. Zum Glück kommen unsere Spiele, Stationen und Morgenrunden gut an, und wir genießen die Tage mit den Kindern.

Mein abschließendes Highlight dieser Reise ist der Kruger Nationalpark. Wir zelten mit Affen und bunten Vögeln und werden nachts von Löwengebrüll geweckt. Ein Traum geht für mich in Erfüllung, als wir in einem Safaribus sitzen und nach wilden Tieren Ausschau halten: Ein riesiger Elefant überquert vor uns die Schotterpiste, Zebras stehen zwischen den Bäumen, und Schwarzfersenantilopen springen durch die Savanne. Durch mein Fernglas entdecke ich eine Gruppe Löwen, die im Schatten eines Baumes dösen. Der Kopf einer Giraffe taucht plötzlich zwischen den Baumkronen am Straßenrand auf. Wie in Zeitlupe rennt sie über das goldgelbe Gras. Am Flussufer tummeln sich die Nilpferde.

Augenblicke, die ich tief in mein Herz geschlossen habe. Und die ich auch heute noch abrufen kann, als Beginn meiner Liebe für das wilde Leben auf unserem Planeten.

2.

ÜBER GRENZEN GEHEN –
AUF DIE PHILIPPINEN

Bonn. Ich habe gerade mein Abitur abgeschlossen, da stecke ich schon in den Vorbereitungen für mein erstes eigenes internationales Abenteuer: zwölf Monate Freiwilligendienst auf den Philippinen. Nach der Schule erst einmal eine Auszeit nehmen, bevor es mit dem Studium weitergeht – das schwebte mir schon lange vor. Ich recherchiere stundenlang nach Organisationen und Projekten im In- und Ausland, die etwas mit meinen Interessen zu tun haben: eine Seehundschutzstation an der Nordsee, oder ab zur Schutzstation Wattenmeer?

Letztendlich stoße ich auf einer Berufsmesse in Köln zufällig auf den entwicklungspolitischen Freiwilligendienst des Bundesministeriums, *weltwärts*. Da ich für ein Auslandsjahr auf finanzielle Unterstützung angewiesen bin, bewerbe ich mich bei den zuständigen Organisationen, durchlaufe Bewerbungsrunden und bekomme tatsächlich einen Platz bei der Gesellschaft für Internationale Zusammenarbeit (GIZ) – für mich geht ein großer Traum in Erfüllung.

Die Einrichtung für Entwicklungszusammenarbeit ist eine große, erfahrene Organisation, die überall auf der Welt tätig ist und bei der ich sehr viel lernen kann. Ich bin froh, dass die GIZ mich mit meinen achtzehn Jahren so gut auf die bevorstehende Aufgabe vorbereitet: Es gibt *Medical Check-ups* und Informationsveranstaltungen, Visa und Flüge werden für mich gebucht, und ich nehme an einem fünftägigen Vorbereitungsseminar teil, das mich für die Arbeit im Ausland sensibilisiert und nachhaltig prägt.

Sätze wie »*It's not right, it's not wrong, it's just different!*« klingen mir heute noch bei Auslandsaufenthalten im Ohr, und ich versuche, Probleme ohne meine »kulturelle Brille« zu beurteilen. Als ich damals mit den anderen Freiwilligen in den Flieger Richtung Südostasien stieg, hätte ich nie gedacht, dass mich diese zwölf Monate so anhaltend verändern würden. Neben tropischem Klima, fremden Lebensmitteln, Ilonggo (der Ortssprache) und Selbstständigkeit lernte ich vor allem eins kennen: ein Zuhausegefühl am anderen Ende der Welt. Zum ersten Mal in meinem Leben.

Insel Negros. Die Philippinen sind ein schönes und vielfältiges Land. Nicht ohne Grund zählen ihre siebentausend Inseln zu den fünfunddreißig Biodiversitäts-Hotspots der Welt. Es existiert dort eine sehr hohe Anzahl einheimischer Arten. Gleichzeitig ist ihr Lebensraum aber einer starken Gefährdung ausgesetzt. Für mich ist es das erste Mal in den Tropen, und ich genieße es, in das Leben auf den Visayas einzutauchen. Diese Inselgruppe liegt im Zentrum der Philippinen und überrascht mich mit ihren traumhaften Sandstränden, dem Regenwald, den Wasserfällen und Vulkanen.

Für mein Freiwilligenjahr wohne und arbeite ich auf der Insel Negros in Bacolod City, von der die friedliche Natur nur eine kurze Fahrt mit dem Tricycle entfernt ist. Die alten Motordreiräder sind das Hauptverkehrsmittel auf den Philippinen. Sie bestehen aus einem Motorrad mit Beiwagen, auf dem sechs Leute plus Fahrer Platz haben. So dachte ich zumindest am Anfang, denn letztendlich sind wir meistens zu elft auf dem klapprigen Gefährt unterwegs. Das Leben findet auf den Straßen statt. So kennt man es aus vielen südlichen Ländern, aber auf den Inseln scheint diese Lebensweise besonders ausgeprägt. Die Wohnungen sind quasi zur Straße hin offen. Die *Sari-Sari-Stores*, kleine Lädchen am Straßenrand, in denen alles von Chips über Eier bis hin zur einzelnen Zigarette verkauft wird, sind halb Wohnzimmer, halb Kiosk. Die Kinder spielen auf der Straße – mit Reifen, Münzen, Teddybären oder was sie sonst in die Finger bekommen. Eine achtköpfige Familie sitzt selten in ihrem Haus (ein Raum ist meist Schlaf-, Wohn- und Esszimmer zugleich), sondern unterhält sich angeregt mit ihren Nachbarn auf der Straße. Fußnägel werden lackiert, oder es wird mit den Bekannten von gegenüber über das nicht anspringende Motorrad gefachsimpelt.

In genau solch einer Nachbarschaft wohne ich zusammen mit zwei weiteren Freiwilligen aus Deutschland. Wir wurden von den Filipinos herzlich empfangen und rasch gut integriert. Teilweise etwas zu gut: Erst nachdem ich mich einige Monate über die extrem hohen Stromrechnungen wundere, komme ich mit meinen Mitbewohnern auf die Idee, unseren Stromkasten zu inspizieren. Mit der Zeit haben sich immer mehr Nachbarn unseren Strom abgeklemmt – reicht wohl, wenn einer zahlt? An den Kabelsalat entlang der Straßen hat sich eh jeder gewöhnt, der gehört zum Stadtbild. Und als mir zum dritten Mal die Schuhe von der Veranda geklaut werden, beschließe ich eben, sie nur noch im Haus zu lagern. Alles letztlich nur Kleinigkeiten.

Ein Stück die Straße hoch befindet sich eine winzige *Eatery* mit Plastikstühlen, eine Art Imbiss, in dem sich die Berufstätigen zur Mittagszeit angeregt unterhalten. In einer Glasvitrine stehen fünf Gerichte, die von den Frauen am Morgen gekocht wurden. Jeder bedient sich selbst aus den dampfenden Töpfen: etwas Gemüse, Hühnchen, dazu natürlich Reis.

Wenn ich aus dem Haus gehe, werde ich von den Filipinos mit einladendem Lachen und einem begeisterten »*Good Morning, Mam! How are you, Mam?*« begrüßt. Jeden Morgen nehme ich den *Jeepney* zur Arbeit, ein altes, klappriges, bunt geschmücktes Militärfahrzeug ohne Fensterscheiben, umfunktioniert zum Linienbus. Das Ticketgeld, sieben Philippinische Peso, gebe ich einfach nach vorne zum Fahrer weiter und rufe gedehnt »*Bayaaad!*«, um kundzutun, dass ich zahlen möchte. Und wenn ich aussteigen will, klopfe ich gegen das Blechdach und rufe »*Lugar lang!* Anhalten!«. Bushaltestellen gibt es nämlich nicht. Auf den Straßen herrscht reges Treiben. Verkehrsregeln werden nur äußerst ungern befolgt. Wer laut genug hupt, gewinnt, und wer die nächste Lücke findet, darf fahren. Es ist ein Chaos, doch ein gewisser Verkehrsfluss herrscht trotzdem. Das Beeindruckende dabei: Alle Teilnehmerinnen und Teilnehmer wirken tatsächlich sehr entspannt.

Ich bin gerade neunzehn geworden und arbeite für meinen Freiwilligendienst an der West Negros University in Bacolod City an einem Umweltbildungsprojekt. Dort unterstütze ich eine Stiftung, die sich zum Ziel setzt, endemische Arten, also Tiere, die nur auf den Philippinen vorkommen, zu erhalten und die Wälder vor Ort zu schützen – die Negros Forests and Ecological Foundation. Denn auf den Philippinen stellen der Raubbau an Ressourcen durch zum Beispiel Dynamitfischerei und Bergbau sowie die Abholzung der Wälder aufgrund von Palmöl- und Zuckerrohrplantagen große Probleme dar. Die Monokulturen verdrängen die Diversität der Regenwälder, und den Tieren wird der Lebensraum genommen. Außerdem ist und bleibt Korruption weitverbreitet. Die Oberschicht besteht aus einigen reichen und alteingesessenen Familien, die viel Macht ausüben. In den Firmen der fünfzehn reichsten Familien des Landes wird über die Hälfte des Bruttosozialprodukts erwirtschaftet. Nicht nur materieller Reichtum, sondern auch politische Positionen werden von Generation zu Generation weitergereicht.

Ein wichtiger Schritt in Richtung Umweltschutz und Nachhaltigkeit auf den Inseln ist die Umweltbildung: Welche Tier- und Pflanzenarten leben im eigenen Land, und warum ist es so wichtig, sie zu schützen? Der kleine Zoo der Foundation kann dazu beitragen, indem er über den Reichtum des eigenen Landes an Natur und endemischer Artenvielfalt aufklärt und für einen umweltbewussten Lebensstandard sensibilisiert. Trotzdem wird mir in diesem Jahr deutlich, wie schwer es ist, in einem Land für den Umweltschutz zu arbeiten, in dem die Menschen in vielen Regionen selbst noch um das Überleben kämpfen und auf Jobs auf den Plantagen angewiesen sind, um ihre Familien zu ernähren.

Es herrscht große Armut auf den Philippinen, die in meinem Leben dort jeden Tag präsent ist. Trotzdem habe ich selten so ein herzliches, freundliches und gut gelauntes Volk wie die Filipinos kennengelernt. Es ist beeindruckend, woher die Menschen ihre Lebensfreude und Kraft schöpfen. Hier zählen andere Werte zum persönlichen Glück als in Europa: Familie und Zusammenhalt stehen an oberster Stelle, und auch der Glaube ist den Filipinos sehr wichtig.

Was ich in diesem Jahr besonders lieben lerne, ist die Entdeckung der Langsamkeit. Hier existiert ein anderes Tempo: Das beginnt im Straßenverkehr, in dem man nie schneller als 30 Stundenkilometer fahren kann. Oder die fast schon heiligen Mittags- und Kaffeepausen. Als Deutsche fällt es mir anfangs schwer, mich alldem anzupassen, aber nach einiger Zeit kann auch ich mich dieser Entschleunigung hingeben.

Tan-Awan. Neben den Umweltprojekten führe ich an der West Negros University im Rahmen meines Freiwilligendienstes auch ein Forschungsprojekt mit einem mehrköpfigen Team aus Professoren und Studierenden durch. Dafür untersuchen und dokumentieren wir die Kultur und Traditionen eines indigenen Stammes. Das Dorf Tan-Awan liegt verborgen in den Bergen am Ilog-Hilabangan, dem längsten Fluss der Insel Negros, und ist etwa acht Stunden von Bacolod City entfernt. Die siebentausenddreihundert Einheimischen in Tan-Awan leben noch relativ abgeschottet vom modernen westlichen Einfluss. Obwohl die Eingeborenen zum größeren Stamm der Bukidnon gehören, sind einige ihrer kulturellen Bräuche einzigartig. Viele Stammesmitglieder leben noch heute weit entfernt im Hinterland und betreiben dort Ackerbau. Das durchschnittliche Familieneinkommen in der Region liegt bei zweitausend Philippinischen Peso pro Monat, das sind circa 37,50 Euro. Ziel unserer Forschung ist es, kulturelle Praktiken wie Sprache, Kunst, Medizin und Essenszubereitung des Dorfes Tan-Awan kennenzulernen. Denn auch in diesen ländlichen Gebieten werden westliche Werbung, moderne Kommunikation und Technologie immer präsenter, und das Bewusstsein der Bevölkerung über ihre eigene Kultur nimmt ab. Es ziehen jedes Jahr mehr Bewohner in die umliegenden Städte und lassen ihre Heimat mitsamt den Traditionen und dem Wissen zurück.

Im Rahmen des Projektes lebe ich mit dem Forschungsteam für mehrere Wochen mit dem indigenen Stamm zusammen. Wir nehmen Anteil an den täglichen Routinen der Dorfbewohner, führen mithilfe von Übersetzern Interviews mit den Stammesältesten und Medizinmännern und verfolgen den wöchentlichen Tauschhandel am Fluss, den sogenannten »*Barter Trade*«. Dieser Handel findet in Tan-Awan traditionell jeden Freitag an den Ufern des Ilog-Hilabangan statt. Er ist die Wasserquelle für viele Tausend Menschen in der Provinz und ein wichtiger Transportweg. Das Flussufer wird zum Ort des Handels von landwirtschaftlichen Produkten und ist für viele der einzige Weg, an Lebensmittel und Güter zu kommen.

Eines frühen Morgens im Dorf lehne ich über einer kleinen Wanne und wasche mich. Nachdem ich mir das eiskalte Wasser mit einer Schöpfkelle über den Kopf geschüttet habe, bin ich hellwach. Gleich brechen wir zum Flussufer auf. Es ist erst kurz nach vier, und ich habe auf dem harten Steinboden nicht besonders viel schlafen können – an das rustikale Leben muss ich mich noch gewöhnen. Ich teile mir das kleine Zimmer mit Lilibeth, einer philippinischen Professorin. Im Gegensatz zu mir scheint sie, ihrem Schnarchen nach zu urteilen, sehr gut genächtigt zu haben.

Nach einem fünfzehnminütigen Fußmarsch erreichen Lilibeth und ich das Flussufer. In völliger Dunkelheit werden schon die ersten Stände aufgebaut. Schweigend stehe ich am Rand und folge dem Geschehen. Langsam fällt Sonnenlicht auf die Bergspitzen, und die ersten Frauen, Männer und Kinder überqueren den Fluss. Manche kommen zu Fuß, ihre Ware auf dem Kopf balancierend, manche reiten auf Ponys, vollbepackt mit Säcken und Körben, andere doch tatsächlich auf ihrem *Carabao* (Wasserbüffel). Sie alle haben einen langen Weg aus den Bergen hinter sich. Sogar viele Kinder bringen auf ihrem Weg zur Schule Waren am Ufer vorbei. Staunend beobachte ich das mir so fremde Bild. Ich schieße Fotos und lausche den Fragen, die Lilibeth den Händlern stellt.

»Die meisten Kinder fangen im Alter von zehn Jahren an zu arbeiten, um die Familie zu unterstützen«, erklärt ein junger Mann mit Kappe und rotem Shirt, der gerade Reissäcke von seinem Tricycle lädt. »Während der Aussaat und Erntesaison bekommen die Kinder regelmäßig Schwierigkeiten mit der Schule im Dorf. Die Arbeit auf den Feldern ist intensiv und zeitaufwendig, daher ist es für sie eine Herausforderung, sich auf schulische Aktivitäten zu konzentrieren.« Er tätschelt seiner kleinen Tochter liebevoll den Kopf.

Ich entdecke zwei junge Mädchen, die Arm in Arm das Ufer entlanglaufen. Vielleicht sind es Schwestern, denke ich mir, in ihren weißen und rosa Kleidern sehen sie hübsch zurechtgemacht aus. Im Kontrast dazu laufen sie in Flip-Flops über das schlammige Ufer. Was mir nie wieder aus dem Kopf geht, ist

ihr eindringlicher Blick. Ich habe das Gefühl, nicht in Kinder-
gesichter zu schauen, sondern in Gesichter, die schon sehr viel
erlebt und gesehen haben. Vielleicht zu viel für ihr Alter: in Gesichter, die schon früh erwachsen werden, Verantwortung für
ihre Familie mitübernehmen und harte körperliche Arbeit leisten mussten. An diesem Morgen wird mir wieder bewusst, wie
privilegiert und behütet ich doch aufgewachsen bin.

Lilibeth und ich sprechen mit einem Mann, der auf seinem
Wasserbüffel über den Fluss geritten kommt. Der muskulöse
Büffel mit seinen gewaltigen Hörnern zieht einen selbst gebauten
Karren aus einfachen Holzstämmen hinter sich her. Der junge
Mann hat sich ein schwarzes Tuch um den Kopf gewickelt, auf
seiner linken Schulter prangt ein blasses Tattoo, und um seine
Hüfte trägt er ein dünnes Seil, an dem seine Machete befestigt
ist. Er erklärt uns: »Da das Vieh einen wesentlichen Teil des
täglichen Überlebens unserer Familien ausmacht, kümmern wir
Landwirte uns intensiv um unsere Tiere. Mein Wasserbüffel ist
mein wertvollster Besitz. Er bekommt mehr zu essen als ich, und
wenn es ihm nicht gut geht, behandele ich ihn mit Medikamenten und Vitaminen.«

Bald erscheint das erste *Balsa* hinter der Flussbiegung. Es handelt sich um ein selbst gebautes Bambusfloß, das mit natürlichen
Materialien zusammengehalten wird. Diese traditionelle Art des
Warentransports gilt als wichtiger kultureller Teil der Identität
von Tan-Awan. Es ist kaum zu glauben, dass die Menschen jeden
Freitag auf den wackeligen Flößen die gefährlichen Stromschnellen des Flusses aus den Bergen hinunter bis zum Dorf Tan-Awan
kommen, um dort ihre Produkte mit den Käufern aus der Umgebung zu tauschen. Immer mehr *Balsas* legen am Flussufer an.
Neben den hiesigen Nutzpflanzen wie Süßkartoffeln, Reis, Obst
und Gemüse erkenne ich auch vereinzelt Hühner, Schweine und
Ziegen auf den schwankenden Gefährten.

Die Sonne ist mittlerweile ganz aufgegangen und taucht das
Geschehen in goldenes Licht. Die Pferde mit den Holzsatteln

grasen am Flussufer, ein Hahn plustert sich zwischen den Bananenstauden auf, und Kinder flitzen zwischen den Karren umher.

Ein Feld etwas abseits des Ufers wurde zum Marktplatz umfunktioniert, und es herrscht bereits reges Treiben, als wir ihn betreten. An einzelnen Ständen wird *Native Coffee* angeboten – und *Sticky Rice*, ein köstlich-klebriger, mit Zuckerrohr gesüßter Reis, der in Bananenblättern verpackt ist. Ein sehr alter Mann, anscheinend der Medizinmann des Dorfes, wird von Lilibeth zum *Barter Trading* befragt.

»Seit ich alt genug war, um die Dinge zu verstehen, war der Tauschhandel in Tan-Awan bereits eine Tradition, die zu einem wichtigen Bestandteil unseres Lebens geworden ist. Es treffen sich Markthändler, Käufer und Bauern, um Produkte zu tauschen. Dazu gesellen sich Händler aus dem Tiefland mit ihren urbanen Gütern. Diese wirtschaftliche Aktivität macht den Markttag lebendig und spannend. Und: Die Kakofonie des Feilschens begeistert die Bewohner auch heute noch.«

Er hat recht. Ich tauche in einen lauten Wirrwarr aus Stimmen und Marktgeschrei ein. Die Händler überbieten sich gegenseitig, und das Angebot ist riesig: Neben dem lokalen Obst und Gemüse entdecke ich getrockneten Fisch, Kleidung, Schrauben, Seife, selbst geschnitzte Holzinstrumente und Medikamente. Früher wurden die Güter nur getauscht, doch heute ist der Einsatz von Geld auch hier üblicher.

Ein fröhlicher Mann mit blau-weiß karierter Baseballcap hält mir begeistert seinen Einkauf vor die Kamera und erzählt: »Unsere Vorfahren übten den *Barter Trade* aus und tauschten Ware gegen Ware. Doch aufgrund der zunehmenden Alphabetisierung und Bildung unserer Stammesmitglieder und des zunehmenden Einflusses der nahe gelegenen Städte ist Geld mittlerweile das wichtigste Tauschmittel geworden. In der Vergangenheit wurden die Waren nicht nach ihrem Preis verkauft, sondern jeder tauschte lediglich gegen eben die Waren, die er gerade benötigte.«

Am Rande des Marktes sind kleine *Eaterys* aufgebaut, an denen die Dorfbewohnerinnen Essen anbieten: Reis, *Chicken Adobo* (ein traditioneller Hühnereintopf), scharfes Gemüse und Kokoswein. Dazu wird lauthals Karaoke gesungen, was bis zum Fluss hinunterschallt. Vor Mittag kehren die *Balsa*-Händler zu Fuß oder auf ihren Lastzügen in die Berge zurück, beladen mit den Produkten, die sie gekauft oder eingetauscht haben. Die *Balsa*-Aktivitäten bestehen seit Jahrhunderten, und die Menschen aus den Bergen brachten nicht nur ihre Waren, sondern auch ihre Kultur und Traditionen mit. Umgekehrt trugen sie bei ihrer Rückkehr auch die Kultur des Tieflandes mit sich in ihre Heimatdörfer. Dieser dynamische Kulturzyklus dauert bis heute an.

Zur Feier des *Barter Trade* findet einmal im Jahr das *Balsahanay Festival* statt. Zu diesem Anlass kommen alle Bewohner der umliegenden Dörfer und aus den Bergen nach Tan-Awan. Die Festlichkeiten gehen über drei Tage. Es beginnt freitags mit dem wöchentlichen Markt, viele Reden werden gehalten, und abends gibt es einen Schönheitswettbewerb für die jungen Mädchen, bei dem die »Miss Tan-Awan« gewählt wird. Am Samstag finden viele Spiele und Wettkämpfe für alle Altersklassen statt. Ich nehme zum Beispiel an einem Kochwettbewerb mit den Frauen des Dorfes teil. Dafür sollen lokale Gerichte gekocht und in Szene gesetzt werden, die von einer Jury, den Professoren der Uni, bewertet werden. Es macht großen Spaß, zusammen mit den Frauen über dem Feuer zu kochen, *Besol* (Jamswurzel) auszuhöhlen oder die *Cassava* (Maniok) zu raspeln. Die Frauen geben sich viel Mühe und zaubern sagenhafte Kuchen, Reisgerichte, Suppen und Salate, die sie der Jury in Bananenblättern, Kokosnüssen und selbst gefertigten Behältern vorsetzen. Ich darf die Rezepte dokumentieren und werde in sämtliche Zutaten und Gerichte eingeweiht.

Am Sonntag gibt es zum kronenden Abschluss eine feierliche Zeremonie am Flussufer mit Musik und Tänzen. Viele Familien kommen auf ihren festlich geschmückten *Balsas* den Fluss entlang. Anschließend zieht eine Prozession zu der Kirche des Dorfes, und es wird gemeinsam ein Gottesdienst gefeiert. Am Nachmittag findet eine Parade durch die Straßen statt, die bis auf den großen öffentlichen Platz führt. Dort ist eine Musikanlage aufgebaut, zu deren Klängen die Schulkinder von Tan-Awan ihre Tänze präsentieren. Mit farbenprächtigen, selbst gestalteten, traditionellen Kostümen stellen die Kinder den Tauschhandel am Flussufer dar. Im Tanz säen sie, ernten, beladen ihre Flöße und tauschen mit Händlern. Am Abend werden »Prince and Princess of Balsahanay Festival« gekrönt – ein spektakuläres Fest und einmaliges Erlebnis.

Banaue. Mein treuster Begleiter in diesem Auslandsjahr ist der Reis *(Oryza sativa Linnaeus)*. Die Reispflanze ist das wichtigste Getreide und Lebensmittel Asiens, sie sättigt, ist ertragreich und gut an die klimatischen Bedingungen angepasst. Ich esse hier dreimal täglich Reis, was mir erstaunlicherweise überhaupt nichts ausmacht. Ich werde nie vergessen, wie meine philippinische Freundin Ritzy bei einem Abendbrot in Deutschland ungläubig den Tisch beäugte und mich verwundert fragte: »Und wo ist der Reis?«

Sogar zu Spaghetti oder Kartoffeln wird hier selbstverständlich Reis serviert. Der philippinische Ausdruck für »Essen« ist gleichzeitig Synonym für »Reis essen« *(Kanin)*. Das führt auch dazu, dass ausschließlich mit Löffel und Gabel gegessen wird. Oder auch gern einfach mit den Händen. Ein Messer gehört zu den Utensilien, die kaum jemand braucht und die in diesem südostasiatischen Land auch schwer zu kriegen sind.

Im Norden der Philippinen besuche ich die Hochebenen von Luzon mit ihren immens großen und beeindruckenden Reisterrassen. Von den Stämmen der Ifugao, den Ureinwohnern dieser Bergregionen, jahrhundertelang in Handarbeit erbaut und mit eigenem Bewässerungssystem ausgestattet, erstrecken sich die Felder über Täler und Berge. Stolz nennen die Einheimischen sie die »Stufen zum Himmel«.

Die Reisproduktion ist ein aufwendiger Prozess, der mehrere Monate präziser, sorgfältiger Arbeit erfordert. Als ich die Einheimischen beeindruckt frage, ob die Reisbauern hier an ihren Feldern gut verdienen, schütteln sie energisch die Köpfe. Es könne nur zweimal im Jahr gesät werden. Und die Ernte reiche kaum für den Eigenbedarf aus. Auf die Frage, ob ich denn hier im Dorf den heimischen Reis essen könne, folgt ein erneutes Kopfschütteln: »In unseren Restaurants oder auf den Märkten gibt es nur noch den kommerziellen Reis zu kaufen. Alles andere wäre viel zu teuer.«

Schon komisch, da bin ich umgeben von Reisfeldern, ernähre mich fast ausschließlich von dem Getreide und komme trotzdem nicht in den Genuss, den regionalen Reis zu probieren. Das extreme Wachstum der Weltbevölkerung im 20. Jahrhundert führte auch auf den Philippinen zu einer nahezu ausschließlich kommerziellen Reisproduktion mithilfe von moderner Wissenschaft und Technik. Konsequenzen sind die sinkende Bedeutung kultureller Werte sowie ein sinkender Glaube an Reis, Ackerbau und Landwirtschaft. Ein Phänomen, das sich bis in diese abgeschiedenen ländlichen Bergregionen auswirkt.

Ich finde es interessant, Reis und die Reis-Landwirtschaft in Kontext mit Biodiversität und dem Klimawandel zu setzen: Nur noch zwei von ursprünglich über zwanzig verschiedenen *Oryza*-Arten werden heute kommerziell angebaut. Der Verlust der genetischen Vielfalt innerhalb der Reissorten ist ein großes Problem. Diese Vielfalt könnte nämlich zu einer Anpassung an die sich doch extrem verändernde Umwelt beitragen. Ohne diese Vielfalt führen plötzliche Wechsel von Trocken- und Regenzeit, extreme Wetterbedingungen sowie Pflanzenschädlinge oder Pilze zu verringerten Erträgen. Dieses Phänomen findet leider weltweit statt: Seit Beginn der Landwirtschaft wurden circa 7000 Pflanzenarten von Menschen angebaut. Heute nutzen wir gerade einmal 30 dieser Arten, um die Weltbevölkerung zu ernähren. Knapp 60 Prozent der Energie, die wir aufnehmen, stammen sogar von nur drei unterschiedlichen Pflanzenarten – Reis, Weizen und Mais.

Im Ökolandbau wird darauf geachtet, landwirtschaftlich nutzbare, aber bedrohte Sorten und Rassen zu erhalten und gefährdete Pflanzenarten wieder anzubauen. Durch den Kauf und die Verarbeitung von ökologischen und regionalen Nahrungsmitteln lässt sich also auch gegen den Verlust der genetischen Vielfalt handeln. Darauf möchte ich in Zukunft beim Einkaufen von Brot-, Getreide- oder auch Apfelsorten achten.

Während meiner zwölf Monate auf den Philippinen komme ich häufig an meine Grenzen: Sei es, dass ich ausgeraubt werde, weil meine Hautfarbe Reichtum suggeriert. Dass ich wegen einer Motorpanne stundenlang auf einsamen Straßen auf den Ersatzbus warten muss. Sei es ein frustrierendes Arbeitsprojekt, bei dem es aufgrund fehlender Materialien oder Motivation wieder nicht weitergeht. Oder dass ich in Tan-Awan mit einer Magenverstimmung und ohne Badezimmer viele Tage lang krank auf dem Boden liege, nachdem ich von einer Blutsuppe kostete, die extra für uns zubereitet wurde. Letztendlich heilt mich der Medizinmann des Dorfes. All diese Erfahrungen, gepaart mit einer Sehnsucht nach Heimat und Gewohnheit, machen mir das Leben in der Fremde auch manchmal furchtbar schwer. Umso wichtiger ist es, mir Auszeiten für Urlaub und Erholung zu nehmen, das merke ich zum ersten Mal auf der Insel Palawan. Wie die Natur dort mich immer wieder durchatmen und Kraft schöpfen lässt: Sie wird mein Lieblingsort auf den Philippinen.

Insel Palawan. Das türkise, glasklare Wasser. Die zahlreichen kleinen, einsamen und naturbelassenen Buchten. Traumhafte weiße Sandstrände mit Kokosnusspalmen. Mangrovenwälder. Farbenprächtige Korallenriffe. Und Kalksteinklippen, die aus dem Meer herausragen. Während ich im Jeepney über die Insel Richtung Norden fahre, gleiten die verschiedensten Landschaften an mir vorbei: Ein kleines ländliches Dorf mit Häusern, die aus Nipapalmblättern gebaut sind, die Hühner scharren im sandigen Boden, eine große Sau suhlt sich im Schlamm, und mit einem Wasserbüffel wird das Feld hinter dem Haus gepflügt. Dann tiefgrüner Dschungel, aus dem eine beeindruckende Geräuschkulisse tönt. Die Bäume ragen hoch in den Himmel, und ich erkenne Vögel, die zwischen den Ästen sitzen. Angrenzend vereinzelt Zuckerrohrplantagen. Kokosnüsse, Bananen, Ananas, Papayas, Mangos – alles scheint hier in Fülle zu wachsen. In der Ferne ist ein großer Vulkan erkennbar, die Spitze verschwindet in dunstigen Wolken. Und das türkise Meer, das von überall auf der schmalen Insel schnell erreichbar ist. Obwohl »schnell« relativ ist – bei den schlecht ausgebauten, holprigen, häufig einspurigen Straßen mit unzähligen Schlaglöchern ist das Fahren nicht mit dem Zurücklegen einer Strecke in Europa zu vergleichen.

Meinen größten Wildlife-Moment erlebe ich unter Wasser: Das Schnorcheln fühlt sich ein wenig so an, als wäre ich im Wartezimmer meines Zahnarztes und würde meinen Kopf in das bunt schillernde Aquarium stecken. Nur eben viel größer und aufregender. Ich entdecke große bunte Fische, knallblaue Seesterne und schillernde Korallenriffe. Alles ist in Bewegung. Interessante zigarrenförmige

Fische verschwinden schnell in den Löchern und Fugen der Felsen, sobald ich mich nähere. Die großen Fische fressen seelenruhig weiter am Riff, ihre Gesichtszeichnung erinnert mich an die eines Pandas. Plötzlich finde ich mich inmitten eines großen Schwarms aus winzig kleinen Fischen wieder. Seegras und Algen schwingen im Einklang. Manchmal wird das Meer so flach, dass ich Sorge habe, die Pflanzen und Korallen zu berühren. Dann bleibe ich ganz still, lasse mich von der Wasseroberfläche tragen und beobachte das bunte Getümmel unter mir.

Nach stundenlangem Schnorcheln – die Taucherbrille drückt, und der Salzgeschmack wird immer penetranter – taucht plötzlich eine über einen Meter große Schildkröte neben mir auf. Seelenruhig schwimmt sie unter mir durch, bewegt sich gelassen, gleichmäßig und langsam fort. Ich bin völlig aus dem Häuschen und folge dem schillernden Riesen durch die Fluten. Es handelt sich um eine Grüne Meeresschildkröte *(Chelonia mydas)*, die weltweit unter Schutz steht. Sie scheint sich überhaupt nicht an mir zu stören und beginnt in aller Ruhe, auf dem flachen Grund zu grasen. So erinnert mich die schöne Schildkröte ein wenig an eine grasende Kuh im Sauerland, bemerke ich grinsend. Zwei große Putzerfische saugen unablässig an ihrem Panzer und säubern ihn von überschüssigen Hautschuppen, Pilzen und Parasiten. Auf diese Weise verschaffen sie sich gleichzeitig Nahrung – ein perfektes Zusammenspiel. Zwischendurch taucht die Meeresschildkröte wieder neben mir auf, streckt den Kopf aus dem Wasser und holt tief Luft. Ich könnte ihr stundenlang zuschauen.

Genau solche Momente haben mein Auslandsjahr mit *weltwärts* auf den Philippinen so einzigartig gemacht. Es war nicht immer leicht, noch so jung und für so lange Zeit in einer völlig fremden Welt zu leben. Doch auch die schwierigen Zeiten haben mich im Nachhinein nur stärker gemacht und auf das vorbereitet, was mein Leben noch mit sich bringen würde.

TEIL II

VOM STUDIUM ZUM ARTENSCHUTZ

3.

DIE KOMFORTZONE VERLASSEN

Hannover. Es ist Ende November und bitterkalt geworden in Norddeutschland. Nach den zwölf Monaten tropischer Wärme auf den Philippinen ist das besonders hart. Mein erster Winter in Hannover. Letzte Nacht hat es wieder gefroren, deshalb fahre ich heute besser nicht mit dem Rad zur Uni. Stattdessen quetsche ich mich in die überfüllte U-Bahn, die Fensterscheiben sind von innen beschlagen, und die Luft ist stickig. Erleichtert steige ich an meiner Zielhaltestelle Braunschweiger Platz in einem Pulk junger Leute die eisigen Stufen der U-Bahn-Station hinauf. Ein vertrauter Geruch steigt mir in die Nase. Es ist ein Gemisch aus Kuhdung und Schweinestall. Studierende von anderen Fakultäten sind immer etwas verwundert, wenn ich erzähle, dass meine Universität eine Art Bauernhof ist.

»Ein Unicampus mit echten Tieren? So richtig mit Ställen und Weiden?«

Klar, irgendwelche Tiere müssen wir schließlich untersuchen. Es gibt eigene Kliniken für die verschiedenen Tierarten: je eine für Kleintiere, für Pferde, für Schweine und Schafe, für Vögel und Reptilien und für Rinder. Tierbesitzerinnen und -besitzer aus ganz Niedersachsen kommen für Untersuchungen hierher.

»Eine Klinik für Rinder? Also quasi ein Krankenhaus für Kühe?«

Anfangs konnte ich mir das selbst noch nicht so recht vorstellen. Vor allem weil der Campus mitten in der Stadt liegt, umrahmt von Straßenbahnschienen und Wohnhäusern. In der Vorlesung »Geschichte der Tiermedizin« erfahre ich, dass die alten Backsteingebäude meiner Universität schon vor über hundertzwanzig Jahren Sitz der »Königlichen Thierarzney Schule« waren.

Wahrscheinlich hat sich die Nachbarschaft mittlerweile an den würzigen Geruch in der Luft gewöhnt, überlege ich, während ich durch das schwere grüne Tor den Campus betrete. Neben mir steht in großen gelben Lettern »Tierärztliche Hochschule Hannover«. Seit drei Monaten studiere ich nun hier. Die Wiesen um mich herum sind von weißem Frost überzogen. Gegen Mittag sieht man hier viele Hunde spielen. Ich habe das Gefühl, jede zweite Tiermedizinerin legt sich während des Studiums einen Hund zu. Nicht selten habe ich in der Vorlesung einen Vierbeiner neben mir sitzen.

Schnellen Schrittes laufe ich an der Mensa vorbei, ich bin schon etwas spät dran. Heute früh ist Physikvorlesung, da herrscht Anwesenheitspflicht. Hugo, das weiße Klinik-Alpaka, schreitet gemächlich durch seinen Auslauf. Ich winke ihm kurz zu und passiere die Kuhställe. Viele der Außenboxen sind besetzt, und es brennt Licht. Eine schwarz-weiß gefleckte Kuh schaut mich mit ihren großen braunen Augen freundlich an, ihre flauschigen Ohren stehen vom Kopf ab. Aus ihrem rosa Flotzmaul steigt dampfender Atem auf. Ein schönes Tier.

Vor einem der Kuhställe stehen vier Studentinnen um einen Behandlungswagen. Sie haben die Mützen tief ins Gesicht gezogen und tragen mindestens drei Lagen Pullover unter der langen grünen Schürze.

Es muss hart sein, bei den Temperaturen den ganzen Tag draußen zu arbeiten. Die grünen Stahlkappenstiefel sind noch nicht mal gefüttert. Ich ziehe mir den Schal noch etwas höher ins Gesicht. Zu dem Zeitpunkt weiß ich noch nicht, dass ich in wenigen Jahren an genau der gleichen Stelle stehen werde und morgens früh bei Minustemperaturen die Klinikpatientinnen melken, untersuchen und der Visite Bericht erstatten werde.

Ich bin zwanzig Jahre alt und stecke noch am Anfang meines Studiums, im Vorphysikum. Das heißt, es geht hauptsächlich um die theoretischen Fächer. Jeden Tag sitze ich in Chemie- und Anatomievorlesungen, besuche Physiologieübungen oder lerne etwas über Botanik. Physiologie ist momentan eines meiner Lieblingsfächer. Es geht dabei um die Lebensvorgänge in Zellen, Geweben und Organen aller Lebewesen. Ich lerne also, wie das Herz funktioniert, wie Hunde durch die Lunge und Fische durch die Kiemen atmen können, warum Kühe in der Lage sind, so viel Milch zu geben, und wie Hormone den Körper steuern. Klar geht es auch viel um Biochemie, Physik, und es gibt haufenweise Stoff, der auswendig gelernt werden muss. Aber trotzdem interessieren mich die Inhalte brennend. Mit diesem Wissen lerne ich zunächst, die gesunden Körperfunktionen zu verstehen, bevor ich mich den Krankheiten widme.

Spannend und anspruchsvoll sind auch die anatomischen Präparierübungen. Obwohl ich mich anfangs noch etwas daran gewöhnen muss, um acht Uhr morgens den nach Formalin und totem Tier riechenden Präpariersaal zu betreten. Als wir das erste Mal einen toten Tierkörper auf unserem Gruppentisch liegen haben, muss ich schon sehr schlucken. Es ist ein Dackel. Das erkenne ich sofort. Die Körperform, der braun-schwarze Kopf, die Schlappohren und die braunen Pfoten. Der Rest der Haut ist abgezogen. Aber sobald ich mich auf die Aufgabe fokussiere, die einzelnen Muskeln, Nerven und Organe präpariere, nehme ich nicht mehr das Gesamttier wahr, sondern konzentriere mich nur noch auf meine Arbeit. Schließlich ist es enorm wichtig zu lernen, wie die Organe im echten Tier liegen, wohin welcher Nerv führt und wie die einzelnen Muskeln heißen, bevor ich jemals ein lebendiges Tier operiere.

Ich war so glücklich, als ich letzten Sommer nach meinem Abitur die Zulassung für die TiHo, die Tierärztliche Hochschule in Hannover, im Briefkasten hatte – dem Traum der Tierärztin einen Schritt näher. Die Zulassung traf gleichzeitig mit meinem Visum für die Philippinen ein, und das auch noch an meinem Geburtstag. Ein besseres Geschenk hätte ich mir nicht wünschen können. Also absolvierte ich den Freiwilligendienst auf den Inseln und packte direkt nach meiner Rückkehr die Umzugskartons für meinen neuen Lebensabschnitt in Hannover.

Während meiner sechs Tiermedizin-Studienjahre muss ich feststellen, dass es etwas anders verläuft, als ich es mir vorgestellt habe. Die ersten zwei Jahre bekomme ich kaum ein lebendiges Tier zu Gesicht. Ich verbringe meine Tage in Hörsälen, Bibliotheken oder zu Hause am Schreibtisch. Noch nie habe ich so viel büffeln müssen. Jede Woche gibt es Testate, mündliche Prüfungen oder Multiple-Choice-Fragebögen. Wenn andere Studierende Semesterferien haben, startet bei uns die Klausurenphase. Auswendig lernen, wiedergeben, vergessen, das Nächste auswendig lernen und wiedergeben. Es wird häufig unterschätzt, dass es in der Tiermedizin nicht nur um einen Organismus geht. Im Gegenteil: Hunde, Pferde, Rinder oder Vögel gleichen sich nur in wenigen Eigenschaften. Stoffwechsel, Fortpflanzungszyklen oder Anatomie müssen für jede Tierart einzeln gelernt werden.

Nach dem Physikum im vierten Semester wird es endlich praktischer. Wir lernen die Untersuchungsgänge am lebenden Tier, haben Vorlesungen im Kuhstall oder untersuchen auch mal ein Kamel. Ich bin immer wieder erstaunt, wie breit gefächert das Tiermedizinstudium ist: Neben der Lehre der Krankheiten, der Pharmakologie und der Diagnostik sind auch die Nutztierhaltung, Landwirtschaft und Lebensmittelhygiene wichtige

Schwerpunkte. Ich lerne alles über die Rohwurstherstellung oder die Vakuumschwankungen einer Melkanlage.

Trotz der Wichtigkeit dieser Themen fühle ich mich in dem Studium nicht hundertprozentig wohl. Mein Herz schlägt für die wilden Tiere, und an der Uni laufen mir davon kaum welche über den Weg. Verständlicherweise. Die Tiermedizin ist spannend und wichtig, aber um etwas verändern zu können, möchte ich die Zusammenhänge verstehen und über den Tellerrand blicken. Darum mache ich regelmäßig Praktika außerhalb meiner Komfortzone: in Südostasien, Afrika, in wissenschaftlichen Zoos oder im Schlachthof.

In meinem täglichen Leben sowie auf Reisen habe ich die Schönheit der Natur und gleichzeitig die drastische Zerstörung der Tier- und Pflanzenwelt tagtäglich vor Augen. Ich möchte als Tierärztin nach Lösungsansätzen suchen, wie Mensch, Tier und Wirtschaft möglichst konfliktlos nebeneinander existieren können. Deshalb interessiere ich mich für den Schwerpunkt der *Conservation Medicine*, quasi die »Naturschutzmedizin«. Ein interdisziplinäres Feld, das die Beziehung zwischen Mensch, Tier und Umweltbedingungen untersucht. Es reicht mir nicht aus, mich um die Gesundheit des Einzeltieres zu kümmern, sondern ich möchte die Gesundheit einer Spezies in den Kontext mit ihrer Umwelt setzen.

Durch den fortschreitenden Verlust von Lebensraum, die Rodung von Waldflächen, die Zunahme von Ackerland und den Wildtierhandel entstehen neue Berührungspunkte zwischen Mensch und Tier. Dabei werden auch neue Krankheiten für den Menschen gefährlich. Denn die Wildtiere kommen entweder in direkten Kontakt mit Menschen oder mit Nutztieren, die wiederum Nahrungsmittel für den Menschen liefern. Die *Conservation Medicine* befasst sich mit allen Aspekten der Wildtiergesundheit im Verhältnis zu Umweltveränderungen, landwirtschaftlichen Nutztieren, Haustieren und der menschlichen Gesundheit. Dafür arbeiten Frauen und Männer der Human- und Tiermedizin, Virologie, Pathologie, Ökonomie und Politikwissenschaft eng zusammen.

In diesem Rahmen möchte ich wilde Tiere erforschen, um anschließend Methoden mitzuentwickeln, sie zu schützen. Leider finde ich dazu in meinen Lehrveranstaltungen nur wenige Informationen. Doch auf meinen Reisen und den unterschiedlichen Stationen lerne ich immer wieder Menschen kennen, die mich prägen und inspirieren. Außerdem habe ich Vorbilder. Vorbilder, die Unmögliches geschafft haben und damit die Welt verändern. Dazu gehören zum Beispiel die drei beeindruckenden Frauen Jane Goodall, Dian Fossey und Biruté Galdikas.

Sie widmeten ihr gesamtes Leben dem Erforschen von Affen und trugen eine wichtige Botschaft in die Welt hinaus. Dabei waren sie in ihren jungen Jahren gar nicht auf Forschung oder Anthropologie spezialisiert. Im Gegenteil: Der britische Paläoanthropologe Louis Leakey suchte die drei eher zufällig aus. Er wollte, dass sie das Verhalten von Menschenaffen erforschten, denn seiner Meinung nach seien Frauen mit ihrer Geduld und ihrem Einfühlungsvermögen besser dafür geeignet als Männer. Die bekannteste von ihnen ist heute wohl Jane Goodall. Die Britin ging 1960 nach Tansania, um Schimpansen zu beobachten. 1966 folgte Dian Fossey ihrem Beispiel und ging in die Virunga-Berge nach Ruanda. Dort studierte sie die verborgenen Berggorillas. Die Kanadierin Biruté Galdikas war die Letzte im Bunde und hatte wohl die schwierigste Aufgabe. Leakey schickte sie in die Regenwälder Indonesiens, um die geheimnisvollen Orang-Utans zu beobachten. Damals war noch kaum etwas über die Tiere bekannt. Es dominierten die Legenden der Einheimischen, die besagten, die großen rotbraunen Affen seien sehr gefährlich und würden die Frauen der Dörfer stehlen.

Ich las viel über Goodall, Fossey und Galdikas, und als Dokumentationen über sie auf einer bekannten Streaming-Plattform auftauchten, wurden immer mehr Leute in meinem Umfeld auf sie aufmerksam. Die drei Frauen machten die Verbreitung des Wissens über die seltenen Menschenaffen sowie deren fortschreitende Bedrohung zu ihrer Lebensaufgabe und führten der Welt vor Augen, wie schützenswert diese Tiere sind.

Insel Riems. Das fünfte Jahr des Studiums ist für Praktika vorgesehen. Es heißt passenderweise Praktisches Jahr (PJ). In diesen zwei Semestern finden keine Vorlesungen statt, sondern die Studierenden sollen vor dem dritten Staatsexamen die vielfältigen Arbeitsplätze der Tierärztinnen und Tierärzte besser kennenlernen und Erfahrungen sammeln. In diesem Jahr entdeckte ich einen außergewöhnlichen Ort, der mich meinem Ziel der *Conservation Medicine* auch in Deutschland ein Stück näher bringt.

Ich bin überrascht, als ich das erste Mal zu meinem neuen Praktikumsplatz fahre. Das Friedrich-Loeffler-Institut, kurz FLI, liegt etwas außerhalb auf der Insel Riems mitten im Greifswalder Bodden und ist nur über einen schmalen Deich erreichbar. Nie im Leben hätte ich erwartet, hier auf das modernste Tierseuchenforschungsinstitut Europas zu stoßen, während ich auf holprigem Kopfsteinpflaster durch kleine idyllische Dörfchen fahre. Neben mir tauchen alte Kirchen und kleine Fischerboote auf.

Doch die isolierte Lage des Instituts hat einen Grund: Friedrich Loeffler gilt als Begründer der Virologie und forschte in Greifswald schon Anfang des 20. Jahrhunderts an einem gefährlichen Erreger der Maul- und Klauenseuche (MKS). Eine hochansteckende Tierseuche, die vor allem Rinder, Schweine und Schafe befällt. Seine Experimente führten allerdings immer wieder zu schlimmen Krankheitsausbrüchen in seiner Umgebung. So kam man zu dem Schluss, dass er sich doch besser einen isolierteren Forschungsort suchen solle. Also gründete er 1910 das FLI an einem abgelegenen Ort, umgeben von Wasser. Seitdem gilt Riems als »die Insel der Viren«. Die einzigen Verbindungen zum Festland stellten damals ein Dampfer und eine Drahtseilbahn dar, auf der Tier und Mensch über das Wasser transportiert wurden.

Zum Glück erreiche ich die Forschungsstation nun etwas bequemer über einen aufgeschütteten Deich. Ich bin beeindruckt, wie überaus professionell diese unauffällige Insel abgesichert und überwacht ist. Klar, hier befinden sich schließlich Labore mit der weltweit höchsten Schutzstufe, in denen an den gefährlichsten Erregern von Infektionskrankheiten wie BSE, Ebola oder der Vogelgrippe geforscht wird.

Ich bin ein bisschen aufgeregt, als ich mit meinem Transponder das Drehkreuz passiere und das Gelände betrete. Ich erwarte Forschende in abgefahrenen Raumanzügen, BSE-Kühe in isolierten Ställen oder Desinfektionsduschen an allen Ecken. Aber dem ist nicht so. Eine friedliche Insel, umgeben von strahlend blauem Wasser mit einigen hochmodernen Gebäuden und vielen freundlichen Gesichtern, empfängt mich.

Da Wildtiere wichtige Überträger von Tierseuchen sind, habe ich mich für ein Praktikum am FLI beworben. In den nächsten Wochen möchte ich hier einen Einblick in die internationale Tierseuchenbekämpfung bekommen. Eine ständige Erfassung der weltweiten Tierseuchenlage ist heutzutage besonders wichtig. Das Institut erstellt Krisenpläne, wie im Falle eines Seuchenausbruches vorgegangen werden muss, welche Sicherheitsmaßnahmen einzuhalten sind und wie eine Verbreitung verhindert werden kann. Es wird untersucht, wie gefährlich die Tierseuche für den Menschen ist, und eine Risikobewertung für die Einschleppung nach Deutschland erstellt. Bei der immensen Einfuhr von lebenden Tieren und Lebensmitteln ist eine gute Zusammenarbeit auf internationaler Ebene sehr wichtig.

Die damals hochaktuelle Problematik der *Aviären Influenza* (sogenannte »Vogelgrippe« oder »Geflügelpest«) ist da ein bekanntes Beispiel.

Meine Betreuerin Anja erzählt: »Die Arbeit am Institut lief in den letzten Monaten auf Hochtouren. Die Referenzlabore legten Nachtschichten ein, und wir waren rund um die Uhr im Einsatz. Wir mussten betroffene Tiere beproben und Risikogebiete beraten. Zum Glück konnten wir uns mittlerweile einen guten Überblick verschaffen.«

Anja Globig ist Fachtierärztin für Virologie und arbeitete viele Jahre im Nationalen Referenzlabor für die *Aviäre Influenza*. Jeden Donnerstag begleite ich sie auf eine nahe gelegene Vogelschutzinsel. Dort hält das Institut eine kleine Gruppe von Stockenten, die regelmäßig beprobt werden müssen.

»Auf diese Weise können wir Viren aufspüren, die möglicherweise von Wildvögeln mit auf die Insel gebracht werden«, erklärt Anja. »Tausende Gänse, Enten, Schwäne und Kraniche rasten in dieser Gegend. Bringt ein Vogel eine gefährliche Krankheit mit, verteilt sie sich schnell über die Exkremente auf der Insel. Unsere Stockenten dienen uns somit als eine Art ›Alarmanlage‹.«

Für die Wildtiermedizin und -forschung muss ich also keineswegs ans andere Ende der Welt reisen. Sie finden genauso vor meiner eigenen Haustür statt.

Bochum. Am schwersten fällt mir im Praktischen Jahr die Arbeit im Schlachthof. Ich bin mittlerweile fünfundzwanzig Jahre alt und keine Anfängerin mehr, was tote Tiere angeht, aber diese Erfahrung bringt mich an meine Grenzen. Allerdings zeigt sie mir auch deutlich eine gängige Realität.

Drei Wochen Schlachthof, ein Pflichtpraktikum für uns. Nicht gerade beliebt, aber eben Pflicht. Ich male mir zu Beginn die schlimmsten Bilder aus. Andererseits finde ich es sehr wichtig, mich mit dem Thema auseinanderzusetzen. Ich möchte wissen, woher das Fleisch aus der Kühltheke tatsächlich stammt und wie es dorthin gekommen ist. Tierärztin hin oder her, ein Thema, mit dem sich jeder Verbraucher befassen sollte.

Zum Glück spielt sich am Schlachthof keins meiner ausgemalten Horrorszenarien mit quietschenden, gequälten Schweinen oder völlig verängstigten Rindern ab. Im Gegenteil, ich lerne exakt festgelegte Richtlinien kennen, die in Deutschland für den Transport und das Schlachten der Tiere gelten. Es ist beruhigend zu sehen, dass, sobald eines dieser Gesetze nicht eingehalten wird, der oder die zuständige Tierärztin direkt eingreifen und darüber hinaus eine gesetzeskonforme Tierhaltung einfordern kann. Diese Gesetze dienen dem Tierwohl. Ich begreife, dass die verantwortlichen Tierärzte weitaus mehr für den direkten Tierschutz in der Massentierhaltung bewirken können, als in der Macht eines jeden Tierschützers steht. Genau deshalb ist die Präsenz der Tierärztin am Schlachthof so wichtig.

Außerdem wird mir in diesen Wochen wieder aufgezeigt, dass all die Massen an Fleisch, die wir jeden Tag verzehren – am Abendbrottisch, in der Burger-Bar oder beim Vietnamesen –, natürlich auch irgendwo herkommen müssen. Ich sehe so viele tote Tiere, wie ich mir vorher nicht vorzustellen vermochte. So viel rohes Fleisch. Blut. Organe. Am Fließband. Alle zwei Sekunden ein neuer Schlachtkörper. Routiniert. Maschinell bearbeitet. Ein Rohstoff. Ein Lebensmittel. Das schreckt mich am meisten ab. Diese Masse an Fleisch und der Verlust der Würde der Tiere. Ein Grauen.

Plötzlich ist dieser schöne, mächtige, vor Kraft strotzende Bulle nur noch ein totes Stück Fleisch, das wie eine Sache behandelt wird. Ja, ich glaube, dieser Anblick und dieses Gefühl treffen mich am meisten.

Zugegeben, mir rutscht auch das Herz in die Hose, als ich sehe, wie eine fünfhundert Kilo schwere Kuh betäubt wird, zu Boden geht und durch einen Kehlschnitt ausblutet. Aber schließlich war mir schon vorher klar, dass Tiere sterben müssen, bevor wir sie essen. Und wenigstens ist die Betäubung der Tiere vor der Schlachtung Gesetz – ein unverzichtbarer Standard.

Was ich aus diesen drei Wochen am Schlachthof mitnehme? Ich werde dort sicherlich niemals arbeiten wollen. Das könnte ich nicht. Ich bin aber dankbar, dass verantwortungsvolle Tierärztinnen das tun und sich um Tierwohl und Tiergesundheit kümmern. Massentierhaltung und Wirtschaftlichkeit bleiben für mich Begriffe, mit denen ich mich nur schwer anfreunden kann. Darüber hinaus sollte sich jeder Mensch, der Fleisch isst, mit den Auswirkungen der Massentierhaltung auf die Umwelt befassen: All die geschlachteten Schweine, Rinder und Hühner müssen schließlich gefüttert werden. Die Anbauflächen in Europa reichen dafür nicht mehr aus, beziehungsweise ein eigener Anbau der Futtermittel hier wäre viel zu teuer. Stattdessen werden Mais und Soja hauptsächlich aus dem Ausland importiert – wofür oft genug Wälder abgeholzt werden. Zudem ist der Wasserverbrauch bei der Fleischproduktion gigantisch: Rechnet man das Wasser für Futtermittel, Tierhaltung und Schlachtung zusammen, benötigt ein Kilogramm Rindfleisch stolze 15 000 Liter. Darüber hinaus führen Antibiotika und weitere Medikamente, mit denen die Tiere behandelt werden, zu einer Belastung des Grundwassers. Denn die Rückstände können nur schlecht aus den Kläranlagen gefiltert werden.

Tierwohl, Klimabilanz und Ressourcenverbrauch – all das sind Themen, die wir beim Fleischkauf beachten sollten. Für mich liegt die Lösung in einem bewussten, reduzierten Konsum aus ökologischer und regionaler Landwirtschaft, verbunden mit der Bereitschaft, für eine artgerechte Tierhaltung auch zu bezahlen. Vielleicht sollte jede Person, die Fleisch isst, auch mal einen Schlachthof besucht haben und durch einen Schweinemastbetrieb gelaufen sein.

Köln. Ich suche mir die Stationen während meines Praktischen Jahres gezielt aus. Ich verlängere meine Ausbildung zur Tierärztin sogar um ein Jahr, um möglichst viele Einblicke in die verschiedenen Bereiche der Tiermedizin zu bekommen. Deshalb arbeite ich auch für drei Monate in wissenschaftlichen Zoos. Und das, obwohl oder gerade weil ich für diese Entscheidung erstaunte Reaktionen und empörte Kommentare ernte: »Wie kannst du als Tierärztin, die sich für den Artenschutz einsetzt, die Wildnis liebt und den Lebensraum Regenwald erhalten möchte, in einem Zoo arbeiten? Wie kannst du das vor dir selbst rechtfertigen? Dort werden Tiere eingesperrt!«

Meine Antwort lautet in etwa so: In erster Linie versteht sich ein moderner Zoo als Bildungseinrichtung. Heutzutage sind Zoos darüber hinaus wissenschaftlich geführte Einrichtungen, die den Besuchenden die Vielfalt der exotischen Tierwelt näherbringen sowie biologische und ökologische Zusammenhänge vermitteln. Für viele Menschen ist der Zoo zudem die einzige Gelegenheit zur persönlichen Begegnung mit Tieren.

Das erlebe ich zum Beispiel im zooeigenen Bauernhof in Köln. Hier leben alte Haustierrassen, die sonst nur noch selten gehalten werden. Rinder, Schweine, Ziegen, Schafe, Esel und Hasen. Viele Kinder sind völlig verwundert, dass Schweine so groß werden, dass nicht alle Rinder Kühe sind und dass ohne Hahn kein Küken aus dem Ei schlüpft. Anderen Kindern ist ein Löwe vertrauter als ein Eber. Genau hier setzt die zoopädagogische Abteilung des Zoos an. Sie arbeitet mit Kindergärten, Schulen und Universitäten zusammen. Meine kleine Cousine erzählt mir stolz, wie sie in der Zooschule eine echte Schabe auf der Hand halten durfte. Sie finde das »Krabbelzeugs« nun gar nicht mehr so ekelig wie ihre Mama. Diese Erfahrung wird sie ihr Leben lang prägen, das schafft kein Insekten-Dokumentarfilm der Welt.

Die zweite wesentliche Verantwortung von Zoos ist die Arterhaltung.

»Wie das denn bitte? Indem sie bedrohte Tiere aus der Wildnis holen, einsperren und gelangweilt an den Gitterstäben auf und ab wandern lassen?«, werde ich oft unterbrochen.

Wichtig ist mir, erst einmal klarzustellen, dass der internationale Handel mit geschützten Arten seit 1973 zum Glück verboten ist und durch das Washingtoner Artenschutzübereinkommen[*]

* Übereinkommen über den internationalen Handel mit gefährdeten Arten frei lebender Tiere und Pflanzen (Convention on Internatio-

streng geregelt wird. Jede exotische Tierhaltung bedarf einer Genehmigung der zuständigen Behörde. Trotzdem stellt, auch in Deutschland, die Haltung von Exoten in Privathaushalten aus tierschutzrechtlicher Sicht ein weitaus größeres Problem dar als eine Haltung in Zoos. Gerade durch den Onlinehandel ist das Geschäft mit exotischen Haustieren stark angestiegen. Dabei ist diese Tierhaltung meist nicht artgerecht und Herkunft, Schutzstatus oder Bedrohungsgrad des Tieres gar nicht bekannt.

Für den Erhalt bedrohter Tierarten arbeiten Zoos weltweit eng zusammen. In Zuchtbüchern für mehr als tausend Arten erfassen sie die Verwandtschaftsverhältnisse der gehaltenen Tiere und versuchen gleichzeitig, durch koordinierte Nachzucht vom Aussterben bedrohte Arten zu erhalten. Sind entsprechende Lebensräume noch vorhanden, gelangen Nachzuchttiere in Auswilderungsprojekte, aus denen langsam wieder größere Populationen aufgebaut werden. Dies stellt sich allerdings bei dem enormen Rückgang der Wälder und natürlichen Habitate weltweit als äußerst schwierig dar, wie ich selbst auf Borneo oder Madagaskar erleben muss. Erfolgreiche und durchdachte Auswilderungsprojekte werden leider immer seltener.

Außerdem sind Zoos wichtige Einrichtungen für die Forschung in Bereichen wie der Zoologie, Biologie und Wildtiermedizin. In Zoos werden wertvolle Erkenntnisse für die Feldforschung gesammelt, ohne die wir in der Wildnis kaum ein Tier untersuchen könnten. Ebenfalls sind die Erkenntnisse aus der Fortpflanzungsbiologie und Grundlagenforschung für die Arterhaltung im Freiland von großer Bedeutung. Denn wir können nur schützen, was wir auch kennen. Zoos werben häufig damit, dass sie ebenso etwas für den Naturschutz tun und weltweit Naturschutzprojekte unterstützen. Doch solche Angaben sehe ich eher kritisch. Häufig sind die eigentlichen Spendenbeträge

nal Trade in Endangered Species of Wild Fauna and Flora – CITES, 1975) verglichen mit dem Umsatz der Einrichtung verschwindend gering.

Zu guter Letzt sollte auch nicht unterschätzt werden, dass Zoos im städtischen, naturarmen Umfeld wichtige Orte für Erholung und Freizeitgestaltung sind. Ich freue mich mehr, wenn ich die Schulklassen aufgeregt zwischen Giraffen und Pinselohrschweinen herumrennen sehe, als wenn ich sie mir im Computerraum vor den Bildschirmen vorstelle. Gerade mit den Kindern macht es Spaß, in die unterschiedlichen Tierwelten einzutauchen, und es fällt leichter, ihnen im Tropenhaus schwitzend vom natürlichen Lebensraum der Nebelparder zu erzählen als mit einem Foto. Wir dürfen nicht vergessen, wie wichtig Emotionen für unser Denken und Handeln sind. Wenn jemand einer Orang-Utan-Mama dabei zuschaut, wie behutsam sie mit ihrem Jungen umgeht, mit Fingerspitzengefühl das Futter in ihrer Hand inspiziert oder gelangweilt in der Nase bohrt, dann hat er einen anderen Bezug zu diesen wunderbaren Menschenaffen, als wenn er sie nur aus dem Fernsehen kennt. Bilder von Regenwaldabholzung und Palmölplantagen für Biosprit lösen plötzlich etwas ganz anderes bei dieser Person aus, da bin ich mir sicher.

Man möge mich nicht falsch verstehen, wir müssen unbedingt kritisch gegenüber einer nicht artgerechten Tierhaltung bleiben, die im Übrigen besonders in der Massentierhaltung und leider eben auch in Privathaushalten zu finden ist. Artgerechte Tierhaltung steht für mich an oberster Stelle, auch im Zoo. Dazu zählen naturnahe Gehege, bedarfsgerechte Fütterung, ausreichend Beschäftigung und Fortbewegungsmöglichkeit, Gesundheit und ausgewogene Fortpflanzung. Ich hätte noch zahlreiche Verbesserungsvorschläge für viele Einrichtungen und bin überzeugt, dass das Tierwohl und nicht die Besucherzahlen im Mittelpunkt stehen müssen. Diesbezüglich gibt es auch innerhalb Deutschlands noch gewaltige Unterschiede. Aber ich weiß auch, wie schnell wir Tiere vermenschlichen, ihnen Bedürfnisse und Gefühle zuschreiben, die wir rational nicht erklären können. Ein Löwe, der für sein Futter nicht stundenlang durch die Savanne rennen muss, der Wasser, ein schattiges Plätzchen und eine Löwin in der Nähe hat, ist ein sehr zufriedener Löwe. Ein Löwe bewegt sich in der Wildnis auch keinen Meter mehr als unbedingt nötig – Tiere bleiben natürliche Energiesparer.

Genau diese Diskussionen, Erfahrungen und Stationen helfen mir dabei, den Verlust der Biodiversität weltweit zu verstehen, und zeigen mir Wege, mich für den Schutz der Arten einzusetzen. Ich bin selbst gerade erst dabei, Umstände und Gegebenheiten zu studieren und hautnah zu erleben. Ich möchte über ein angemessenes Umweltbewusstsein nachdenken und vor allem dem Lösungsansatz Nachhaltigkeit auf den Grund gehen.

Ich stehe immer noch vor dem Kuhstall und sehe den vier fröstelnden Studentinnen fasziniert bei der Arbeit zu. Es liegt noch ein langer, prüfungsintensiver Weg vor mir. Hastig steige ich die Stufen zum Hörsaal der TiHo Hannover hinauf. Mist, die Vorlesung hat schon angefangen. Vorsichtig öffne ich die Hintertür, steige über mehrere schlafende Hunde und quetsche mich in eine der hinteren Sitzreihen. Eine Vorlesungsfolie ist an die Wand projiziert: »Mechanische Kräfte – Newtonsche Gesetze«.

4.

GROSSE GELBE AFFENAUGEN AUF MADAGASKAR

Hannover. Ich stecke im zweiten Semester meines Tiermedizin-studiums an der Tierärztlichen Hochschule Hannover und wurde während der letzten Wochen von Chemieprüfungen, Anatomietestaten und Physikpraktika geradezu überrollt. Nach all den Stunden am Schreibtisch, in Hörsälen und Bibliotheken bin ich mir gar nicht mehr so sicher, ob dieses Studium wirklich das Richtige für mich ist. Ich sehne mich nach der Gelassen-heit der Philippinen und fühle mich oft verloren, da ich mich mit dem akademischen Stoff nicht recht identifizieren kann. Mir fehlt ein Ziel vor Augen, für das sich die sechs Jahre hartes Stu-dium lohnen.

Nach einem langen Unitag voller Pflichtveranstaltungen stolpere ich zufällig über einen Aushang am Schwarzen Brett für das Wahlpflichtangebot: »Tropenbiologische Geländeübung (Madagaskar) – nur für zukünftige Kandidaten«.

Zwar weiß ich nicht recht, was damit gemeint ist, bin aber allein bei dem Wort *Madagaskar* hellauf begeistert und melde mich keine Stunde später mit einer höflichen Anfrage beim zuständigen Institut für Zoologie. Kurz darauf erhalte ich eine über mein Interesse und meine bereits gesammelten Erfahrungen in den Tropen erfreute Antwort. Enthusiastisch sage ich einen Vorstellungstermin in der folgenden Woche direkt zu.

Im Laufe dieses Vorstellungsgesprächs stellt sich allerdings heraus, dass das Wahlpflichtangebot an viel höhere Semester gerichtet ist und mit »zukünftigen Kandidaten« mögliche Promovierende gemeint sind. Die Professorin scheint mit meiner Bewerbung abgeschlossen zu haben. Trotzdem beschließt sie kurzerhand, mich einer ihrer Doktorandinnen vorzustellen, die diesen Sommer für einige Monate auf Madagaskar mit Lemuren arbeiten wird: »May wird in dieser Zeit dringend Hilfe im Feld benötigen, und ich kann mir gut vorstellen, dass ihr euch bestens versteht.«

Und damit soll sie recht behalten: May ist dreiundzwanzig Jahre alt und schließt gerade ihr Tiermedizinstudium in Hannover ab. Die gebürtige Syrerin mit den langen braunen Locken ist mir auf Anhieb sympathisch. Schon bei unserem ersten Treffen in der gemütlichen Kaffeebar der Unibibliothek in Hannover lachen wir viel zusammen. Sie scheint froh, dass ich sie einige Wochen in den afrikanischen Busch begleiten möchte. Bei einem Milchkaffee warnt sie mich vor: »Das Forschungscamp soll sehr einfach gehalten sein: kalte Dusche, unbequeme Sitzmöglichkeiten, kaum Strom und über vier Monate auf einer Isomatte schlafen – das wird sicherlich hart.« Sie lacht und fährt fort: »Aber mehr Sorgen mache ich mir um mein Projektziel: Ich möchte zwei gefährdete Lemurenarten auf Parasiten untersuchen. Dafür muss ich in den vier Monaten über dreißig wilde Lemuren aus dem Wald fangen, untersuchen, besendern, verfolgen und jeden Tag ihre Schlafplätze kontrollieren. Ob ich das alleine schaffen kann?«

Ich versichere ihr, dass sie jetzt nicht mehr alleine ist, und verspreche, nach meiner letzten Prüfung im Sommer direkt in den Flieger nach Afrika zu steigen. May lächelt mich dankbar an, und das Gespräch driftet etwas ab: schlimmste Camping-erlebnisse, verrückteste Tiermedizin-Partys und der bevorstehende Festivalsommer ...

Wenige Monate später sitze ich allein am Flughafen von Hannover. Die Chemieprüfung vor drei Tagen habe ich zum Glück bestanden. Ganz allein bin ich natürlich nicht, überall um mich herum finden tränenreiche Abschiede statt: Sechzehnjährige, die für ein Austauschjahr in die USA gehen, begleitet von einem großen Verabschiedungskomitee. Dieses freudige und zugleich mulmige Gefühl kenne ich selbst noch gut. Das erste Mal für so lange Zeit von zu Hause weg zu sein, das Leben in einer fremden Kultur mit fremder Sprache und fremden Menschen. Heute, fünf Jahre später, gibt es keine tränenreichen Abschiede mehr, dafür bin ich zu viel unterwegs. Stattdessen schicke ich eine SMS an meine Lieben, sobald ich gut angekommen bin – das reicht ihnen und mir mittlerweile.

Mein Ziel heute ist Antananarivo, die Hauptstadt von Madagaskar. Schon bei dem fremden Namen steigt Freude in mir auf. Es gibt auf der Insel zwei Landessprachen: Malagasy und Französisch – Letzteres hatte ich allerdings nur zwei Jahre in der Schule. Vorsichtshalber habe ich mir zehn wichtige Sätze in meinem Notizbuch notiert.

Der erste lautet: »*Je voudrais prendre le taxi-brousse jusqu'au parc national d'Ankarafantsika près de Ampijoroa.*« Daneben stehen fein säuberlich Name und Adresse des Hotels, Instruktionen zum Geldwechsel und die Wegbeschreibung zur nächsten *Taxi-Brousse*-Station. May hat mir alle wichtigen Infos per Mail geschickt, damit ich sie in dem abgelegenen Nationalpark auch wirklich heile erreichen werde:

»Die *Taxi Brousse* stehen alle in einer Straße, wobei sich ein Stand an den anderen reiht und *alle* versuchen, dir ein Ticket zu verkaufen. Ignoriere sie, und geh direkt zu der Gesellschaft

Kofmad. Merk dir den Namen genau, denn die heißen alle ähnlich. Alle anderen sind unzuverlässig oder zu gefährlich. Einige sind gar keine Gesellschaften, sondern nur Privatpersonen, die versuchen, dir ein Ticket zu verkaufen.

Beim Ticketkauf zwei Stunden vorher kannst du dir den Platz noch aussuchen. Ich empfehle dringend, die erste Reihe zu nehmen, hinten ist es so eng, dass sogar meine Beine am Vordersitz anstoßen. Es passen vierzehn Passagiere in den Kleinbus mit neun Plätzen. Du kannst dir auch zwei Tickets kaufen, um doppelt so viel Platz zu haben, allerdings kann es gut sein, dass diese Plätze dann trotzdem während der Fahrt bei den Stopps aufgefüllt werden.

Wenn der Fahrer mit 100 Stundenkilometern um die Kurven rast, auf Reifen ohne Profil und Straßen voller Schlaglöcher, dann beschwere dich ruhig, schließlich sollst du hier ja wohlbehalten ankommen. Das Gefährlichste sind die entgegenkommenden Lkws, die gerne die Kurven schneiden. Ach so, und falls dir schlecht wird, empfehle ich, Tabletten gegen Reisekrankheit mitzunehmen, könntest du mir zwei oder drei mitbringen?«

Antananarivo. Ich muss zugeben, dass ich ein klein wenig nervös bin, als ich mich am nächsten Tag in Antananarivo mit meinen frisch gewechselten Ariary-Scheinen (Mays Instruktion: keiner mehr wert als vier Euro) und meinem Gepäck auf den Weg zur besagten Busstation mache. Auch wenn ich nur sechs Wochen im Dschungel bleibe, habe ich inklusive Zelt, Isomatte, Schlafsack und Forschungsutensilien ganz schön viel Zeug dabei.

Doch letztendlich erreiche ich die Busstation ohne größere Probleme, ergattere ein Ticket für die letzte Reihe und warte zwei weitere Stunden geduldig im Getümmel. Denn so ein Bus fährt erst los, wenn er ganz voll ist. Die lange Wartezeit schlägt sogar die neunzigminütige Visakontrolle gestern Nacht am Hauptstadtflughafen, bei der genau *eine* Person am Schalter die Reisepässe *aller* Reisenden ausgiebig kontrollierte. »*Mura mura*« –

»ruhig ruhig«, ist die erste und wohl auch wichtigste Vokabel, die ich auf Malagasy lerne.

Endlich kommt der Kleinbus laut hupend ins Rollen, und ich sitze als einzige *Vazaha* (Weiße) eingepfercht zwischen fremden Menschen und mit Huhn unterm Sitz mittendrin. Die Verständigung mit meinen Sitznachbarn gestaltet sich anfänglich etwas schwierig, da keiner der Mitreisenden mich versteht. Aber mit der Zeit unterhalten wir uns mit Händen, Füßen und viel Lachen prächtig. Nach fünf Stunden Fahrt singen wir lauthals zu der madagassischen Musik im Radio, dazu gibt es für den ganzen Bus bunte Schokolinsen aus Deutschland – ein absolutes Highlight. Die Madagassen sind ein wunderbar fröhliches Volk.

Das Stadtbild von Antananarivo erinnert mich anfangs sehr an die Philippinen: der laute Verkehr, die überfüllten Straßen, die kleinen Stände und Decken am Straßenrand, auf denen Gemüse und Lebensmittel zum Verkauf ausgebreitet sind.

Doch mit der Zeit ändert sich der Ausblick vor den Fenstern: Wir fahren vorbei an großen goldenen Feldern, Bergen und Savannengelände – kein Grün weit und breit. Dazwischen liegen kleine afrikanische Dörfer mit einfachen Lehmhütten, vor denen Kinder spielen. Strom und fließendes Wasser sind nicht vorhanden. Zebus, so heißen die hiesigen Rinder, werden über die Straßen getrieben, Menschen arbeiten auf den Reisfeldern, und die Frauen tragen Körbe auf den Köpfen. Immer wieder kommen wir an verkohlten oder sogar noch brennenden Flächen vorbei, Brandrodung zur Gewinnung von Ackerflächen ist hier Alltag. Die flache, eintönige Landschaft schockiert mich. Ich durchquere das halbe Land und entdecke kaum einen Baum, geschweige denn Regenwald. Dabei habe ich mir die Insel der Lemuren so grün und wild vorgestellt!

Es sei hier schon vorweggenommen: Als ich May einige Tage später darauf anspreche, erzählt sie mir eine traurige Wahrheit:

»Laut einer Studie aus dem letzten Jahr haben Brandrodung und Viehzucht sowie der Mineralienabbau und die Holzkohleproduktion dazu geführt, dass 90 Prozent der ursprünglichen madagassischen Wälder verschwunden sind.«

»*Neunzig!?*«, wiederhole ich schockiert. »Wie kann so etwas passieren?«

»Ich konnte es anfangs auch nicht glauben, aber seitdem ich hier bin, erlebe ich das Drama tagtäglich. Während meines Aufenthalts gab es sogar schon Waldbrände hier im Nationalpark, dabei steht der komplette Wald unter Naturschutz.«

Ich schüttele traurig den Kopf, sie fährt fort: »Mit einer Bevölkerung von 25,5 Millionen Menschen ist Madagaskar eines der ärmsten Länder der Welt. Von den 16 Millionen Menschen, die in ländlichen Regionen wohnen, leben 85 Prozent unterhalb der Armutsgrenze. Sie sind auf die Landwirtschaft angewiesen, um ihre Familien zu ernähren. Dazu kommen eine korrupte Regierung und ausländische Investoren, die immer mehr Land kaufen und die Wälder abholzen, um schnellen Profit zu machen und die Industrie zu fördern. Die einzigartige Tier- und Pflanzenwelt dieser Insel scheint ihnen nicht wichtig zu sein. Der sogenannte »Lateritboden« hier ist extrem eisenhaltig, und Madagaskar zählt zu einem der attraktivsten Standorte für den Erzabbau. Dabei werden Wälder und Sumpfgebiete zerstört und das Grundwasser verseucht. Ist dir auf dem Weg hierher die rote Erde aufgefallen? Aus diesem Grund wird Madagaskar auch gerne *l'île rouge* genannt – die rote Insel.«

Ampijoroa. Nach einer ebenso langen und kurvigen wie rasanten Fahrt nähere ich mich nun also endlich meinem Ziel im Nordwesten der afrikanischen Insel: dem Ankarafantsika Nationalpark. Vielen Ortsnamen zufolge scheinen die Madagassen eine Vorliebe für den Buchstaben »A« zu haben. Bushaltestellen gibt es hier für die *Taxi Brousse* keine, also rufe ich mithilfe meiner Sitznachbarn und den notierten Sätzen auf Französisch dem

Fahrer zu, dass ich aussteigen möchte – mitten im Nirgendwo. Mein Gepäck wird vom Dach geschnürt, der halbe Bus umarmt mich, und das alte weiße Auto fährt klappernd davon.

Jetzt stehe ich alleine auf der großen, einsamen Straße und blicke mich um: nichts als Büsche und Bäume. Einige Hundert Meter entfernt erkenne ich selbst gezimmerte Marktstände, an denen Bananen hängen und eingelegte Lebensmittel in Plastikflaschen ausliegen. Langsam folge ich der Straße und entdecke zu meiner Erleichterung ein Schild: »Parc National Ankarafantsika – Camp de recherche«. Ich bin also richtig. Es beginnt schon zu dämmern, und ich weiß, dass es in den nächsten zehn Minuten stockdunkel sein wird.

Ich folge einem schmalen Weg zwischen den Bäumen hindurch, komme an einigen Bungalows vorbei und erreiche endlich das Forschungscamp. Sieben überdachte Zeltplattformen, ein kleines Waschhäuschen und ein überdachter Aufenthaltsbereich mit einem langen Tisch und Bänken im Freien. Im Hintergrund erkenne ich Mays großes Zelt, es passt haargenau auf die kleine Plattform, davor baumelt eine Hängematte. Alle anderen Plätze sind leer.

»Hallo?«, rufe ich vorsichtig.

Und schon höre ich einen Reißverschluss aufgehen, und eine freudestrahlende May kommt aus dem Zelt geklettert.

»Juhuu, Hannah, du bist angekommen, wie schön! Hallo – *Salama!* Herzlich willkommen!«

Wir umarmen uns, und May hört gar nicht mehr auf zu erzählen: von ihren letzten Wochen, dem Park, der Arbeit, den madagassischen Helfern und von der Einsamkeit.

Ich blicke mich in dem leeren Camp um und begreife erst jetzt so richtig, wie alleine die junge Tierärztin hier eigentlich ist. Die wenigen Urlaubsgäste, die manchmal den Nationalpark besuchen, sind woanders untergebracht, und das Restaurant des Parks, in dem wir unsere Mahlzeiten einnehmen, ist ebenfalls zehn Minuten entfernt.

»Es gibt dreimal am Tag Reis«, erklärt May, »aber das stört dich nach deiner Zeit in Asien bestimmt nicht mehr. Außerdem habe ich im Supermarkt der Hauptstadt noch einen Schokoaufstrich (für zehn Euro) ergattern können, daraus gibt es zu besonderen Anlässen mal einen Löffel«, fügt sie glücklich hinzu. Ich muss lachen. Natürlich habe ich ihr auch ein paar Süßigkeiten von zu Hause mitgebracht, da ich mir schon dachte, dass das hier Mangelware sein würde. Sie führt mich im Camp herum.

»Das hier ist die Toilette. Kein Klopapier hineinwerfen, dann verstopft sie sofort, und kleiner Tipp: Sobald es dunkel wird, lieber einmal in die Kloschüssel leuchten, sonst wirst du von Fröschen überrascht, die darin gerade ein Bad nehmen und plötzlich hochspringen.«

Daneben befindet sich die Dusche, also ein Schlauch, aus dem kaltes Wasser herauskommt. Strom gibt es hier nur selten.

»Am besten baust du schnell dein Zelt auf, dann können wir direkt zum Abendessen rübergehen. Mensch, ich bin so froh, dass du da bist!«

Nach der aufregenden Anreise und den anstrengenden letzten Tagen schlafe ich die erste Nacht in meinem Zelt wie ein Stein. Zwar ist die Geräuschkulisse des nächtlichen Dschungels noch neu für mich, aber unter einem Zeltdach fühle ich mich auf Anhieb wohl. Am nächsten Tag verabreden wir uns für acht Uhr zum nahrhaften Reisfrühstück, und anschließend geht es direkt an die Arbeit. Wir stapfen, ausgestattet mit Karte, GPS, Radiotelemetriegeräten und reichlich Wasser, in den Wald. Eine halbe Stunde geht es auf sandigem Boden bergauf, bis wir das Untersuchungsgebiet erreichen. Das Laub, die trockenen Sträucher, Bäume und Lianen verwundern mich – warum ist hier denn nichts grün? Ich dachte, wir seien im Dschungel. May erklärt mir, dass es sich in dieser Region um einen Trockenwald handelt und wir uns gerade in der trockensten Zeit des Jahres befinden.

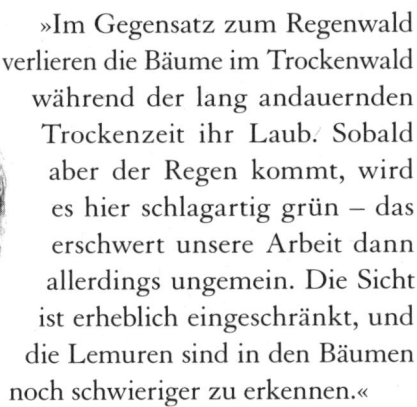

»Im Gegensatz zum Regenwald verlieren die Bäume im Trockenwald während der lang andauernden Trockenzeit ihr Laub. Sobald aber der Regen kommt, wird es hier schlagartig grün – das erschwert unsere Arbeit dann allerdings ungemein. Die Sicht ist erheblich eingeschränkt, und die Lemuren sind in den Bäumen noch schwieriger zu erkennen.«

Die Tierärztin untersucht für ihre Doktorarbeit zwei gefährdete Lemurenarten: die Wollmakis *(Avahi occidentalis)*, die wir nur liebevoll Avahis nennen, und die Wieselmakis *(Lepilemur edwardsi)*, für uns Lepis. Lemuren zählen zu den Feuchtnasenaffen und sind als endemische Art nur auf Madagaskar zu finden. Charakteristisch für Lemuren sind ihre großen runden Augen und das markante Gesicht. Für die Einheimischen sind sie die »Schattengeister der Verstorbenen« (lat. *Lemures*). Es gibt über hundert verschiedene Lemurenarten auf dieser Insel, wobei sich jede Art hoch spezialisiert hat und nur in einem bestimmten Lebensraum vorkommt.

»Die Lepis und Avahis, mit denen wir arbeiten, leben nur in den Trockenwäldern nördlich des Flusses Betsiboka im Nordwesten Madagaskars.«

»Ich dachte, in dieser Region gäb es kaum noch Wald, nur noch diesen Nationalpark?«, erkundige ich mich.

»Das ist leider wahr. Deshalb gibt es diese beiden Lemurenarten auch nur noch in diesem Nationalpark und sonst nirgends mehr auf der Welt.«

Schon wieder ein Schockmoment.

»Das bedeutet, jedes Tier, das wir untersuchen, ist quasi eines der letzten seiner Art?«

May nickt traurig. »Deswegen möchte ich so gerne gute Ergebnisse mit meiner Forschungsarbeit erzielen. Um die Welt von der Bedrohung dieser einzigartigen Primaten in Kenntnis zu setzen«, fügt sie etwas energischer hinzu, als wir in unseren dicken Schuhen durch den weichen Sand stapfen. »Durch den zunehmenden Lebensraumverlust stehen von den hundertsieben Lemurenarten heute hundertdrei auf der Roten Liste gefährdeter Tierarten (IUCN* 2020). Geht es auf Madagaskar so weiter, gibt es in naher Zukunft keine Lemuren mehr in freier Wildbahn. Das sollte ein Weckruf sein, denn sterben die Lemuren auf Madagaskar aus, sind sie für die ganze Welt verloren.«

Schweigend laufe ich hinter ihr her. Das muss ich erst mal verarbeiten.

Als wir schwitzend im Untersuchungsgebiet ankommen, halten wir inne und leeren unsere Wasserflaschen. Mittlerweile sind es schon knapp 30 Grad. Ich bin ziemlich aus der Puste, aber mit der Zeit werde ich mich an diesen Anstieg gewöhnen, da wir den Weg bis zu sechsmal täglich laufen. Während ich nach Luft ringe, weiht May mich in ihr Forschungsprojekt ein.

»Avahis und Lepis sind nachtaktive Baumbewohner, ernähren sich hauptsächlich von Pflanzen und sind etwa katzengroß. Konkret beschäftige ich mich mit den Parasitengemeinschaften, die von oder mit diesen Lemuren leben, und untersuche den Einfluss von Jahreszeit, Schlafplatz und Geschlecht der Primaten auf diese. Dafür fange ich einzelne Tiere, untersuche sie auf Parasiten und nehme Proben. Außerdem bekommen die Le-

---

* Die 1948 gegründete Weltnaturschutzunion (International Union for the Conservation of Nature, IUCN) ist die wichtigste und größte internationale Naturschutzorganisation der Welt. Sie erstellt unter anderem die Rote Liste gefährdeter Arten und kategorisiert Schutzgebiete.

muren einen kleinen Sender als Rucksack auf den Rücken geschnürt – meine eigene Kreation«, fügt sie stolz hinzu.

»Der kleine Sender-Rucksack schränkt die Tiere in der Bewegung nicht ein. Anschließend kontrollieren wir jeden Tag die
Schlafplätze der besenderten Lemuren und versuchen, frische
Kotproben von ihnen zu bekommen. All diese Proben werden
später von mir in Deutschland auf Parasiten untersucht. Gleichzeitig geben uns die Sender natürlich wertvolle Informationen
darüber, wo sich die Tiere überhaupt noch aufhalten können
und wie sie mit dem Lebensraumverlust umgehen.«

Das leuchtet mir ein.

»Bisher habe ich acht Lepilemuren und zwei Avahis untersuchen können. Da Lepis tagsüber in Baumhöhlen schlafen, sind
sie zwar schwierig zu finden, aber leichter zu fangen. Avahis
dagegen leben in Familiengruppen und schlafen auf Bäumen
verborgen im Dickicht. Sie sind sehr flink und nur schwer zu
erwischen. Oft müssen wir mitten in der Nacht aufstehen, um
die Tiere zu fangen, da sie dann aufgrund ihrer reflektierenden
Augen besser zu erkennen sind. Aber jetzt suchen wir erst einmal meine bereits besenderten Tiere: Marge, Lisa, Maggie und
Bart.«

Als sie meinen belustigten Blick sieht, fügt sie grinsend hinzu: »Yep, ich benenne sie alle nach den Simpsons. Wenn ich hier
schon keinen Fernseher habe …«

Sie holt eine Antenne und einen kleinen schwarzen Empfänger aus dem Rucksack, stellt die richtige Frequenz für Lisa
ein und wartet auf den regelmäßigen Piepton. Dabei richtet sie
die Antenne nacheinander in alle vier Himmelsrichtungen. Wir
gehen einige Schritte in die Richtung, aus der das Piepen am
lautesten scheint. Mithilfe der Radiotelemetrie können wir die
Lemuren mit Sender bis zu ihrem Schlafplatz orten.

Nach kurzer Zeit führt uns das Signal ab des Weges durch
dorniges Gezweig, bis wir endlich vor einem Baum mit einem
großen Astloch im Stamm stehen bleiben.

»Aha, hier hat die Kleine vor ein paar Tagen auch schon übernachtet«, stellt May zufrieden fest und gibt die Daten in ihr GPS-Gerät ein.

Neugierig beäuge ich die Baumhöhle, und plötzlich lugt ein kleiner grau-weiß gefärbter Kopf mit großen Ohren und kreisrunden braunen Augen daraus hervor. Aufgeregt zupfe ich May am Ärmel und flüstere: »Ist sie das?«

May schaut auf und nickt: »Mensch, hast du ein Glück, die bekommt man tagsüber wirklich selten zu Gesicht.«

Glücklich beobachte ich die Lemuren-Dame, die jetzt fast ganz aus ihrem Versteck gekrochen ist und mich mit ihren großen runden Augen ebenso neugierig beäugt wie ich sie. Lisa hat einen weißen Bauch und ein ausgesprochen niedliches Gesicht. Doch besonders fallen mir ihre ausgeprägten Greifhände auf, jeder Finger mit eigenem Fingernagel.

»Ja, Lemuren sind uns doch ähnlicher, als man auf den ersten Blick vermuten würde«, sagt May lachend.

Anschließend kontrollieren wir die anderen Schlafplätze und suchen noch zwei weitere Stunden nach Lemuren in den Bäumen – ohne Erfolg.

Nach einer Woche habe ich mich schon gut an das Leben im Camp gewöhnt. Die trockene Hitze ist kein Problem mehr, die Malaria-Prophylaxe, die ich einnehme, vertrage ich offenbar gut, und die Arbeit im Wald macht mir Spaß. Mittlerweile teilen May und ich uns für die Schlafplatzkontrolle auf, damit es schneller geht. Ich entdecke mit etwas Übung schon viel mehr in den Wäldern und nehme nicht mehr nur Gestrüpp und Spinnennetze wahr. Besonders freue ich mich über die ulkigen Chamäleons auf den Ästen oder die großen, farbenfrohen Seidenkuckucke *(Coua)* am Boden. Sie sind nicht scheu, da es hier für größere Tiere kaum natürliche Fressfeinde gibt. Das einzige Raubtier der Insel ist die Fossa *(Cryptoprocta ferox)*, eine kleine braune Raubkatze mit großen runden Ohren. Sie kommt ausschließlich auf Madagaskar vor und ähnelt einer Mischung aus Wiesel und Puma. Leider bekomme ich sie während meines Aufenthalts kein einziges Mal zu Gesicht, da sie extrem selten geworden ist: Schätzungsweise leben nur noch um die zweitausendsechshundert Fossas auf der riesigen Insel (IUCN 2015).

Wie jeden Tag bin ich wieder bei strahlend blauem Himmel im Wald unterwegs – mit Telemetriegerät auf Lemurensuche. Plötzlich höre ich ein gleichmäßiges Rascheln näher kommen. Für einen Vogel oder eine Echse ist es zu leise. Neugierig sehe ich mich um und entdecke eine zwei Meter lange Boa über das Laub gleiten. Im ersten Moment traue ich meinen Augen nicht, aber als die Riesenschlange abrupt ihre Richtung ändert und zielsicher auf mich zukommt, erwache ich plötzlich aus meiner Starre und renne, so schnell ich kann, davon.

Im Nachhinein eine ziemlich blöde Reaktion von mir. Wenn man auf eine Schlange trifft, sollte man besser ganz still stehen bleiben. Aber in dem Moment wusste ich mir nicht anders zu helfen. Wirklich gefährlich hätte mir die Boa nicht werden können. Etwas beschämt kehre ich wenige Minuten später zu meinem Rucksack zurück – zum Glück hat mich hier niemand gesehen. Als ich alle Lemuren gefunden habe und mich auf den Weg zurück zum Camp machen will, treffe ich auf May, die auch gerade mit ihrer Arbeit fertig ist. Auf dem Rückweg singen wir laut Disney-Lieder und schwärmen von all den leckeren Dingen, die wir, wenn wir erst zurück in der Zivilisation sind, essen wollen – eine unserer Lieblingsbeschäftigungen im Dschungel.

Es ist nicht zu unterschätzen, wie eintönig das Leben hier werden kann. May und ich sind mittlerweile ein eingespieltes Team und haben einen routinierten Tagesablauf. Doch neben der Arbeit gibt es wenig Abwechslung. Wir verbringen viel Zeit mit Lesen, Tagebuchschreiben und wechseln uns mit der Hängematte ab. Manchmal laufe ich auch zum nahe gelegenen See hinunter, um Vögel zu beobachten. Ein Tag gleicht dem anderen, und ich verliere schnell mein Zeitgefühl. Wir richten uns nach den Mahlzeiten, und da es um Punkt 18 Uhr dunkel wird, sind wir oft schon vor neun im Bett. Also Schlafsack.

Eines meiner schönsten Erlebnisse auf Madagaskar ist, als ich zum ersten Mal einer Sifaka-Gruppe im Wald begegne. Coquerel-Sifakas *(Propithecus coquereli)* sind wunderschöne, große Lemuren mit einer einzigartigen weiß-braunen Fellfärbung. Ihr dunkles, unbehaartes Gesicht ist von einem weißen Haarkranz umgeben. Die Halbaffen tollen zwischen den Ästen herum und blicken mich aus ihren großen gelben Augen an. Zwei Jungtiere kommen sogar auf den Boden herunter, um dort ausgiebig zu spielen. Die Hinterbeine von Sifakas sind deutlich länger als ihre Vorderbeine, da sie sich aufrecht kletternd und springend in den Bäumen fortbewegen. Auf dem Boden hingegen bewegen sie sich aufrecht hüpfend, was mit den ausgestreckten Vorderbeinen an eine Art anmutigen Tanz erinnert – *the Lemur Dance*. Leider ist die Gesamtpopulation dieser seltenen Feuchtnasenaffen in den letzten dreißig Jahren um mehr als 50 Prozent zurückgegangen.

Als May und ich uns gerade wieder durch dichtes Gestrüpp kämpfen, um den Wald nach Baumhöhlen abzusuchen – potenzielle Schlafplätze für unsere Lepis –, halte ich plötzlich inne. Ich habe das Gefühl, etwas gesehen zu haben, und lausche angestrengt, doch außer Mays Schritten einige Hundert Meter entfernt höre ich nichts. Langsam blicke ich mich um. Im dichten Geäst fällt es schwer, etwas zu erkennen. Als ich schon weitergehen will, nehme ich aus dem Augenwinkel sechs große gelbe Augen wahr. Ich drehe mich um und sehe direkt vor mir eine dreiköpfige Avahi-Familie seelenruhig im Baum sitzen. Alle drei blicken mich aus ihren drolligen Gesichtern unverwandt an. Ich kann mein Glück kaum fassen: Diese Gruppe scheint neu zu sein, keiner von ihnen trägt einen Sender.

Ich versuche, mich ruhig zu verhalten, präge mir den Baum genau ein und entferne mich langsam Schritt für Schritt von den Äffchen. Als ich May von meinem Fund berichte, ist sie völlig aus dem Häuschen.

»Okay, bleib du bei der Gruppe und lass sie nicht aus den Augen. Falls sie den Baum wechseln, versuche, ihnen zu folgen. Ich laufe, so schnell ich kann, zum Camp zurück und hole mein Blasrohr. Es wäre ein Traum, wenn wir einem Elterntier einen Sender umlegen könnten.«

Ich laufe zurück und setze mich vorsichtig auf den Boden vor die Tiere, mein Rücken an einen Stamm gelehnt. Die Lemuren sind ganz ruhig und schauen mich, ohne zu blinzeln, an. Eine magische Stunde sitze ich reglos vor den wundersamen Tieren, lausche dem Wald um mich herum und bin sehr glücklich: Ich bin auf Madagaskar, ganz alleine im Wald der Lemuren und habe die Chance, diese einzigartigen Primaten in freier Natur so nah erleben zu dürfen. Klar, es ist heiß, und zahlreiche kleine schwarze Fliegen stürzen sich auf meine verschwitzte Haut. Aber ich schaue in diese süßen Lemurengesichter und kann mir in diesem Moment keinen schöneren Ort vorstellen.

Etwas außer Atem kommt May kurz darauf mit dem Equipment zurück. Über ein hohes »*Hoop hoop*«, unser Erkennungssignal im Wald, mache ich mich bemerkbar, und sie findet mich im Dickicht. Die Lemuren sind zum Glück noch da und sitzen friedlich in ihrem Baum. Jetzt kommt der schwierige Part: May muss aus dem Stand versuchen, das große Männchen mit einem Betäubungspfeil in den Oberschenkel zu treffen. Das ist auf sieben Meter Höhe zwischen dem ganzen Gestrüpp alles andere als einfach. Der erste Schuss muss sitzen, sonst verschreckt er die Fellfreunde, und sie verschwinden in Windeseile im Unterholz.

May setzt das Blasrohr an die Lippen, holt tief Luft, zielt und pustet den Betäubungspfeil Richtung Lemur – die kleine Spritze sitzt perfekt. Nun kommt mein Part: Sobald die aufgescheuchte Gruppe den Baum verlässt, darf ich das getroffene Männchen nicht mehr aus den Augen lassen. Das heißt, ich verfolge einen Meister im Klettern auf der Flucht durch einen dichten Wald – keine leichte Aufgabe. Ich bin danach um viele Kratzer im Gesicht und Zweige in den Haaren reicher. Nach drei bis fünf

Minuten wirkt das Narkosemittel, das die Tierärztin gespritzt hat, und der Avahi wird langsamer. Er bleibt in einem Baum sitzen, und sobald der Primat vor Müdigkeit den Stamm loslässt, fange ich ihn auf. Das glaubt mir auch niemand, dass ich mit ausgebreiteten Armen durch den Dschungel renne, um Äffchen aufzufangen, geht es mir plötzlich durch den Kopf.

Das Tier schläft nun tief und fest und schließt seine kleinen Hände reflexartig um meinen Finger. May und ich untersuchen das Tier auf der Forschungsstation, sie nimmt Blutproben und gibt ihm den Namen Homer. Er wird gechipt, und May platziert den kleinen Sender-Rucksack auf seinem Rücken. Nach drei Stunden ist Homer wieder so wach, dass wir den Lemuren an genau der Stelle im Wald freilassen können, an der wir ihn zuvor gefangen haben. Mittlerweile ist es dunkel geworden, und der nachtaktive Feuchtnasenaffe mit den großen Augen springt begeistert davon.

Nach so einem Tag wird mir wieder bewusst, wie wichtig es ist, die Wälder Madagaskars und damit den letzten Lebensraum dieser einzigartigen Primaten zu schützen. Stirbt dieser Wald, dann sterben auch diese hoch spezialisierten Tiere, die uns Menschen nah verwandt sind. Die meisten dieser Arten können nicht in Zoos gehalten werden, da sie kaum anpassungsfähig sind. Lemuren sind extrem auf ihren natürlichen Lebensraum, die einheimischen Pflanzen und die klimatischen Bedingungen angewiesen. Deshalb ist der Erhalt der Wälder auf Madagaskar die einzige Chance zur Rettung der Lemuren.

Lange sitzen May und ich an diesem Abend noch zusammen und genießen den sagenhaften Sternenhimmel. Ich bin mir sicher, dass ich noch nie so viele Sterne gesehen habe. Die Milchstraße scheint zum Greifen nahe, und ich zähle sechs Sternschnuppen in nur einer Nacht. Um uns herum hüpfen kleine rote Augenpaare durch die Dunkelheit. Es sind Mausmakis (*Microcebus ravelobensis*), sie sind mit ihren neun bis zwölf Zentimeter Kopfrumpflänge die kleinsten Primaten der Welt. Mausmakis sind nachtaktiv und gerade auf der Suche nach Fressen. Wenn ich sie mit der Stirnlampe anleuchte, reflektieren ihre kleinen runden Augen rot. Es sind putzige kleine Kerlchen, die uns gerne auch mal eine Banane stibitzen.

May erzählt mir an diesem Abend viel von ihrem eigenen Werdegang und eröffnet mir damit eine ganz neue Welt hinter der klassischen Tiermedizin. Sie spricht von internationalen Konferenzen mit Forschenden aus aller Welt, von Praktika im Ausland, von ihrer Arbeit in Zoos und von der Forschung. Sie zeigt mir neue Möglichkeiten auf und macht mir Mut, meinen eigenen Weg zu gehen und mir meine Träume zu erfüllen, auch wenn die anders aussehen als die der meisten meiner Kommilitoninnen.

»Hannah, versprich mir eins, lass dich niemals von diesem Studium unterkriegen. Es wird verdammt hart und anstrengend, und es wird dich sicherlich nicht alles interessieren, aber vergiss nicht: Du kannst alles schaffen!«

5.

NEUE FREUNDE
UNTERM WEIHNACHTSBAUM

Hannover. Ich nehme mir Mays Rat aus Madagaskar zu Herzen und beginne, mich neben dem Studium auch in der Wildtiermedizin weiterzubilden. Direkt im ersten Studienjahr werde ich Mitglied in der Europäischen Vereinigung der Zoo- und Wildtierärzte (EAZWV). Diese Organisation vertritt europäische Veterinärinnen und Veterinäre, die sich dem Wohlergehen und der Erhaltung von Wildtieren verschrieben haben. Ich besuche die jährlichen Konferenzen der EAZWV in Polen, Spanien, Griechenland und Deutschland. Inhaltliche Schwerpunkte sind die Fortschritte in der Zoo- und Wildtiermedizin und der daraus resultierenden korrekten Umsetzung von Fachkenntnissen in der Wildnis.

Auch wenn ich mich als Studentin im dritten Semester anfangs auf diesen großen internationalen Konferenzen noch etwas verloren fühle, eröffnen sie mir eine neue Welt. Ich lerne Tierärztinnen kennen, die spannende Forschungsprojekte mit Wildtieren leiten oder seit vielen Jahren in wissenschaftlichen Zoos arbeiten. Ich treffe auf Studierende, die ebenfalls mit Exoten arbeiten möchten. Enge Freundschaften entstehen. Und ich erfahre von Fortbildungsmöglichkeiten, Forschungseinrichtungen und Fachtierarztausbildungen, von denen ich an meiner Uni ziemlich sicher nichts mitbekommen hätte. Bereits in diesen ersten paar Jahren baue ich mir ein Netzwerk auf, das meine zukünftige Arbeit beeinflussen und bereichern wird.

San Diego, USA. Wie jeden Morgen werde ich von den Vögeln geweckt. Laut krakeelend stolzieren zwei Pfauen vor meinem Fenster entlang. Wunderschöne Vögel, allerdings ist ihr Gezeter so früh am Morgen etwas nervig. Ich wohne auf einer Tukan-Farm inmitten der subtropischen Berge Kaliforniens. Die Farm ist sechzehn Hektar groß und liegt circa eine Stunde von San Diego entfernt. Der US-Amerikaner Jerry züchtet hier seit dreißig Jahren tropische Baumbewohner und hat sich vor allem auf Tukane spezialisiert.

Diese farbenfrohen Vögel besiedeln die Regenwälder Mittel- und Südamerikas. Tukane sind vor allem für ihre riesigen, aber leichtgewichtigen und am Rand gesägten Schnäbel bekannt. Sie dienen ihnen zur Thermoregulation: Bei warmer Umgebungstemperatur wird die Blutzufuhr in den prächtig gefärbten Schnabel erhöht, um einen Kühleffekt zu erzielen.

Ich lernte Jerry während meines Aufenthalts mit May auf Madagaskar kennen. Er und sein bester Freund Frank waren zwei der wenigen Touristen, die sich bis zum Nationalpark Ankarafantsika vorkämpften. Die Tierärztin und ich trafen beim Abendessen im Parkrestaurant auf die beiden älteren Herren. Da wir vier die einzigen Gäste dort waren, kamen wir schnell ins Gespräch. Außerdem wirkte ihr Angebot, uns auf ein kühles Bier einzuladen, nach den Wochen voller Kanisterwasser mit Plastikgeschmack ehrlich gesagt sehr verlockend.

Es stellte sich heraus, dass die beiden Amerikaner leidenschaftliche Vogelliebhaber sind und extra in diese Gegend gekommen waren, um den angeblich seltensten Vogel der Welt zu sehen: die Madagaskar-Moorente *(Aythya innotata)*.

Frank erzählte aufgeregt: »Fünfzehn Jahre hat man diesen Vogel nicht mehr gesichtet. Es wurde angenommen, dass diese extrem seltene Tauchente bereits ausgestorben sei. Doch dann geschah das Unglaubliche.«

Er legte eine kleine Kunstpause ein und nahm einen großen Schluck von seinem *Three Horses Beer*, dem Nationalbier von Madagaskar.

»Im Jahr 2006 wurde eine kleine Gruppe dieser Vögel an einem abgelegenen See zufällig wiederentdeckt. Dies waren die letzten fünfundzwanzig Madagaskar-Moorenten auf der Erde. Anschließend wurde die Art in einem intensiven Erhaltungs-zuchtprogramm geschützt, um die Population wieder zu ver-größern – eine enorme Herausforderung.«

Frank und Jerry erzählten noch lange von diesen wunder-samen Enten. Als sie uns stolz ein Foto präsentierten, war ich ein klein wenig enttäuscht. Ein dunkelbrauner Vogel mit weißem Bauch, schwarzen Beinen und hellen Augen blickte in die Ka-mera – eine Ente eben. Da wurde mir deutlich, dass wohl keine leidenschaftliche Ornithologin in mir steckt. Frank dagegen ar-beitete schon sein Leben lang mit Vögeln. Er erforschte Pinguine und reiste fast jedes Jahr in die Antarktis. Und Jerry widmete sein Leben den Tukanen. Als er mir meine Verwunderung über diesen ungewöhnlichen Beruf anmerkte, lud er mich kurzer-hand für ein vierwöchiges Praktikum auf seine Tukan-Farm in Kalifornien ein. Ich solle mir doch selbst ein Bild machen.

So kommt es, dass ich nun auf der Farm arbeite und auch an diesem Morgen Brenada beim Füttern der Vögel helfe. Sie ist eine alteingesessene Mitarbeiterin von Jerry und kennt sich bestens aus. Bei den fünfhundert Vögeln sind wir mit der Füt-terung eine Weile beschäftigt. Es gibt Blaubeeren, Papayas und Bananen, vermischt mit speziellen Nährstoffen für Vögel in Pelletform – das Ganze ähnelt doch sehr meinem Frühstücksmüsli, denke ich grinsend. Mit einem Pick-up fährt Brenada uns zu den unterschiedlichen Anlagen, die sich weit über das Gelände der Farm ausbreiten. Schöne, große Volieren, versteckt im Schatten der Bäume. Hier leben Kakadus, Aras, Nashornvögel und vierundzwanzig verschiedene Tukan-Spezies, vom kleinen Goldtukan *(Pteroglossus bailloni)* bis zum großen Riesentukan *(Ramphastos toco)*. Es ist äußerst anspruchsvoll, diese hoch spezialisierten Vögel zu halten, geschweige denn sich mit ihnen in der Zucht zu versuchen.

»Wir haben jedes Jahr hundert bis hundertfünfzig kleine Babytukane«, erklärt mir Brenada, während wir die Futtertröge säubern. »Die meisten ziehe ich mit der Hand auf.«

Und tatsächlich, die gebürtige Mexikanerin scheint mir eine erfahrene Tukanflüstererin zu sein. Sie weiß genau, welcher Vogel wie viel zu fressen bekommt, wem es heute nicht so gut geht und wer mehr Beschäftigung braucht.

»Der Zuchterfolg ist vom Wetter abhängig«, erklärt mir die Mitsechzigerin. »Gibt es viel Regen, werden auch viele Babys geboren. In trockenen Zeiten legen die Baumbewohner dagegen weniger Eier.«

Ich stutze. Die Zahl der Nachkommen wird vom Regen bestimmt? Das ist mir neu.

»Das hängt mit dem Nahrungsangebot in der Wildnis zusammen. Die Elterntiere nehmen wahr, dass nach langen Trockenperioden das Nahrungsangebot im Regenwald zurückgeht, und legen vorausschauend weniger Eier.«

Tukane leben monogam. Die Paare bleiben ihr Leben lang zusammen und bauen eine starke emotionale Bindung zueinander auf. So hat Brenada schon häufig beobachtet, wie ein zurückgebliebener Vogel seinem Partner lange nachtrauerte und sogar aufhörte zu essen. In der Tierwelt sonst eher eine Seltenheit.

Wir betreten die Kinderstube und werden von lautem Piepen und Krächzen begrüßt – die Kleinen haben Hunger. Mehrere

Brutkästen stehen nebeneinander aufgereiht, dazwischen ein Inkubator zum Ausbrüten der Eier.

»Tukane nisten in Baumhöhlen und legen einmal im Jahr drei bis vier Eier, die sie genau sechzehn Tage bebrüten«, belehrt Brenada mich. »Nach dem Schlupf sind die Babys komplett nackt und blind.«

Das sehe ich. In den Nestern sitzen kleine rosarote Wesen, die gierig ihren viel zu großen Schnabel gen Himmel strecken. Sie suchen nach Futter. Ihre Augen sind noch geschlossen und schimmern groß und dunkel unter der Haut hervor. Die Kleinsten sind nur neun Zentimeter groß und können noch nicht einmal richtig stehen. Brenada zeigt mir sorgfältig, wie ich die Tiere mit der Spritze füttern kann und welches Futter für welchen Vogel bestimmt ist. In den nächsten Wochen legen die Vögelchen ordentlich zu. Ich bin dabei, als sie ihre Augen öffnen und langsam die ersten bunten Federn sprießen. Jedes Mal ein schöner Moment.

Gerne stehe ich draußen vor den großen Volieren und beobachte die ausgewachsenen, prächtigen Tiere. Intelligente Vögel, die ihre Umgebung genau beobachten und Menschen problemlos voneinander unterscheiden. Der Riesentukan Pablo spielt sogar mit mir Ball. Gezielt wirft er mir das platte Spielzeug zu und fängt es mit seinem großen orangefarbenen Schnabel wieder auf. Es ist amüsant anzusehen, wie die Vögel von Ast zu Ast hüpfen, denn Tukane laufen nicht. Oder wie sie beim Rufen ihren großen Schnabel in die Höhe recken und gleichzeitig den Hintern herausstrecken – die typische Position eines Tukans.

Mein Lieblingstukan ist der Krauskopfarassari Picasso *(Pteroglossus beauharnaesii)*. Mit seinen witzigen gelockten Federn auf dem Kopf, der weiß-schwarz getupften Kehle, der blauen Haut um die Augen und dem rot-grün-gelben Federkleid ist er ein wahres Kunstwerk der Natur. Ich wünsche mir, diese Tiere irgendwann mal wild in den Wäldern Südamerikas zu beobachten. Doch vorher möchte ich auf der Farm so viel wie möglich über die Vögel lernen, um sie in der Wildnis schützen zu können. Wenn ich die Augen schließe und all den unterschiedlichen Vogelgesängen um mich herum lausche, kommt es mir fast so vor, als würde ich mitten im Regenwald stehen.

Chiapas, Mexiko. Ich bin etwas nervös, als ich in der Warteschlange der mexikanischen Airline stehe. Brenadas besorgte Worte hallen mir noch im Kopf: »Warum musst du denn ausgerechnet nach Mexiko? Und dann auch noch ganz alleine. Sei bloß vorsichtig, Kind.«

Ich falle auf: groß, weiß, starker Akzent. Um mich herum wird nur noch Spanisch gesprochen. Ich fühle mich plötzlich sehr allein. Doch ehe wir den Flughafen von Mexico City erreichen, sind meine Zweifel verflogen. Ich treffe auf freundliche und hilfsbereite Menschen, die zwar kein Wort Englisch sprechen, mir aber trotzdem eifrig alle meine Fragen beantworten. Einer der Sicherheitsbeamten rennt sogar mit mir durch den gesamten Hauptstadtflughafen, damit ich nach meinem verspäteten Flug auch ja noch rechtzeitig das richtige Gate für den Anschluss finde. Wirklich nett.

Schön ist auch das Gespräch mit meinem Sitznachbarn. Trotz meiner fehlenden Spanischkenntnisse möchte er sich unbedingt mit mir unterhalten. Schließlich gehen wir zusammen alle möglichen Tiere durch, mit denen ich vielleicht jemals im Dschungel arbeiten würde: *el mono, la araña, el jaguar, la pantera …* Eine prima Unterrichtsstunde.

Ich erreiche Chiapas nach einer halben Ewigkeit. Der grüne Bundesstaat liegt ganz im Süden Mexikos. Allerdings ist dies noch nicht das Ende meiner Reise. In einem alten Bus geht es zwei Stunden die Serpentinen entlang, immer höher und höher in die Berge. Aufgeregt klebe ich am Fenster. Links der Straße erstrecken sich endloses Grün, Wald und Berge, ab und zu tauchen kleine Dörfer auf. Auf der rechten Seite dagegen geht es gefährlich steil hinab in ein Meer aus Wolken.

Und dann bin ich endlich am Ziel: San Cristóbal de las Casas. Ein zauberhafter kleiner Ort in über zweitausend Meter Höhe, weit ab der Großstadt. Es scheint, als würde hier die Zeit stillstehen in diesem Labyrinth aus Einbahnstraßen und Kopfsteinpflaster. Die bunten Häuser strahlen eine sonnige Fröhlichkeit aus. Zwischendrin imposante Kirchen, verwinkelte Gassen und heitere Einheimische. Im Ortskern befindet sich ein kleiner begrünter Platz, auf dem gerade ein Fest gefeiert wird: bunte Essensstände, eine Bühne und Musik. Daneben verkaufen Frauen traditionelle Kleidung, Taschen, Schmuck und andere Andenken.

Ich kann mir kaum vorstellen, dass in diesem kleinen idyllischen Städtchen ein internationaler Kongress stattfinden soll. Der ist nämlich der Grund meiner Reise in die Berge Mexikos.

Auf der Suche nach dem Gebäude, in dem ich mich für die Konferenz anmelden kann, laufe ich durch die verwinkelten Gassen, und meine Laune wird mit jedem Schritt noch besser: Obwohl mir anfangs noch etwas mulmig bei dem Gedanken wurde, alleine auf einen Fachkongress in Mexiko zu reisen, bin ich jetzt froh, hier zu sein. Manchmal lohnt es sich, ins kalte Wasser zu springen, ohne zu wissen, was einen erwartet. An diesem Abend falle ich todmüde ins Hostelbett. Es steht in einem Schlafsaal mit acht Hochbetten. Dort ist es laut, aber das stört mich heute zum Glück nicht mehr.

Am nächsten Morgen wache ich, schon ehe der Wecker geht, auf. Ziemlich sicher vor Aufregung. Meine Zimmernachbarinnen scheinen noch tief und fest zu schlafen, sie kamen gestern erst spät vom Feiern zurück. Leise schleiche ich mich in das Gemeinschaftsbad und lasse die kalte Dusche über mich ergehen. Hier oben in den Bergen ist es erstaunlich kühl. Fröstelnd wühle ich in meinem Backpack nach irgendetwas Schickem zum Anziehen – heute ist der erste offizielle Konferenztag. Triumphierend halte ich eine weiße Bluse hoch. Auweia, ist die zerknittert. Egal, schließlich bin ich schon seit einigen Wochen mit meinem Rucksack unterwegs.

Seit dem vierten Semester bin ich Mitglied der Wildlife Disease Association (WDA), einer internationalen wissenschaftlichen Gemeinschaft für Wildtiermedizin und Artenschutz. In Mexiko kommen heute Vertreterinnen und Vertreter der Tiermedizin, Biologie und Epidemiologie zusammen. Thema der diesjährigen Konferenz ist: *One Health*. Ein Konzept, das die Wechselbeziehung von Mensch, Tier und Umwelt beschreibt und auf die Verbesserung des öffentlichen Gesundheitswesens zielt. Zum Beispiel werden die Viren und Krankheitserreger exotischer Wildtiere aufgrund ihrer kleiner werdenden Lebensräume auch für Haustiere und Menschen gefährlich. Wildtiere sind oft Reservoir oder Überträger für neue Infektionskrankheiten. Ein Beispiel dafür ist das Ebolafieber, das unter anderem von Fledermäusen übertragen wird, die selbst nicht an dem Virus erkranken. Menschen dagegen können durch direkten Kontakt mit den infizierten Tieren oder durch deren Speichel, Kot oder kontaminierte Früchte erkranken und ums Leben kommen. Die Zerstörung der Biodiversität durch den Menschen und der internationale Handel mit Wildtieren sind Ursache für solche Krankheitsausbrüche.

Solche Epidemien müssen frühzeitig erkannt und verhindert werden. Gerade in Zeiten der Globalisierung und der sich rapide verändernden Lebensräume und Klimabedingungen ist der *One-Health*-Ansatz unbedingt notwendig. Dafür ist eine fein abgestimmte Zusammenarbeit von internationalen Fachleuten aus der Human-, Tier- und Pflanzenmedizin erforderlich. *One Health* verbindet die interdisziplinären Wissenschaften mit Regierungen, Fachleuten und unabhängigen Organisationen.

Mit der Konferenztasche, die ich gestern bei der Registrierung erhalten habe, und dem grünen Band mit Namensschild um den Hals trete ich aus dem Hostel. Ein strahlend blauer Himmel begrüßt mich, und die Stadt wirkt noch farbenfroher als am Tag zuvor. Vergnügt laufe ich durch die verwinkelten Gassen zum Veranstaltungsort. Über dem Eingang hängt ein großes grünes Banner: »66th Annual International Conference«, darunter prangt der Kopf eines Jaguars.

Von überallher strömen Menschen mit grünen Bändern um den Hals auf den Eingang zu. In dem kleinen mexikanischen Städtchen fallen wir Fremde doch sehr auf.

Ich betrete das Kongresszentrum und bin beeindruckt von der kolonialen Architektur. Das Auditorium ist umgeben von altertümlichen Säulen und einem hölzernen Laubengang. Laut Programmheft stammt das Gebäude aus dem 16. Jahrhundert und war die Residenz des Gründers von San Cristóbal. Später wurde es dann zur Bischofsresidenz umfunktioniert, und im letzten Jahrhundert diente es als Herberge für Reisende, die zu Pferd oder mit dem Maultier ankamen.

Heute sind ein Rednerpult sowie zahlreiche Leinwände und Stühle in dem Saal aufgebaut. Die Teilnehmenden stehen in kleinen Gruppen zusammen und unterhalten sich angeregt in den verschiedensten Sprachen. Ich setze mich auf einen der Stühle und studiere angestrengt das Programmheft. Langsam füllen sich die Reihen, und ich bemerke erleichtert, wie sich jemand neben mich setzt.

»Hi, ich bin Hannah«, stelle ich mich auf Englisch vor, bevor er überhaupt seinen Notizblock aus der Tasche holen kann. Erstaunt dreht er sich zu mir um und grinst.

»*Hola*, Hannah, ich bin Picho, *cómo estás?*« Wir schütteln uns die Hände. Auch wenn man sich in Lateinamerika zur Begrüßung eigentlich auf die Wangen küsst. Aber Picho scheint an ausländische Personen gewöhnt zu sein. Ich schiele auf sein Namensschild.

»Oh, du kommst aus Guatemala? Wie toll, das muss so ein schönes Land sein.«

Er nickt. »Ist es wirklich. Du solltest mal vorbeikommen. Von hier nur eine Busfahrt entfernt.«

Picho und ich verstehen uns auf Anhieb blendend. Er ist ebenfalls Tierarzt, hat sich auf Wildtiere spezialisiert und ist genau wie ich alleine hier. Er ist ein fröhlicher Mensch, und wir lachen in den nächsten Tagen gemeinsam viel und herzlich.

Eine Frau tritt an das Rednerpult und eröffnet die Konferenz. Die Gespräche um mich herum ebben ab. Zum Glück werden alle Präsentationen auf Englisch stattfinden. Es wird eine Konferenzwoche voller packender Vorträge und hitziger Diskussionen. Begeistert lausche ich weltweiten Forschungsergebnissen, Lösungsansätzen, Fragestellungen und Problemen zu den Themen *Conservation Medicine*, Artenschutz und Infektionskrankheiten. Das *One-Health*-Konzept ist für mich ein Augenöffner. Dass es für einen nachhaltigen Artenschutz der Akteure aus den unterschiedlichsten Bereichen bedarf, war mir vorher nicht bewusst. Der Vortrag über die Arbeit der »Gorilla Doctors« in Ruanda macht mich besonders neugierig: Sie versuchen, in gefährlichen Zeiten politischer Unruhen die letzten eintausend Berggorillas *(Gorilla beringei beringei)* zu schützen, indem sie regelmäßig den Gesundheitszustand der Gorillas überwachen und bei lebensbedrohlichen Krankheiten oder Verletzungen eingreifen. Doch dass der Vaquita *(Phocoena sinus)*, der kleinste Wal der Welt, kurz vor dem Aussterben steht, erschreckt mich. Nur noch zehn bis zwanzig Individuen seien laut der Wissenschaftlerin vor der Westküste Mexikos zu finden. In den Kaffeepausen findet ein intensiver Austausch zwischen uns Teilnehmenden statt. Anfangs bin ich noch etwas schüchtern, aber mit der Zeit traue ich mich auch, die Referierenden auf ihre Vorträge anzusprechen, Fragen zu stellen oder mich an den Gesprächen zu beteiligen. Mein Visitenkartenstapel wird immer größer, und ich komme irgendwann gar nicht mehr hinterher, welche Projekte ich besuchen und auf welche Fachrichtung ich mich spezialisieren möchte. Fleißig trage ich alle Informationen in mein Tagebuch ein, damit ich auch bloß nichts vergesse.

Am Abend sind immer Events für uns geplant: der *Ice Breaker*, eine Auktion oder ein Abendessen mit Unterhaltung. Das mexikanische Essen ist köstlich, und es wird viel Bier getrunken. An einem solchen Abend lerne ich Sergio kennen. Sergio kommt aus Chiapas, arbeitete viele Jahre als Zootierarzt nicht weit von hier und lebt nun am anderen Ende der Welt auf Borneo.

»Borneo?«, rufe ich begeistert. »Die Urwaldinsel mit Orang-Utans und Nasenaffen?«

Der Lockenkopf mit dem kleinen Ohrring im linken Ohr nickt lachend.

»Wow!« Ich schaue ihn mit großen Augen an. »Was genau machst du dort?«

»Ich arbeite als Tierarzt auf einer Forschungsstation. Mitten im Dschungel. Ich betreue Forschungsprojekte und begleite Wissenschaftler. Und da es im Umkreis von drei Stunden keinerlei ärztliche Versorgung gibt, bin ich irgendwie auch Hausarzt der Station«, klärt er mich auf. »Außerdem forsche ich für meine Doktorarbeit an Waranen. Diese großen Echsen, kennst du die?«

Jetzt kann ich mit meinem Dokuwissen aus dem Fernsehen glänzen und nicke eifrig.

Sergio erzählt mir von den Forschungsprojekten, den täglichen Herausforderungen des Dschungels und der einzigartigen Tierwelt. Ich hänge an seinen Lippen und kann es kaum glauben, dass solch eine Station wirklich existiert.

Einige Tacos, Biere und Schnäpse später artet das Abendessen zu einer großen Party aus. Es wird getanzt, gesungen und Salsa geübt. Renommierte Fachleute, deren Bücher ich gelesen habe, feiern ausgelassen mit den Studierenden. Die Stimmung ist super. Sergio ermutigt mich, ihn auf jeden Fall auf Borneo besuchen zu kommen. Tierärztliche Unterstützung könne er dringend gebrauchen. Nie hätte ich an diesem Abend gedacht, dass der freundliche Mexikaner um die vierzig einmal mein wichtigster Mentor werden würde. Von Sergio lerne ich, wie ich mein erstes Tier in der Wildnis in Narkose lege und wie ich auch in den gefährlichsten Situationen die Ruhe bewahre.

Es wird eine Konferenz voller Input, realistischer Möglichkeiten und geteilter Begeisterung. Aber vor allem lerne ich in dieser Woche die Menschen aus Mittel- und Südamerika lieben: Guatemala, Mexiko, Costa Rica, Brasilien, Argentinien. Sie führen mich in die Welt der lateinamerikanischen Küche ein, lehren mich die wichtigsten spanischen Sätze und bringen mir den Salsa näher. Um viele Erkenntnisse reicher, mit einem Portemonnaie voller Visitenkarten und dem Herzen voller neuer Bekannter, liege ich am letzten Abend völlig erschöpft, aufgeregt und glücklich im unbequemen Bett des Schlafsaals und gehe im Kopf noch einmal die letzten Diskussionsrunden und gelernten Salsa-Schritte durch.

Am nächsten Morgen verlasse ich schweren Herzens mit Picho und einem Kleinbus voller Menschen das zauberhafte Städtchen San Cristóbal de las Casas. Wir heizen durch die Berge, fahren an Feldern und Flüssen vorbei und passieren immer wieder kleine mexikanische Dörfer. Eingefaltet in die viel zu kleine Sitzreihe, fahren wir knapp zwölf Stunden auf holprigen, von Schlaglöchern übersäten und oft einspurigen Straßen. Stunde um Stunde. Kein Ende in Sicht. Durchgeschüttelt, schwitzend und müde. Aber mit netten Sitznachbarn, schlechter Musik und tollen Aussichten.

Ich bin noch ein bisschen durch den Wind, da die Hälfte meiner Kleidung zwei Tage zuvor in einer Wäscherei in den Bergen Mexikos zurückblieb. Ich hatte sie dort einige Tage zuvor zur Reinigung abgegeben, doch leider öffnete die kleine Wäscherei anschließend nicht wieder. Trotz vergeblichem Klopfen und unbeantworteten Nachrichten unterm Türschlitz sah ich meine Kleider nie wieder. Doch ich versuche, positiv zu denken, immerhin ist mein Backpack jetzt auch viel leichter.

Ich habe mich kurzerhand von Picho überreden lassen, meine letzten zwei Wochen in Zentralamerika noch in Guatemala zu verbringen, bevor ich mich wieder auf den Heimweg mache.

Bonn. »Ich weiß, Mama, es ist etwas kurzfristig, aber ich dachte, eine Person mehr oder weniger macht doch jetzt auch keinen Unterschied, oder?«

Zwei Jahre später mitten im Dezember: Ich versuche, meine Mutter am Telefon so schonend wie möglich auf den bevorstehenden internationalen Besuch an Weihnachten vorzubereiten.

»Wir sind doch jetzt schon so viele Leute, Hannah«, zweifelt sie am anderen Ende der Leitung. »Bist du denn sicher, dass er alleine kommt?«

Ich nicke so eifrig, als könnte sie mich sehen, und füge schnell ein »Ja, klaro!« hinzu.

So selbstverständlich ist es vielleicht nicht: Das letzte Mal, als ich internationale Freunde ankündigte, standen direkt drei Brasilianer bei meinen Eltern vor der Tür, und ich war noch nicht mal zu Hause, sondern musste für eine wichtige Prüfung in Hannover bleiben. Doch auch das war kein Problem, denn bei meinen Eltern war schon immer jeder Gast willkommen, so haben sie es mir vorgelebt.

»Und er ist sich bewusst, dass Oma sich ausnahmslos auf Deutsch mit ihm unterhalten wird? Und unter Umständen nachfühlen wird, ob er denn auch ein Unterhemd trägt?«

Ich muss lachen und weiß insgeheim, dass ich sie schon überzeugt habe.

»Ich werde ihn vorwarnen.«

Meine Mutter seufzt: »Haben wir je zu einem Gast Nein gesagt? Erst deine philippinische Freundin. Dann der höfliche Picho aus Guatemala. Der Biologe aus Costa Rica, der leidenschaftlich die Amseln im Garten fotografiert hat. Und jetzt also ein Mexikaner zu Weihnachten, wie schön!«

Ich bin begeistert. »Danke, Mama, du bist die Beste!«

Sergio macht nämlich in den Wintermonaten eine Europareise, und ich habe ihn direkt zu meiner Familie eingeladen. Ich kam schon bei so vielen wunderbaren Menschen überall auf der Welt unter und war selbst schon so oft dankbar für nette Familien, die mich auf Reisen aufnahmen. Dieses Geschenk möchte ich auch zurückgeben, denn so ein Netzwerk ist Gold wert.

Zwei Wochen später sitzen wir am Weihnachtsbaum, und ich beobachte vergnügt Sergio und meine Oma. Sie scheinen in ein tiefes Gespräch vertieft, auch wenn Sergio kein Wort Deutsch und meine siebenundneunzigjährige Oma kein Wort Spanisch spricht. Aber sie wirken zufrieden. Sergio kann nicht von dem »köstlichen Käse aus Europa« lassen und leert die Käseplatte. Meine Mutter stupst mich grinsend an: »Und, wen bringst du nächstes Jahr Weihnachten mit?«

TEIL III

URWALDINSEL BORNEO

6.

ALLES IM RUCKSACK –
WAS ZUM ÜBERLEBEN REICHT

Hannover. Mit einem Stapel Post in der Hand steige ich langsam die achtundsiebzig Stufen zu meiner WG hinauf. Geduldig gehe ich Brief für Brief durch, in der Hoffnung, dass einer für mich dabei ist. Ich wohne in einer Achter-WG, da gibt es meist viel Post. Abrupt halte ich inne. Post vom Akademischen Auslandsamt? Aufgeregt reiße ich den Umschlag auf. Ich überfliege das Anschreiben und mache einen Luftsprung vor Glück:

»Wir freuen uns, Ihnen mitteilen zu dürfen, dass das Akademische Auslandsamt Ihre praktische Ausbildung in Sabah, Malaysia, genehmigt.«

Begeistert renne ich die restlichen Stufen hinauf. Drei Monate darf ich als veterinärmedizinische Assistentin auf einer Forschungsstation mitten im Dschungel von Borneo arbeiten. Meine sieben Mitbewohnerinnen und ich studieren zurzeit im neunten Semester Tiermedizin. Wir alle haben einen anstrengenden und lernintensiven Prüfungssommer hinter uns (mit mehr Prüfungen als Sommer) und starten nun voller Vorfreude in unsere Praktika.

Ziemlich aus der Puste stürze ich in unsere WG-Küche. Dana und Caro sitzen mit einer Tasse Kaffee am Tisch. Glücklich verkünde ich ihnen die Neuigkeit. Ich erkenne ein wenig Unverständnis in ihren Gesichtern. Warum möchte Hannah freiwillig an solch einem fernen, ungemütlichen und gefährlichen Ort arbeiten? Sie könnte in der Kleintierklinik Isernhagen bestimmt auch viel lernen. Doch ich weiß, dass sie sich für mich freuen und an mein Fernweh gewöhnt sind. Ich bekomme Herzklopfen, wenn ich an den Dschungel denke. Mein nächstes Abenteuer kam also heute mit der Post.

Neben meinem aktuellen zehnwöchigen Praktikum in der Rinderklinik stürze ich mich in die Vorbereitungen. Man sollte glauben, ich sei die Organisation und Aufregung vor meinen Auslandsaufenthalten mit meinen vierundzwanzig Jahren so langsam gewohnt, aber das stimmt nicht. Klar weiß ich mittlerweile besser, was mich im Dschungel erwartet. Aber trotzdem braucht es immer mehrere Listen, Recherche und Skype-Gespräche, bis ich mich gut vorbereitet fühle.

Es beginnt mit meinem alljährlichen Besuch bei Dr. Gerhard. Der Betriebsarzt der Tierärztlichen Hochschule kennt sich bestens mit Parasitosen und anderen Gefahren in tropischen Einsatzgebieten aus. Begeistert erzähle ich ihm von meinem Vorhaben. Der grauhaarige Mittfünfziger schüttelt schmunzelnd den Kopf:

»Hannah, Hannah, wohin es dich nur wieder verschlägt. Im Dschungel von Borneo gibt es nun wirklich keine ärztliche Versorgung um die Ecke. Da müssen wir deine Reiseapotheke noch etwas auffüllen.«

Dankbar blicke ich ihn an. Endlich ein Arzt, der mich nicht für verrückt erklärt und alle möglichen Gefahren aufzählt, sondern direkt nach Lösungen sucht.

»Was muss denn aufgefrischt werden?«, fragt er, als er in meinen zerfledderten gelben Impfpass schaut. »Ah ja, Typhus ist erneut dran. Und definitiv Tollwut, wenn du wieder mit wilden, bissigen Tieren arbeitest. Die Impfstoffe bestellst du dir bitte beide in der Apotheke.«

Da werden sich meine Mitbewohnerinnen freuen, wenn die Tollwut wieder neben dem Joghurt in unserem WG-Kühlschrank liegt, denke ich mir grinsend.

»Wie sieht es mit Malaria-Prophylaxe aus? Willst du die nehmen?«

»Ehrlich gesagt, nein. Jeder dieser langen Aufenthalte ist schon Zumutung genug für meinen Körper wegen all der medikamentösen Maßnahmen, die nicht optional sind. Jede Impfung ist eine zusätzliche Belastung. Und jede Parasitose eine mögliche Gefahr.«

Er nickt geduldig, und ich fahre fort: »Aber ich kann nicht jedes Jahr ein- bis zweimal im Dschungel arbeiten und mich prophylaktisch mit Medikamenten vollpumpen. Das finde ich verantwortungslos. Ich bin mir des Risikos bewusst, möchte aber lieber im Krankheitsfall reagieren und nicht schon aus reiner Vorsicht von Deutschland aus.«

Wieder ein langsames Nicken.

»Und ich verspreche: Jedes Fieber, das ich bekomme, werde ich ernst nehmen und gut auf meine Gesundheit achten«, füge ich schnell hinzu.

Das akzeptiert Dr. Gerhard, und dafür bin ich ihm wirklich dankbar. Er gibt mir einige Rezepte mit, um meine sorgfältig beschriftete, in wasserdichten Plastikbeuteln verpackte Reiseapotheke aufzustocken, und wünscht mir alles Gute. Ich bin zwar etwas zerknirscht, als ich einige Tage später in der Rinderklinik meinen Arm zum Rektalisieren, also für die Untersuchung einer tragenden Kuh, kaum heben kann, weil die Typhus-Impfung noch so wehtut, aber da muss ich durch.

Was sonst noch ansteht? Die Flugbuchungen samt CO_2-Kompensation, das Abklären der Visabestimmungen und die Beachtung der tierseuchenrechtlichen Einfuhr von Proben. Und ganz wichtig: mein Equipment. Die Vorstellung, bei 30 Grad und über 95 Prozent Luftfeuchtigkeit ausschließlich lange Hosen und Hemden zu tragen, ist immer etwas abwegig, aber wenn ich mich dann in einem summenden Schwarm aus winzigen Stechmücken durch das Dickicht kämpfe, werde ich mich bei mir selbst bedanken.

Kompass, Taschenmesser und Stirnlampe werden im Dschungel zu überlebenswichtigen Gegenständen, da verliert das Handy sichtlich an Bedeutung. Vor allem ein Stichheiler zur Behandlung von Insektenstichen ist Gold wert. Völlig chemiefrei und nur mit Wärme erlöste er mich schon oft von fürchterlichem Juckreiz. Insektenrepellent ist bei so einer hohen Luftfeuchtigkeit nämlich nur begrenzt erfolgreich, und irgendwie sträube ich mich auch dagegen, mir jeden Tag Chemie auf die Haut zu sprühen. Außerdem darf ich, wenn ich mit den wilden Tieren arbeite, eh keinen unnatürlichen Duft am Körper tragen.

Mein Moskitonetz ist eines der wichtigsten Utensilien auf meiner Liste. Ich wurde schon von vielen Forschenden belächelt, wenn ich verzweifelt versuchte, das dünne Netz über meinem Schlafplatz aufzuspannen. Aber dieses bisschen durchsichtige Privatsphäre, frei von Spinnen, Mücken oder anderen Krabbeltieren, ist mir sehr wichtig. Was sonst auf keinen Fall fehlen sollte: Trinkflasche, Gummistiefel, Regenjacke, Handwaschmittel und lange Socken, in die ich meine Hose stopfen kann, um den Blutegeln den Weg abzuschneiden. Nur einen Schutz gegen die hohe Luftfeuchtigkeit habe ich noch nicht gefunden. Mir ist schon zweimal mein Reisepass verschimmelt, und ein Glaspilz hat sich in meinem Kameraobjektiv breitgemacht. Ein bisschen Schwund ist wohl immer.

Vier Monate später ist es so weit. In Hannover herrscht bitterkalter Februar, und ich sitze aufgekratzt auf meinem Bett im WG-Zimmer und gehe noch einmal meine Unterlagen durch: Reisekrankenversicherung, Sperrnummer für die Kreditkarte, meine Visabestätigung, der Reisepass ...

Neben mir mein gepackter Wanderrucksack. Siebzehn Kilo wiegt er. Die Gummistiefel muss ich auf dem Flug anziehen, die sind zu sperrig. Beeindruckend, wie wenig ich zum Leben und Glücklichsein brauche, denke ich mir, als ich auf das überschaubare Gepäck blicke. Ob mir etwas fehlen wird? Mein voller Kleiderschrank, die heiße Dusche oder der gefüllte Kühlschrank? Ich bin gespannt. Am Flughafen ernte ich verwunderte Blicke, als ich in Gummistiefeln und mit großem Rucksack auf dem Rücken durch die Hallen stapfe. Doch das kümmert mich heute nicht. Ich will in den Dschungel.

»Borneo – wo liegt das überhaupt?«, war die häufigste Frage, die ich zu hören bekam, wenn ich von meiner bevorstehenden Arbeit erzählte. Auch meine Oma war erstaunt, als ich ihr bei Kaffee und Kuchen von meinem Reiseziel berichtete.

»BORN…HEIM? Kind, was willst du denn in Bornheim? Da gibt es wohl kaum Affen?«

»Nee, Oma, B-O-R-N-E-O«, wiederholte ich etwas lauter. »Das liegt in Südostasien. Dort gibt es noch jede Menge Regenwald und Affen.«

Verwundert zog sie ihre Augenbrauen hoch und fügte hinzu: »Na, bringt das denn auch etwas für dein Studium?«

Nach einer ausgiebigen Erläuterung zu meinem Vorhaben schien Oma überzeugt.

Mit einer Fläche von 751 936 Quadratkilometern ist Borneo nach Grönland und Neuguinea die drittgrößte Insel der Welt und aufgeteilt zwischen den drei Staaten Indonesien, Malaysia und Brunei. Mein Ziel: das Danau Girang Field Centre (DGFC), eine Forschungsstation im Zentrum des malaysischen Bundesstaates Sabah.

Benoît Goossens ist Gründer dieser Station. Der gebürtige Belgier baute 2007 in Kooperation mit der Cardiff University und dem Sabah Wildlife Department das Center auf Borneo auf. Er bildete ein kompetentes Team mit einheimischen Forschungsassistenten und Personal. Heute leitet Benoît dort Recherchen mit Forschenden aus der ganzen Welt. In den nächsten drei Monaten werde ich den Wildtierarzt Sergio bei seiner Arbeit auf der Station unterstützen. Ich bin seiner Einladung in Mexiko gefolgt und freue mich sehr auf diese praktische Erfahrung im Dschungel.

Kota Kinabalu. Das kleine Flugzeug landet in Kota Kinabalu, der Hauptstadt von Sabah. Schon aus dem Flieger sehe ich einen gigantischen Berg unter mir auftauchen. Der Mount Kinabalu ragt mit seinen 4095 Metern bis über die Wolken hinaus. Erschöpft von der langen Reise, aber auch freudig gespannt, finde ich mich auf Anhieb in dem fremden Land zurecht. Die Sprache, der Verkehr, die Menschen, das schwüle Klima, alles ist ganz anders als in Deutschland, und trotzdem fühle ich mich gleich heimisch. Wieso das wohl so ist? Vermutlich ist mir, durch meinen Aufenthalt auf den Philippinen, das Leben in Südostasien sehr vertraut geworden.

Ich übernachte heute in einem einfachen Hostel und teile mir den Schlafsaal mit drei weiteren Frauen, die ich aber kaum zu Gesicht bekomme. Müde suche ich in der Umgebung nach einem Supermarkt, um mir Wasser und ein kleines Abendessen zu kaufen. Dann liege ich endlich im Bett. Trotz Schwüle und lauter Geräuschkulisse vor dem Fenster schlafe ich sofort tief und fest ein. Am nächsten Morgen bin ich, trotz der sechs Stunden Zeitverschiebung, schon vor dem Weckeralarm hellwach. In Deutschland ist es jetzt noch mitten in der Nacht, aber so darf ich nicht rechnen, wenn ich mich hier schnell eingewöhnen möchte. Leise packe ich meine Sachen zusammen und schleiche aus dem Schlafsaal. Zum Glück ist die Rezeption schon besetzt, und ich bekomme sogar ein einfaches Frühstück serviert.

Um acht Uhr soll mich Peter hier abholen, der Manager der Forschungsstation. Er muss einmal in der Woche in die Hauptstadt fahren, um Einkäufe und Papierkram zu erledigen. Sergio beschrieb ihn mir über Skype in etwa so: »Ein gut gelaunter Malaysier mit schwarzem Haar, Brille und einem roten Pick-up.«

Genau so ein Pick-up hält um kurz nach sieben vor dem Hostel. Grinsend beäugt Peter meinen großen Rucksack und schüttelt mir die Hand.

»*Hi, you must be Hannah! How are you?*«

Erleichtert stelle ich fest, dass er fließend Englisch spricht, denn leider ist mein Malaysisch noch überhaupt nicht brauchbar. Die Ladefläche des Pick-ups ist gefüllt mit lauter Kartons voll Lebensmittel, Säcken voller Reis und Gemüse, mehreren Gallonen Wasser und Gasflaschen.

»Wie früh warst du denn einkaufen, Peter?«, frage ich erstaunt, als ich auf das organisierte Chaos blicke.

»Ach, die Großhändler und Marktverkäufer kennen mich mittlerweile. Die wissen genau, was ich brauche, und stellen alles schon bereit, das geht schnell. Wir müssen nur noch an einem Baumarkt anhalten, um zwei Ersatzteile für die Solaranlage zu kaufen. Danach sind wir startklar.«

Ich nicke und verstaue meinen Rucksack auf der Rückbank des Autos.

»Ich habe mich schon gefragt, wie ihr so mitten im Dschungel Strom bekommt.«

»Strom gibt es nur wenige Stunden am Tag«, erklärt mir Peter, als er den Wagen anwirft. »Wir haben ein Dieselaggregat hinter dem Haupthaus stehen, das die Station und die Wohnräume von zehn bis zwölf Uhr mittags und abends von fünf bis zehn mit Strom versorgt. Die Solarzellen haben wir letztes Jahr auf dem Dach angebracht. Sie sorgen dafür, dass die Kühlschränke und das Labor durchgehend mit Strom versorgt sind, und überbrücken auch manchmal die Zeit am Mittag. Nur für den ganzen Tag reichen sie noch nicht aus. In der Mittagshitze kann es ohne Ventilatoren also ganz schön heiß werden«, fügt er zwinkernd hinzu.

Nach unserem kurzen Besuch in einer Art Baumarkt, wohl eher ein »Laden für alles«, machen wir uns auf den langen Weg

Richtung Kinabatangan Wildlife Sanctuary. Geduldig erklärt mir Peter, was es mit diesem Naturschutzgebiet im Norden Borneos auf sich hat:

»Der Kinabatangan ist der größte Fluss des malaysischen Bundesstaates Sabah. Sein Gebiet umfasst tropische Wälder, Altarmseen, Sumpfgebiete sowie Mangrovenwälder und gilt als eine Region von besonders hoher Biodiversität. Einige Teile seines Überschwemmungsgebiets stehen unter Naturschutz und bieten unzähligen Arten ein Zuhause. Allerdings sind die Lebensräume durch die zunehmende Besiedelung der Flussufer und die enorme Ausbreitung von Palmölplantagen extrem bedroht.«

Das habe ich befürchtet. Schon in Deutschland habe ich viel über Palmöl gehört und wusste, dass Malaysia und Indonesien zu den Hauptanbauregionen der Früchte zählen. Aber als wir mit dem Auto stundenlang durch die Monokulturen fahren, bin ich schockiert. Eine identische Palme reiht sich an die andere. Alles wirkt irgendwie tot und industriell. Nichts von dem wilden, grünen Borneo, wie ich es mir vorgestellt habe oder es aus Naturdokus kenne, umgibt mich hier.

»Palmöl bildet das Haupteinkommen der Inselbewohner«, fährt Peter fort. »Besonders Sabah ist von der Abholzung des Regenwaldes für Palmölplantagen betroffen. Das macht das Naturschutzgebiet des Kinabatangan, an dem auch unsere Forschungsstation liegt, als Quelle und Schutz des Lebens so wichtig und einzigartig. Deswegen versuchen wir, es mit aller Kraft zu schützen.«

Schweigend starre ich aus dem Fenster. Ein heftiges Ziehen macht sich in meiner Bauchgegend breit. So hatte ich mir meine Ankunft im Dschungel nicht vorgestellt. Eine halbe Ewigkeit fahren wir hinter uralten, rostigen Lastwagen die Landstraße entlang. Sie sind beladen mit Bergen der roten und gelben Palmölfrüchte und hüllen alles in dunkle Rauchwolken.

Kinabatangan. Nach sieben Stunden verlassen wir endlich die große Straße und erreichen ein kleines malaysisches Dorf direkt am Kinabatangan River. Kläffende Hunde laufen uns entgegen. Peter parkt den Pick-up unter einer großen Brücke. Zwei Jungen auf einem Fahrrad folgen dem roten Jeep lachend. Als ich die Autotür öffne, schlägt mir eine schwüle Hitze entgegen, und ich schnappe instinktiv nach Luft.

»Das ist Batu Putih«, erklärt Peter, »unsere Verbindung zur Zivilisation. Hier steht immer ein Auto von uns, und es liegt ein Boot am Steg. Gerade für Notfälle ist das wichtig. Die Dorfbewohner kennen uns gut. Sie sind es hier gewohnt, andauernd schwitzende Weiße mit großen Mückenstichen an den Beinen zu sehen«, fügt er grinsend hinzu. »Hilfst du mir, die Einkäufe ins Boot zu tragen?«

Hoch motiviert stimme ich zu, bereue das nach den ersten zwei Gasflaschen allerdings schnell. Die stechende Mittagshitze mit der feuchten Luft ist nicht zu unterschätzen. Mir läuft der Schweiß nur so herunter. Als ich gerade eine große blaue Kühlbox im Boot verstaue, ruft Peter: »Vorsicht, Hannah, das ist unser Abendessen!«

Neugierig luge ich in die Box, und mir wird auf der Stelle schlecht. Ein unsäglicher Gestank nach Verwesung schlägt mir entgegen, und ich entdecke eine grün-gräuliche, glänzende Masse in der Box.

»Sind das Gedärme?«

Peter kriegt sich vor Lachen kaum noch ein: »Das sind die *Chicken Guts*. Hühnerinnereien. Die bekomme ich von den Fleischern immer noch dazugeschenkt.«

»Die sind doch ungenießbar?«, frage ich hoffnungsvoll.

»Keineswegs! Damit ködern wir die Bindenwarane für die Untersuchung. Die großen Echsen sind Aasfresser und lieben den Geruch von vergammelten Innereien. Aber das wirst du alles noch lernen. Und sei gewarnt, mit der Zeit wird der Gestank noch viel intensiver. Am besten immer Handschuhe bei der Arbeit anziehen, sonst wirst du den Geruch nie wieder los.«

Beeindruckt nicke ich. Das fängt ja vielversprechend an …

Kurz darauf sitzen wir endlich in dem vollgepackten Motorboot. Peter steuert uns den breiten, schlammbraunen Kinabatangan River entlang. Es tut gut, den Fahrtwind im Gesicht zu spüren. Große, dichte Bäume rauschen an mir vorbei, und es wird immer grüner. Ich hole tief Luft und kann meine Freude nicht verbergen. Und da, endlich, entdecke ich erste Affen im Baum. Ihr orangebraunes Fell ist für ein geübtes Auge gut zu erkennen, die Nasenaffen. Unterwegs zeigt Peter mir auch zahlreiche Krokodile, ihre langen Körper mit dem riesigen Maul sind Furcht einflößend.

Nach einer halben Stunde Fahrt flussabwärts erreichen wir die Forschungsstation. Peter wird langsamer und steuert auf einen kleinen Holzsteg zu. Auf dem Steg erkenne ich zwei Malaysier. Sie heben die Hand zum Gruß.

»Das sind Koko und Alut«, stellt Peter mir die beiden Männer vor. »Sie sind Forschungsassistenten und kennen den Wald besser als jeder andere. Alut arbeitet schon viele Jahre hier, er kommt selbst aus Batu Putih. Seine Frau Sheila ist eine grandiose Köchin auf der Station.«

Ich bin sehr dankbar, als Alut mir die schweren Einkäufe abnimmt und leichtfüßig die lehmigen Stufen hinaufträgt. Er ist groß und breit gebaut, im schwarzen Haar trägt er ein Stirnband. Bei meinem zweiten Versuch, eine Gasflasche alleine hochzutragen, rutsche ich aus und lande im Matsch. Alut muss laut lachen, schüttelt den Kopf und geht entspannt mit zwei Gasflaschen gleichzeitig den Berg hinauf.

Woah, mit dem will ich befreundet sein, denke ich mir insgeheim. Noch weiß ich nicht, wie viele Stunden ich mit Alut im Boot verbringen werde, um nach Krokodilaugen Ausschau zu halten, oder verzweifelt versuche, mit seinem Schritt im Wald mitzuhalten. Aluts schallendes Lachen ist immer schon lange zu hören, bevor er irgendwo auftaucht. Er macht sich einen Spaß daraus, mich überall zu erschrecken, wo er nur kann, sei es mit großen Spinnen oder einem Grashalm im Ohr. Alut ist der beste *Wildlife Spotter*, den ich kenne, und kann fast alle Geräusche des Dschungels nachahmen. Auch wenn wir uns nur mit Händen und Füßen verständigen können, werden wir in den kommenden Wochen viel Spaß zusammen haben.

Wir verstauen die Einkäufe auf einem großen Bollerwagen, und die drei Männer ziehen und schieben ihn in den Dschungel hinein. Aufmerksam schaue ich mich mit meinem großen Rucksack auf dem Rücken und den Gummistiefeln an den Füßen um. Neben mir ist ein kleiner Unterstand, an dem zwei Hängematten befestigt sind. Weiter hinten am Waldrand entdecke ich ein größeres Dach, unter dem viele Schwimmwesten säuberlich nebeneinander aufgehängt sind. Gitterkäfige türmen sich auf, Werkzeug liegt herum. Auf einer schlammigen Fläche sind notdürftig zwei Tore aufgebaut. Wer hier wohl bei den Temperaturen Fußball spielt?

Vor mir führt ein schmaler betonierter Weg vom Flussufer in den Wald hinein. In diese Richtung ist der Bollerwagen auch eben verschwunden. Schweigend folge ich den Männern in den Wald. Rechts und links säumen hohe Bäume den Weg, und der Boden ist mit Blättern bedeckt. Andauernd raschelt es, und ich erkenne kleine Echsen, die blitzschnell im Laub verschwinden. Ich habe das Gefühl, alles bewegt sich, ein Summen liegt in der Luft. Und da, war das nicht ein Affe? Mit dem Kopf im Nacken laufe ich weiter, stolpere, komme vom Weg ab und kann gerade noch so meine Balance halten. Ups, Anfängerfehler, denke ich mir lachend und schaue schnell, ob mich einer der Männer gesehen hat. Aber die sind mit Ziehen und Schieben beschäftigt.

Den sogenannten »*Main Path*«, den Hauptweg, werde ich ab jetzt jeden Tag viele Male entlanglaufen und dabei die unterschiedlichsten Tiere entdecken. Jeden Tag wird Samsir, einer der Forschungsassistenten, gegen neun Uhr mit einem Laubbläser den kompletten Weg ablaufen und von heruntergefallenen Blättern und Ästen befreien. Und jedes Mal, wenn ich einen Tag frei habe, wird er mich damit wecken. Der Dschungel wächst schnell, und die Wege wuchern innerhalb kürzester Zeit wieder zu, wenn Samsir nicht aufpasst.

Links von mir, im Wald verborgen, steht ein großes Holzhaus auf Stelzen. Bettlaken und Handtücher trocknen auf einer Wäscheleine.

»Hier wohnen die *Research Assistants (RAs)*, die einheimischen Forschungsassistenten, mit ihren Familien«, ruft Peter mir zu.

Einige Meter weiter lichtet sich der Wald, und ein großes, mintgrün gestrichenes Gebäude taucht vor mir auf. Über dem großen Eingang mit den weißen Stufen wurde in dunkelblauen, dicken Buchstaben »Danau Girang Field Centre« gepinselt. Die rechte Seite des Hauses ist mit Moskitogittern ausgestattet, hinter den dunklen Maschen erkenne ich Tische und Stühle. Die Männer haben die Einkäufe erfolgreich vor das Haus geschoben, und Peter kommt auf mich zu.

»Das ist das Haupthaus«, erklärt er mir. Er ist ein wenig aus der Puste. »Hier befinden sich die Gemeinschaftsräume, die Küche, der Essbereich, das Labor und unsere Büros. Komm, ich zeig dir erst einmal dein Zimmer. Dann kannst du noch deine Sachen ablegen, bevor du alle kennenlernst.«

Wir folgen dem betonierten *Main Path* an den Bäumen entlang.

»Insgesamt besteht die Station aus fünf Häusern. Zwei haben wir gerade hinter uns gelassen. Hier siehst du die Schlafsäle für größere Gruppen, zum Beispiel Exkursionen der Uni oder Besucher«, sagt Peter, während wir an einem weiteren großen Gebäude vorbeilaufen. »Außerdem gibt es noch den Tower, dort hat Benoît seine Wohnung. Und hier wohnen die *Longterms*.«

Er zeigt auf ein orange angemaltes Haus auf Stelzen. Die Fenster sind mit Moskitonetzen abgedichtet, und vor den vier Eingängen türmen sich die Gummistiefel.

»Als *Longterms* bezeichnen wir die Wissenschaftler, Studenten und Freiwilligen, die hier länger als drei Monate forschen, arbeiten und leben. Immer zwei Personen teilen sich ein Zimmer und vier ein Bad. Klein, aber fein!«, grinst er mich an. »Leg doch erst einmal deine Sachen ab, und komm dann gleich zurück ins Haupthaus. Um fünf gibt es auch schon Abendessen. Du wohnst in der Nummer drei im vorderen Zimmer.« Peter zeigt auf eines der Fenster. »In ein paar Wochen bekommst du auch eine Mitbewohnerin, sie kommt aus den Staaten, glaube ich.«

»Alles klar, danke dir«, antworte ich ihm und stapfe die Stufen zur Nummer drei hoch.

Ich bin viel zu aufgeregt, um jetzt unter die kalte Dusche zu springen oder auszupacken, schließlich möchte ich das Team kennenlernen und Sergio endlich wiedersehen. Außerdem bekomme ich Hunger. Also wechsele ich nur schnell die nass geschwitzten Klamotten und wühle in meinem Rucksack nach den mitgebrachten Keksen und Weingummi. Aus Erfahrung weiß ich, wie heiß begehrt Süßigkeiten auf abgelegenen Forschungsstationen sind. Vielleicht kann ich mir mit den süßen Mitbringseln ja direkt ein paar Freunde machen.

Als ich das Hauptgebäude erreiche, stehen auf den weißen Stufen zahlreiche Flip-Flops und schlammige Stiefel säuberlich aufgereiht. »*Please take off your shoes*« ist zwischen die Stufen gepinselt. Ich öffne das Moskitogitter und betrete barfuß einen großen gefliesten Raum. Rechts stehen ein paar Sofas an der Wand. In der Mitte sind zwei große Wasserspender aufgebaut. Dafür sind also die vielen Gallonen Wasser, die wir heute Mittag geschleppt haben.

Neugierig werde ich mit den bunten Tüten in meiner Hand beäugt. Ein großer, rot gelockter Junge in Tanktop und Shorts schlendert auf mich zu.

»Hi, ich bin Francis! Aber alle nennen mich hier Franky«, stellt er sich mir mit britischem Akzent vor. »Was hast du denn da in der Hand? Ist das für uns?«

Lachend drücke ich ihm die Kekstüten in die Hand.

»Yep, die sind für euch. Würdest du sie der Allgemeinheit präsentieren?«

Begeistert läuft der Rotschopf mit den Keksen in die Küche. Franky kommt von der Universität Cardiff und absolviert sein *Practical Training Year* (PTY) auf der Station. Später erfahre ich, dass immer vier PTYs für zwölf Monate auf der Station sind, um an Forschungsprojekten mitzuarbeiten.

Nach und nach stellen sich mir die unterschiedlichsten Menschen vor, bedanken sich für die Süßigkeiten und erkundigen sich nach meiner Herkunft und meinem Projekt. Ich bin ein wenig überfordert mit den vielen neuen Gesichtern, aber Franky ruft mir im Vorbeigehen, den Mund voller Kekse, zu: »Alle freuen sich, wenn Frischfleisch auf die Station kommt. Ihr bringt immer so schön viel Zivilisation mit.« Da muss ich lachen.

Eine Frau mit einem schönen bunten Tuch auf dem Kopf balanciert zwei dampfende Töpfe aus der Küche. Sie tischt das Abendessen auf und ruft laut: »*Makaaan!*«

Das ganze Team setzt sich plötzlich in Bewegung, und in kürzester Zeit bildet sich eine lange Schlange hinter ihr.

»Daran wirst du dich noch gewöhnen«, erklärt mir eine Kanadierin, als sie meinen zögernden Blick bemerkt. »Essen, *Makan*, ist eines der wichtigsten Dinge hier in DGFC, ein echtes Highlight. Niemand stellt sich freiwillig als Letzter an.«

Sie stellt sich mir als Danica vor. Danica wohnt schon seit fünf Jahren auf der Station und leitet das Nasenaffenprojekt. Ich reihe mich in die Schlange ein. Es ist wie eine Art Büfett, jeder nimmt sich einen Teller, schaufelt sich einen Berg Reis darauf, dann ein bisschen Hühnchen in würziger Soße, Gemüse und dazu etwas Salat.

Begeistert ruft Franky: »Yeah, Sheila, es gibt Curry-Chicken, du bist die Beste!«

Sheila lacht: »Nur für dich, Franky!« Dann füllt sie etwas Reis nach.

Zu Beginn meines Aufenthalts im Dschungel versuche ich noch, mich vegetarisch zu ernähren. Aber ich merke schnell, dass mir zweimal täglich Reis mit Gemüse nicht ausreichend Energie und Nährstoffe für die harte körperliche Arbeit liefert. Außerdem schmeckt das Essen von Sheila ausgesprochen gut – und jedes Mal, wenn ich aus dem Wald komme, habe ich einen Riesenhunger.

Endlich taucht auch Sergio beim Abendessen auf, und wir begrüßen uns herzlich. Er trägt ein »Star Wars«-T-Shirt, Shorts und scheint bestens gelaunt. Wir setzen uns alle gemeinsam an die großen Holztische, und kurz darauf erklingt ein lautes Wirrwarr aus verschiedenen Sprachen. Fachleute und Freiwillige aus aller Welt: England, Mexiko, USA, Belgien, Tschechien, Kanada, Frankreich, Malaysia – und Deutschland. Ich fühle mich pudelwohl und freue mich sehr auf meine nächsten drei Praktikumsmonate.

Nach dem Essen sitze ich noch lange mit Sergio zusammen. Er erklärt mir die täglichen Abläufe, gibt mir einen Einblick in die laufenden Forschungsprojekte und zeigt mir das Labor.

»Das ist unser Reich. Hier bestimmen die Tierärzte«, sagt er grinsend, als er die Tür zu dem kleinen Raum öffnet.

Ein beißender Geruch nach Alkohol und Formalin steigt mir in die Nase. Ich entdecke zwei Mikroskope, zahlreiche Probenröhrchen, Gefäße, einen Arzneimittelschrank und eine summende Tiefkühltruhe. Am Waschbecken liegen gespülte Petrischalen, die Schränke sind vollgestopft mit Proben.

»Es ist zwar nicht vergleichbar mit einem voll ausgestatteten Labor in der Stadt, aber fürs Grobe reicht es. Meist fixieren wir die Proben hier nur und schicken sie für weitere Untersuchungen in die Hauptstadt«, erklärt mir Sergio. »In den nächsten Tagen begleitest du am besten zunächst einmal die Forscherinnen und Forscher in ihre Projekte. So bekommst du ein besseres Gefühl für die Tiere und den Dschungel. Anschließend zeige ich dir, was wir als Tierärzte bei den Anästhesien beachten müssen und wie wir die Proben nehmen. Sobald du dich dann sicher genug fühlst, teilen wir uns die Arbeit auf.«

Ich nicke und freue mich auf die gemeinsame Arbeit und Verantwortung.

Abends im Bett, nachdem ich mein Moskitonetz erfolgreich aufgehängt und mir im Licht der Stirnlampe die Zähne geputzt habe, lausche ich den Geräuschen um mich herum. Singende Vögel, zirpende Insekten, Rascheln in den Bäumen. Ich merke, wie alle Anspannung von mir abfällt. Ich bin zufrieden: endlich wieder zurück im Dschungel. Bevor ich einschlafe, taste ich noch schnell nach meiner Stirnlampe neben meinem Kopfkissen. Nur um sicherzugehen.

7.

WASSER INS GESICHT
UND AB IN DIE GUMMISTIEFEL

Kinabatangan. Der Wecker reißt mich unsanft aus dem Schlaf. Es ist fünf Uhr morgens an meinem dritten Tag im Dschungel, und draußen herrscht noch pechschwarze Dunkelheit. Nur die Geräuschkulisse des Waldes umgibt mich. Verschlafen taste ich nach meiner Stirnlampe.

»Los, aufstehen, Hannah!«, versuche ich mich zu ermuntern.

Ungelenk schäle ich mich aus meinem Moskitonetz und tapse zum Waschbecken. Es ist noch ungewohnt, bei jedem Schritt auf giftige Mitbewohner am Boden zu achten und gleichzeitig nicht gegen Türrahmen zu laufen. Ich spritze mir kaltes Wasser ins Gesicht. Wie gut, dass es hier keinen Spiegel gibt, so brauche ich nur fünf Minuten zum Fertigmachen. Verschlafen suche ich nach meiner langen Hose und zwänge mich in die Gummistiefel. Natürlich erst, nachdem ich sie gründlich ausgeschüttelt und nach ungewollten Gästen durchsucht habe.

Ich muss noch meine Wasserflasche auffüllen und laufe zum Haupthaus hinüber. Das Gebäude ist finster und still, die anderen schlafen wohl alle noch. Im Licht meiner Stirnlampe haste ich den steinigen Hauptweg Richtung Fluss entlang. Ganz so vertraut sind mir die Geräusche des Dschungels noch nicht: Bei jedem Rascheln schaue ich mich um. Die Gehwegplatten unter meinen Gummistiefeln sind rutschig vom Tau, und ich bin sehr darauf bedacht, nicht den Halt zu verlieren. Die kühle Nachtluft lässt mich etwas frösteln. Endlich entdecke ich ein weiteres Licht am Ende des Weges aufblitzen: Danica wartet am Flussufer auf mich.

Gut gelaunt hält sie mir eine Schwimmweste entgegen: »Na, hast du gut geschlafen? Oder nicht so die Frühaufsteherin?«

Ich bin etwas aus der Puste und murmele: »Alles gut, los geht's!«

Normalerweise bin ich kein Morgenmensch und brauche erst einmal eine heiße Dusche und ein Frühstück, um in Fahrt zu kommen. Aber das ändert sich im Dschungel mit etwas Übung. Danica ist eine hochgewachsene, schlanke Frau mit strahlend blauen Augen und einem dezenten silbernen Ring im linken Nasenflügel. Sie ist die Yoga-Spezialistin auf der Forschungsstation und gibt uns jeden Mittwoch Unterricht. Vor allem jedoch ist Danica Primatenforscherin und weiß scheinbar alles über Nasenaffen *(Nasalis larvatus),* was man nur wissen kann. Sie forscht schon seit vielen Jahren an diesen seltenen, urkomisch aussehenden Affen und steckt in den letzten Zügen ihrer Doktorarbeit, wie sie mir gestern beim Abendessen stolz erzählte.

Geübt steigt Danica die lehmigen Stufen zum Fluss hinunter. Vorsichtig folge ich ihr. In einem der kleinen Motorboote erkenne ich noch eine Gestalt. Mit einem Tuch um den Kopf und auf einem Grashalm kauend, wartet Alut lässig in der Dunkelheit auf uns.

»*Selamat pagi,* Alut! Es kann losgehen«, ruft Danica ihm zu, und er wirft grinsend den Motor an.

Danica ist die einzige Ausländerin auf der Station, die fließend Malaysisch spricht. Sehr bewundernswert, wie ich finde.

Denn bei all den internationalen Gästen fällt es oft schwer, sich auf die einheimische Sprache zu konzentrieren. Wir rauschen den Kinabatangan River entlang, und der kühle Fahrtwind macht mich etwas munterer. Geschickt navigiert Alut das Boot durch die Dunkelheit. Danica hat ihren Blick auf das kleine GPS-Gerät in ihren Händen gerichtet und gibt Alut nach einer Weile auf Malaysisch zu verstehen, dass er hier anhalten soll.

Lautlos treiben wir auf dem Wasser. Es herrscht eine magische Stimmung: Nebelschwaden tanzen auf den seichten Wellen und steigen zwischen den Bäumen empor. Langsam verändern sich die Farben des Himmels, der Bäume und des Wassers. Die Vögel singen ihren Morgengruß. Die ersten Sonnenstrahlen tauchen die Baumwipfel in goldenes Licht, und es kommt Leben in das grüne Geäst der Urwaldriesen. Der Dschungel erwacht.

Leise erklärt mir Danica ihr Forschungsvorhaben. Alut und sie haben gestern Abend bei Einbruch der Dunkelheit eine Gruppe von Nasenaffen gefunden, die sich in diesem Baum für die Nacht einquartiert hat. Sie zeigt auf einen hochgewachsenen Baum am Ufer, ungefähr fünf Meter von uns entfernt. Nasenaffen halten sich gern in der Nähe des Wassers auf.

»Sie kommen ausschließlich auf der Insel Borneo vor«, fügt Danica ehrfürchtig hinzu.

Charakteristisch für die Primaten ist die große, birnenförmige Nase der Männchen sowie ihre auffällige hellbraune bis orangefarbene Fellfärbung am Oberkörper. Für mich sieht es so aus, als würden die Männchen eine kleine braune Felljacke über ihrem dicken Bauch und den langen weißen Beinen tragen. Ulkige Gestalten.

»Nasenaffen leben immer in Gruppen zusammen«, erklärt

Danica weiter. »Am häufigsten sehen wir Haremsgruppen mit bis zu sieben Weibchen, ihrem Nachwuchs und einem Alphamännchen. Das Männchen ist dann an der besonders ausgeprägten Nase zu erkennen. Es leben aber auch sogenannte ›Bachelor-Gruppen‹ zusammen, dazu gehören junge Männchen, die noch nach ihrem Harem oder einer Familiengruppe suchen, sowie Alte, die von den Jüngeren aus ihrer Gruppe verdrängt wurden.«

»Und warum haben die Männchen diese ausgeprägten Nasen?«, frage ich.

»Wie denn, findest du sie etwa nicht unwiderstehlich?« Danica lacht. »Über die Funktion ist sich die Wissenschaft noch nicht einig. Zum einen dient die große, fleischige Nase sicherlich dazu, Weibchen anzuziehen. Aber es wird auch diskutiert, ob mit dem großen Riechorgan womöglich Schall verstärkt wird und die Männchen so noch lauter um ihre Ladys werben oder Rivalen einschüchtern können. Warte mal ab, bis du einen schreien hörst, das ist unwahrscheinlich laut.«

Beeindruckt blicke ich durch das Fernglas, das Danica mir mitgebracht hat. Nach einer Weile entdecke ich einen großen hellen Affen mit orangefarbenem Fell auf dem Kopf und einer riesigen Nase im nackten Gesicht. Er sitzt gemütlich auf einem Ast, mit dem Rücken an den Stamm gelehnt. Ich muss kichern.

Danica fährt fort: »Nasenaffen sind tagaktiv und ziehen sich nachts gerne auf die Bäume nahe dem Fluss zurück. Sie sind übrigens ausgezeichnete Schwimmer. Dank ihrer Schwimmhäute zwischen den Zehen können sie ohne Probleme den breiten Kinabatangan überqueren und sogar tauchen.«

Ich meine, fast ein wenig Stolz in ihrer Stimme zu vernehmen, und werfe ihren Schützlingen einen bewundernden Blick zu.

»Deshalb sind ihre gefährlichsten Fressfeinde auch Krokodile. Es ist spektakulär, die Affen im Wasser zu sehen. Sie springen mit einem lauten Bauchklatscher in die Fluten und sehen dann fast menschlich aus, wie sie zügig ihre Bahnen ziehen.«

Angestrengt blicke ich durch das Fernglas, um weitere Affen im Baum zu erkennen. Unsere Aufgabe ist es an diesem Morgen, die Gruppe dabei zu beobachten, wie sie an ihrem Schlafplatz genüsslich ihr Frühstück einnimmt. Danica gibt die Koordinaten des Baumes in ihr GPS ein und notiert meine Kommentare, während ich durch das Fernglas blicke und die Affen zähle: »One Male. One female with a baby. Another female. Juvenile. Female with a baby ...«

Außerdem möchte sie wissen, welches der Tiere frisst, schläft, sitzt oder sich bewegt. Diese Informationen sind wichtig, um das Verhalten der Affen zu untersuchen. Manchmal fahren wir dafür auch kilometerweit den Fluss entlang. Ein Zweierteam sucht dann das rechte Ufer nach Affengruppen ab und ein anderes das linke. Dabei werden Aufenthaltsort, Geschlecht, Anzahl und Verhalten der Affen notiert. Das ist der sogenannte »Affen-Zensus«. Er wird einmal im Monat durchgeführt und ist wichtig, um Einblicke in die Populationsdichte und Entwicklung der seltenen Affenart auf Borneo zu bekommen.

Aber heute sind wir hinter etwas anderem her. Und zwar Kot. Die meisten Menschen ekeln sich davor, aber wir Forschenden lieben quasi frischen Kot. Er erzählt uns enorm viel über ein Tier: Wovon es sich ernährt. Wann es hier war. Ja, sogar wo es herkommt oder welche Krankheiten es hat. Deshalb stürmen Alut, Danica und ich, so schnell es geht, die Uferböschung hinauf, als die Affengruppe gegen halb acht ihren Frühstücksbaum verlässt. Der schwierige Part ist nämlich, den frischen Kot zu finden, bevor er von Mistkäfern weggeräumt oder von Fliegen kontaminiert wurde. Auf dem dunklen Waldboden voller Gestrüpp, Blätter und Krabbeltiere ist das eine wahre Herausforderung.

»Der Bangkal-Baum – *Nauclea orientalis* –, unter dem wir hier stehen, ist bei Nasenaffen besonders beliebt«, erklärt mir Danica. »Er zählt zu den einheimischen Laubbäumen und kann bis zu dreißig Meter hoch werden. Seine Früchte haben die Größe von Golfbällen, und die Samen sind sehr empfindlich. Es ist nahezu unmöglich, sie lebensfähig zu archivieren. Die Bäume wachsen nur in Südostasien und kommen häufig am Rande von Gewässern vor, da sie auf eine regelmäßige Überschwemmung angewiesen sind. Es gibt Untersuchungen, die darauf hinweisen, dass die Inhaltsstoffe der Bangkal-Bäume gegen Malaria oder sogar als Krebsmittel geeignet sind. Deswegen versuche ich, in meiner Doktorarbeit auch auf die Rolle der Nasenaffen bei der Verbreitung der Bangkal-Samen einzugehen.«

Nasenaffen ernähren sich hauptsächlich von jungen Blättern, Samen und unreifen Früchten. Sie haben ein komplexes Vormagensystem, ähnlich dem von Kühen. Die Bakterien im Magen der Nasenaffen spalten Kohlenhydrate und Proteine auf und ermöglichen es ihnen damit, schwer verdauliche oder für andere Tiere sogar giftige Pflanzen zu verdauen. Die dabei entstehende Gasblase führt zu ihren dicken Bäuchen, die natürlich ebenfalls zu dem für unsere Augen so witzigen Aussehen der Nasenaffen beitragen. Das außergewöhnliche Verdauungssystem ermöglicht es den Affen überhaupt, die unreifen Früchte der Bangkal-Bäume aufzunehmen. Die Samen keimen unseren Untersuchungen nach besser, nachdem sie mit dem Affenkot ausgeschieden und verbreitet wurden.

Ich finde es ungemein spannend zu sehen, wie in der Natur einfach alles zusammenhängt: Der anspruchsvolle Bangkal braucht die Nasenaffen, um seine Samen zu verbreiten, und dient ihnen gleichzeitig als wichtige Nahrungsquelle. Die Tiere brauchen also nicht nur den Wald mit all seinen Bäumen und Früchten zum Überleben, sondern sie sind genauso wichtig für den Erhalt dieses Waldes. Das alles geht mir durch den Kopf, als ich angestrengt am Boden zwischen Laub und Sträuchern nach frischem Affenkot suche. Welche Auswirkung hätte dann wohl das Aussterben der Nasenaffen auf den Bangkal-Baum? Beziehungsweise auf das ganze Ökosystem? Schließlich gelten Nasenaffen laut IUCN schon jetzt als stark gefährdet, Tendenz weiter abnehmend.

Ich hänge meinen Gedanken nach und bemerke nicht, wie Alut sich langsam an mich heranschleicht. Plötzlich springt er mit einem lauten »Woaahr!« hinter einem Baum hervor und erschreckt mich fast zu Tode. Er lacht laut auf und hält mir triumphierend seine mit Kot gefüllten Probenröhrchen hin: Ich verstehe einfach nicht, wie dieser Kerl das immer schafft. Als er die leeren Röhrchen in meiner Hand entdeckt, klopft er mir aufmunternd auf die Schulter und verschwindet vergnügt im Wald. Mit Aluts geübtem Blick kann ich einfach noch nicht mithalten.

Einige Wochen später bekomme ich einen noch tieferen Einblick in das Leben der Nasenaffen – und zwar wortwörtlich. Es ist zehn Uhr, und draußen ist es schon unfassbar heiß. Sergio und ich arbeiten gerade im Labor, dem kühlsten Raum der Forschungsstation. Am frühen Morgen haben wir bereits zwei Stunden lang Köder für die Bindenwarane ausgelegt. Nun sitze ich über ein Mikroskop gebeugt und suche nach Parasiteneiern, während Sergio Proben beschriftet und mir bei Fragen weiterhilft. Da bekommt der Tierarzt einen Anruf. Seine Stimme wird ernst: »Okay. Wo? Ja. Ja, macht das. Kommt schnell.«
Alarmiert blicke ich auf.
Sergios Gesicht ist besorgt, als er auflegt: »Das war Koko. Sie haben heute früh auf dem Weg zu den Zibetkatzen einen Nasenaffen entdeckt, der sich ungewöhnlich verhielt. Ein Stück nördlich von hier saß er wankend am Ufer. Weit und breit war kein anderer Affe aus der Gruppe zu sehen. Koko fand das sehr seltsam und merkte sich die Stelle. Auf dem Rückweg, zwei Stunden später, kamen sie dort wieder vorbei. Der Affe lag auf dem Rücken im Schlamm und bewegte sich nicht mehr. Koko fragte, ob sie das tote Tier mit zur Station bringen sollen, und ich habe bejaht.«
Verdutzt schaue ich Sergio an: »Was? Sie bringen ihn hierher? Ist das nicht gefährlich? Wer weiß, woran das Tier gestorben ist.«

»Genau das müssen wir herausfinden. Und mit ›wir‹ meine ich Danica, dich und mich. Los, hilf mir mal, die Sicherheitskleidung zusammenzusuchen. Und sag bitte Danica Bescheid.«

Eine halbe Stunde später stehen Danica, Sergio und ich weit abseits von der Station im Wald und ziehen uns die langen weißen Schutzanzüge über. Jeder muss zwei Paar Handschuhe übereinander tragen. Die Atemmaske und die große Schutzbrille bedecken mein ganzes Gesicht. Ich habe in der Uni schon viele Obduktionen durchgeführt. Für das Fach Pathologie, die Lehre der Krankheiten, musste ich Hunde, Katzen, Pferde, Kühe und sogar ein Alpaka obduzieren. Die Obduktion, also die Öffnung einer Leiche zu medizinischen Zwecken, ist wichtig, um herauszufinden, woran ein verendetes Tier gestorben ist. Dafür wird jedes Organsystem einzeln untersucht, und es werden Gewebeproben entnommen, die später im Labor der weiteren Diagnose dienen. Es ist ein wenig, als würde man einen Kriminalfall lösen.

Allerdings gelten für die Obduktion eines Affen andere Sicherheitsvorschriften, als ich es von den gewöhnlichen Haustieren gewohnt bin. Affen sind uns in ihrem Genom so ähnlich, dass ihre Krankheiten viel gefährlicher für uns Menschen sind. Deswegen auch die luftdichte Schutzkleidung. Es herrschen mittlerweile knapp 30 Grad, und bei der hohen Luftfeuchtigkeit rinnt mir schon jetzt der Schweiß das Gesicht herunter. Als ich mir die Tropfen aus den Augen wischen will, fährt Sergio mich an: »Das machst du nicht noch mal! Dir mit den dreckigen Händen ins Gesicht fassen. Das kann wirklich gefährlich werden, Hannah!«

Er hat natürlich recht. Solange wir noch nicht wissen, woran der Primat gestorben ist, ist höchste Vorsicht geboten. Deswegen obduzieren wir das Tier auch auf einer Plane mitten im Wald, abseits von der Station. Jede mögliche Infektionsquelle muss ausgeschlossen werden. Leider wimmelt es hier nur so von Stechinsekten und lästigem Krabbelzeug. Die Hitze scheint mir unerträglich. Aber egal, ab jetzt konzentriere ich mich nur noch auf das Tier.

Zu zweit tragen wir den toten Affen behutsam auf die Plane. Es ist ein Männchen, wie ich an der fleischigen Nase erkennen kann. Vielleicht sogar ein Alphatier. Zuerst helfe ich Danica, den knapp zwanzig Kilo schweren Affen auszumessen. Sergio fotografiert besondere Merkmale und sucht nach äußeren Anzeichen einer Verletzung. Aber das Tier wirkt kräftig und gesund. Als ich den Affen so neben mir sehe und behutsam den Kopf des Tieres stütze, muss ich schlucken. Er sieht fast menschlich aus, mit seinem bleichen Gesicht und den geschlossenen Augen – so als würde er schlafen. Auch die große Hand mit den akkuraten Fingernägeln erinnert mich an meine eigene.

Anschließend übernimmt Sergio das Kommando, ich assistiere ihm, und Danica notiert die Ergebnisse. Wir legen den Affen auf den Rücken und eröffnen die Bauchhöhle. Der Tierkörper ist noch warm, es ist erst vor kurzer Zeit gestorben. Für mich ist es, trotz der schwierigen Umstände, eine außerordentlich spannende Obduktion. Das komplexe Vormagensystem der Nasenaffen ist einmalig unter den Primaten. Es scheint mir ein wahres Wunder, wie gut sich die Tiere an ihren Lebensraum angepasst haben und zu hoch spezialisierten Pflanzenfressern wurden. Beim Magendarmtrakt des Affen werden wir stutzig: Faustgroße Gewebezubildungen sind im Magen zu finden. Die Wand des Organs ist verdickt, und der Nahrungsbrei im Darm nur mäßig zerkleinert.

»Das sieht nach tumorösen Veränderungen aus«, mutmaßt Sergio, während ich die Gewebeprobe entnehme. Auch die Leber des Tieres ist geschwollen und stark vergrößert.

»Könnte das die Todesursache sein?«, fragt Danica.

»Vermutlich schon«, antwortet Sergio. »Womöglich war dadurch das komplette Vormagensystem nicht mehr intakt, und das Tier konnte nicht mehr genügend Nährstoffe aufnehmen. Aber sicher wissen wir das erst nach den Laborbefunden.«

»Schon komisch, dass sich ein so dominanter Affe von seiner Gruppe entfernt. Als hätte er gewusst, dass er sterben würde«, sagt Danica eher zu sich selbst als zu uns. »Und dann auch noch an Krebs …«

Nach viereinhalb Stunden schweißtreibender Arbeit und massenweise eingetüteter Proben sind wir fix und fertig, aber zufrieden. Wir vergraben den Affen in einem tiefen Loch im Wald, um jeglichen Kontakt zu anderen Tieren oder Menschen zu vermeiden. Die Proben werden am nächsten Tag in ein Labor nach Kota Kinabalu geschickt.

Frisch geduscht, erschöpft und sehr hungrig sitzen wir nach der Obduktion zu dritt bei einem verspäteten Mittagessen zusammen. Zum Glück hat Sheila jedem von uns einen Teller mit ihren Köstlichkeiten gesichert.

»Das war mit Sicherheit die anstrengendste, lehrreichste und aufregendste Obduktion, die ich je vollzogen habe«, erkläre ich Sergio begeistert.

»Deshalb solltest du dabei sein«, meint er. »Außerdem liebe ich deine Begeisterungsfähigkeit. So ein bisschen Gestank, Innereien, Fliegen und totes Tier schrecken dich nicht ab.«

Danica schüttelt mit angeekeltem Blick den Kopf. Dann lassen wir uns das Mittagessen schmecken.

Seit drei Wochen lebe ich nun schon im Dschungel, und mittlerweile habe ich mich an den Alltag im Field Centre gewöhnt. Es tut gut, am frühen Morgen mit der Sonne aufzustehen und den ganzen Tag draußen zu verbringen. Ich bin nicht, wie in Deutschland, ständig mit digitalen Medien beschäftigt, sondern konzentriere mich viel stärker auf meine Umwelt. In der Mittagszeit herrscht Ruhe auf der Station. Es ist zu heiß, um draußen im Wald unterwegs zu sein, und der Generator ist meist abgeschaltet, sodass Internet keine Option ist. Ich lese viel oder sitze in der Hängematte und beobachte die braunen Fluten des Kinabatangan, die Vögel oder, wenn ich Glück habe, einen Orang-Utan in den Bäumen. Auf diese rotbraunen Menschenaffen im Wald zu treffen ist ein wahres Geschenk. Mit ihrem menschlichen Blick und den präzisen Bewegungen strahlen sie eine nahezu unbeschreibliche Ruhe aus. Orang-Utans faszinieren mich sehr.

Musik ist mir hier ebenfalls sehr wichtig: Ich habe drei Dschungel-Alben, die ich nun immer mit diesem Ort verbinden werde. Höhepunkte im Stationsalltag sind tatsächlich die Mahlzeiten um Punkt 12 und 19 Uhr. Das hatte Danica ja schon angekündigt. Bei diesen Gelegenheiten kommen alle zusammen, tauschen sich aus und leben Gemeinschaft. Hier findet auch die meiste Organisation statt. Nach dem Abendessen wird immer der Plan für den nächsten Tag erstellt. Im Aufenthaltsraum hängt ein großes Whiteboard, auf dem alle laufenden Forschungsprojekte aufgelistet sind. Auf diesem Board werden jedem Teammitglied seine Aufgaben zugeteilt.

Aktuell steht Sergio an besagtem Whiteboard und diskutiert mit Meg, einer jungen Frau in sportlichen Leggings und mit wippendem blonden Pferdeschwanz. Langsam schlendere ich zu den beiden hinüber. Meg (kurz für Meaghan) ist eine quirlige Zoologin aus den USA. Sie lebt seit zwei Jahren auf der Station im Regenwald und sammelt Proben für ihre Doktorarbeit zum Thema »Krankheitsübertragung zwischen kleinen Raubtieren auf Borneo mit Schwerpunkt auf der Malaiischen Zibetkatze«. Dabei geht es vor allem darum herauszufinden, welchen Einfluss der sich verändernde Lebensraum auf Borneo auf die Gesundheit der kleinen Raubtiere hat.

»Wichtig ist mir, dass die Leute verstehen, dass die Zibetkatze überhaupt keine Katze ist. Der Name ist vollkommen irreführend, sie gehört zwar zur Familie der Schleichkatzen – *Viverridae* –, ist aber durch ihre lange Nase und den lang gestreckten Körper eindeutig von den Katzen *(Felidae)* zu unterscheiden«, pflegt sie jedes Mal zu sagen, wenn jemand das Wort *Katze* in den Mund nimmt.

Ich habe sie schon häufig in ihr Projekt begleitet, und es ist eindrucksvoll zu sehen, wie effizient sie arbeitet. Alle zehn Tage stellt sie in einem neuen Gebiet Lebendfallen auf, um die kleinen Raubtiere zu untersuchen. Wie viele Tiere sie tatsächlich fängt und anschließend wieder freilässt, hängt allerdings auch vom Wetter ab. Regnet es eine Nacht heftig, sind viel weniger Tiere unterwegs, als wenn es trocken ist. Genauso wie der Mond die Aktivität der kleinen Räuber beeinflusst. Da Meg Zoologin ist, braucht sie für die Untersuchung immer tierärztliche Unterstützung, um das Tier in Narkose zu legen.

Gerade will ich wieder zu den anderen beim Abendessen zurückgehen, als Sergio plötzlich vom Whiteboard aufblickt und mich völlig unvermittelt fragt: »Hannah, wie sieht es aus? Traust du dir schon eine eigene Zibetkatzen-Narkose zu? Können wir dich fest für das Projekt mit einplanen?«

Ich schlucke.

»Du warst jetzt schon so viele Male dabei, hast mir assistiert und selbst die Narkose gegeben und überwacht. Meiner Meinung nach bist du bereit.«

Mit etwas trockenem Mund, aber trotzdem entschlossen, antworte ich: »Ja, ich denke schon. Das traue ich mir zu.« An Meg gewandt, füge ich hinzu: »Was meinst du dazu? Würdest du dich damit wohlfühlen? Es ist schließlich dein Projekt.«

»Ja, das ist kein Problem«, antwortet Meg bestimmt. »Ich habe mir die letzten beiden Male schon gedacht, dass du die ganze Behandlung gut durchführen könntest.«

Sergio nickt und fügt mit seinem schwarzen Marker auf dem Whiteboard »HANNAH« hinzu. Nachdem die beiden mit dem Plan für den nächsten Tag fertig sind, schaue ich mir das Team für unser Vorhaben morgen noch einmal genauer an. PTY Toby und Forschungsassistent Koko sind auch dabei. Das ist gut, Koko hat viel Erfahrung mit den kleinen Raubtieren. Mein Herz schlägt ein wenig schneller, als ich neben dem »*Vet responsible*« meinen Namen stehen sehe. Jetzt bloß nicht nervös werden, denke ich mir, das hast du schon so viele Male gemacht. Trotzdem gehe ich heute lieber pünktlich ins Bett, damit ich morgen früh bloß fit und ausgeschlafen bin.

Ein lautes Rascheln in den Bäumen, Äste fallen zu Boden, ein Kreischen liegt in der Luft. Verwirrt schrecke ich aus dem Schlaf, was war das? Ich schiebe das Moskitonetz zur Seite und schaue nach draußen. Die Sonne ist schon aufgegangen, und die Vögel singen aufgeregt ihre Lieder. Vor meinem Fenster entdecke ich eine große Gruppe von Makaken *(Macaca fascicularis)*. Sie toben durch die Bäume. Zwei ausgewachsene Tiere scheinen sich lauthals um etwas zu streiten. Drei kleinere Äffchen jagen sich gegenseitig wild durch das Geäst. Verblüffend, wie weit diese kleinen Tierchen springen können. Einer fällt vom Baum – ups. Er rappelt sich aber schnell wieder auf und sprintet den Stamm hoch. Gut, dass mein Morgen nicht so stressig beginnt, denke ich mir, als ich aus dem Bett steige. Aber dann fällt mir meine große Aufgabe für den Tag ein, und ich werde sofort einen Tick angespannter.

Eine halbe Stunde später sitze ich mit Meg, Toby, Sergio und Koko im Boot auf dem Weg zum Zibetkatzen-Projekt.

Meg hat insgesamt acht Lebendfallen aufgestellt. Am Abend zuvor war sie schon hier, um jede Falle einzeln zu öffnen. Zibetkatzen sind nämlich nachtaktiv. Die Forscherin nutzt gebrauchtes *Cooking Oil* als Köder für die kleinen Raubtiere. Das riecht intensiv nach Fressen, lockt aber gleichzeitig nicht die Ameisen an. Ein genialer Trick. Außerdem befindet sich ein *Squeeker* in der Falle, ein kleiner schwarzer Lautsprecher, der das Geräusch eines quietschenden Tieres nachahmt. Schleichkatzen sind sehr neugierig und lassen es sich nicht nehmen, solch einem Geräusch auf den Grund zu gehen.

Anhand von Kamerafallen kontrolliert Meg außerdem die Standorte ihrer Fallen regelmäßig. Die kleinen kastenförmigen Kameras können an Bäumen befestigt werden und reagieren über einen Bewegungsmelder. Hält sich also ein Tier in der Nähe der Falle auf, wird es fotografiert. Auf der kleinen SD-Karte kann Meg sich dann jeden Tag anschauen, wer ihre Falle in der Nacht so alles besucht hat. Während der letzten sieben Tage wollte hier noch keiner der kleinen Vierbeiner in die Falle tapsen, aber vielleicht haben wir ja heute Glück.

Koko steuert das Motorboot ans Ufer, und Meg und Toby springen heraus, um die erste Falle zu kontrollieren. Nach fünf Minuten kommen sie kopfschüttelnd wieder: Sie war leer. Bei der zweiten bin ich an der Reihe. Leise schleiche ich mich mit Meg an den kleinen Käfig heran. Er liegt verborgen unter einigen Ästen am Fuße eines Baumes.

Meg schüttelt den Kopf: »Der ist auch leer.«

Enttäuscht schalte ich den klebrigen *Squeeker* aus und schließe die Falle wieder, damit es sich tagsüber kein anderes Tier darin gemütlich macht.

Zurück am Boot, ruft Meg motiviert: »*Six more to go!*«

Bemerkenswert, was für eine Ausdauer sie hat. Jeden Tag aufs Neue muss sie die Fallen aufstellen, beködern, kontrollieren, schließen und am Abend wieder öffnen. Dabei dauert es oft Wochen bis zum ersten Erfolg. Ausdauer und Geduld sind zwei wichtige Eigenschaften, die man unbedingt braucht, um mit Wildtieren zu arbeiten.

Auch an den nächsten Standorten haben wir kein Glück. So langsam verlässt mich der Mut. Da sind die schönen Nashornvögel vor dem blauen Himmel oder das kleine Krokodil, das sich auf der Sandbank sonnt, nur ein kleiner Trost. Bei der letzten Falle bin ich wieder dran und schleiche vorsichtig mit Meg in den Wald hinein.

Plötzlich bleibt sie abrupt stehen und flüstert: »*I think we've got one!*«

Und tatsächlich, jetzt entdecke auch ich Bewegung in dem Käfig. Aufgeregt nähern wir uns dem Tier. Eine Malaiische Zibetkatze *(Viverra tangalunga)* schaut uns aus ihren schwarzen

Knopfaugen an und beginnt leise zu fauchen, als sie uns entdeckt. Ruhig verteilt Meg die Aufgaben:

»Lauf bitte zurück zum Boot und sag den anderen Bescheid. Und bring die beiden schwarzen Untersuchungskoffer, die Plane und die Transportbox mit. Ich suche schon mal nach einem geeigneten Ort für die Behandlung.«

Schnell laufe ich zurück zum Boot. So, jetzt zweimal tief durchatmen, ruhig bleiben und konzentriert arbeiten, sage ich mir.

Die Plane, die wir kurz danach auf dem Waldboden ausbreiten, dient uns als OP-Tisch. Ich bereite das Narkoseprotokoll und die Spritzen vor, während Meg einige Rauchspiralen gegen die Moskitos anzündet. Um Punkt elf Uhr beginnt plötzlich ein ohrenbetäubendes Zikaden-Konzert um uns herum. Ich zucke zusammen und schaue erschrocken auf. Es ist so laut, dass wir unser eigenes Wort nicht mehr verstehen können.

»Mist, ich wusste nicht, dass in diesem Gebiet auch so viele Zikaden sind!«, schreit Meg mir ins Ohr. »Aber davon dürfen wir uns nicht beirren lassen.«

Der schrille Ton schmerzt in den Ohren, aber ich versuche, den Lärm auszublenden. Zwar erschwert es die Kommunikation im Team deutlich, aber nach einiger Zeit gewöhnen sich unsere Ohren an das Konzert. Nachdem wir unseren »Untersuchungstisch« mitten im Wald vorbereitet haben und alle ihre Atemmasken und Handschuhe tragen, kann es losgehen. Toby führt während der Untersuchung Protokoll, und ich bin für die Betäubung und das Wiederaufwachen der Zibetkatze zuständig.

Vorsichtig nähere ich mich dem kleinen Raubtier. Ich bin zwar etwas nervös, lasse mir das aber nicht anmerken und konzentriere mich ganz auf die Arbeit. Eine kleine Spritze reicht für die leichte Anästhesie aus. Schließlich brauchen wir nur dreißig Minuten für die Untersuchung und führen keinen operativen Eingriff durch. Allerdings ist es gar nicht so leicht, einem wilden Tier, das überhaupt nicht an den Menschen gewöhnt ist, eine Spritze zu geben.

Beim ersten Versuch faucht der Fleischfresser so laut und fletscht seine Zähnchen, dass ich vor Schreck die Spritze wieder zurückziehe. Aber beim zweiten Anlauf gelingt es mir. Nach exakt acht Minuten teste ich, ob der Kleine schon eingeschlafen ist: Es handelt sich um ein ausgewachsenes Männchen. Zibetkatzen haben unterhalb des Schwanzes eine außergewöhnliche Duftdrüse, die der Reviermarkierung dient. Diese ist leicht mit den Hoden zu verwechseln.

Nachdem das Tier tief schläft, trage ich es vorsichtig auf die Untersuchungsplane, und alle gehen auf Position. Es ist wichtig, dass jedes Teammitglied jetzt genau seinen Aufgaben nachgeht und auf mein Kommando hört. Denn sobald ich ein Anzeichen des Aufwachens an dem kleinen Raubtier entdecke, muss ich blitzschnell reagieren. Schreckt es plötzlich auf, kann es aus Abwehr oder Benommenheit um sich beißen und mein Team gefährden. Deswegen überwache ich regelmäßig die Tiefe der Narkose und natürlich auch die Vitalparameter des Tieres: Wie sind die Sauerstoffsättigung und der Herzschlag? Atmet das Tier regelmäßig? Fällt die Körpertemperatur ab?

Währenddessen misst Meg den kleinen Vierbeiner aus und fotografiert sein Fellmuster. Jede Zibetkatze hat eine individuelle Fellzeichnung. Zudem nehmen wir Haar-, Kot- und Blutproben. Am Ende markiere ich das Tier noch mit einem Chip, um einen Wiederfang zu vermeiden. Die Blutproben brauchen wir, um die Wildtiere auf mögliche Krankheitserreger oder Parasiten zu untersuchen. Das Ziel ist es, in Zukunft ein Screening für die verschiedenen Raubtierpopulationen in Sabah durchzuführen, um einen Überblick über häufig vorkommende Krankheiten zu bekommen. In einem zweiten Schritt sollen domestizierte Tiere, wie zum Beispiel Hunde und Katzen, in diesem Gebiet untersucht werden. Denn durch die wachsende Landwirtschaft auf Borneo werden riesige Waldflächen gerodet. Die Wildtiere verlieren ihren Lebensraum und müssen zwangsläufig auf Plantagen und Ackerland ausweichen. Dort haben sie Kontakt zu

Haus- oder Nutztieren. Deshalb ist es wichtig herauszufinden, ob eine Krankheitsübertragung zwischen Haus- und Wildtieren stattfindet. Das habe ich ja auch schon auf der Konferenz in Mexiko gelernt. Haustierkrankheiten können für Wildtiere eine große Gefahr darstellen. Ebenso können die Wildtiere domestizierte Tiere infizieren, die in Haushalten leben, oder über tierische Produkte in die Nahrungskette eintreten und somit auch den Menschen gefährden (Stichwort: *One Health*).

Nach exakt achtundzwanzig Minuten sind wir mit der Untersuchung der Zibetkatze fertig. Ich gebe dem Tier eine Aufwachspritze und lege es vorsichtig in die abgedunkelte Transportbox. Hier kann es nun in Ruhe zu sich kommen. Erleichtert atme ich auf, als das Tier verschlafen die Augen öffnet. Es hat alles reibungslos und ohne Zwischenfälle geklappt. Abgesehen von den Zikaden vielleicht. Sergio gibt mir ein zufriedenes High Five. Um Punkt 11:30 Uhr erlischt auch das ohrenbetäubende Konzert der Insekten wieder. Ich schüttele ungläubig den Kopf, aber laut Meg ist ihre Pünktlichkeit wohl nichts Besonderes.

Wir räumen das Equipment zusammen und machen es uns auf der Plane gemütlich. Denn nun ist Warten angesagt. Der kleine Räuber muss nämlich wieder vollkommen wach und zurechnungsfähig sein, bevor wir ihn freilassen können. Sonst ist die Gefahr zu groß, dass er sich verletzt. Nach zwei langen Stunden ist der Vierbeiner wieder komplett fit, und ich kann ihn zurück in den Wald entlassen – mein Lieblingsmoment. Anfangs scheint er noch etwas schüchtern und will die sichere Box nicht verlassen, aber dann flitzt er los und verschwindet auf einem nahe gelegenen Baum.

Ich bin sehr erleichtert und auch ein klein bisschen stolz. Meine erste selbst durchgeführte Narkose in der Wildnis. Sehr cool! Allerdings muss ich zugeben, dass es gar kein allzu großer Unterschied zu den Katzen oder Hunden in der Klinik ist. Nur natürlich etwas wilder, fremder und in der freien Natur.

8.
DAS SCHUPPIGSTE SÄUGETIER DER WELT

Kinabatangan. Schweigend sitze ich Sergio im Dämmerlicht gegenüber und starre schlaftrunken in meine Tasse Instantkaffee. Sergio tunkt ein labberiges Stück Toast in die schwarze Brühe. Seine Stirnlampe liegt neben ihm auf dem Tisch und wirft ein schwaches Licht an die Decke. Zum Glück ist der Tierarzt auch kein bestens gelaunter Frühaufsteher – und wir haben uns an die morgendliche Stille gewöhnt.

Heute früh bin ich mit ihm für das Projekt der Bindenwarane *(Varanus salvator)* eingeteilt. Die bis zu drei Meter großen Echsen erinnern an Drachen und sind mit den bekannten Komodowaranen verwandt. Warane sind Sergios absolute Lieblingstiere, wie er immer wieder betont. Ich selbst habe noch großen Respekt vor dem gewaltigen Reptil, schließlich kann es durchaus gefährlich werden. Durch seinen infektiösen Speichel kann ein Biss zu schweren Entzündungen und ohne rechtzeitige Behandlung sogar zum Tod führen. Der Bindenwaran ist ein extrem guter Schwimmer und geschickter Kletterer. Er ist Allesfresser und kann sich perfekt an unterschiedliche Lebensräume anpassen. Einen Kadaver riecht er schon aus mehreren Hundert Metern, indem er – wie eine Schlange – konstant züngelnd langsam durch das Gebiet schleicht. Deswegen funktionieren unsere bestialisch stinkenden Hühnerinnereien auch so gut als Köder für die großen Echsen. Sergio scheint der extreme Gestank auch am frühen Morgen nicht viel auszumachen, deshalb überlasse ich ihm dankbar die Aufgabe, die Innereien in die Transportbox zu füllen.

Da Warane Überlebenskünstler sind, untersucht der Tierarzt in seiner Doktorarbeit die Anpassungsstrategie der Reptilien an den sich ändernden Lebensraum auf Borneo. Bindenwarane scheinen eine der wenigen Spezies zu sein, die sich genauso gern auf Palmölplantagen aufhalten wie im Wald. Denn auf den Plantagen können sie sich von Ratten ernähren und haben kaum Fressfeinde. Im Gegenteil, Sergio hat herausgefunden, dass die Tiere auf den Palmölplantagen eher größer, fetter und langsamer sind als die Warane, die im Wald leben. Er nennt das liebevoll den »Fast-Food-Effekt«. Seit sechs Jahren arbeitet er schon mit den Reptilien. Er bringt mir bei, wie ich sie richtig anfasse und mit ihnen umgehe, wie ich Blut- und Speichelproben nehme, ohne mich zu verletzen, und wie ich einen kleinen Sender auf dem Rücken des Tieres platziere. Kein Wunder, dass Sergios Lieblingsfilm »Drachenzähmen leicht gemacht« ist.

Mit dem Equipment unterm Arm schlendern wir in unseren Gummistiefeln zum Bootsanleger. Langsam geht die Sonne über den Bäumen auf. Ich trage einen Holzstab mit einer langen Kordel in der Hand, die am Ende des Stabes eine Schlaufe bildet. Diesen sogenannten »*Nose Pole*« hat Sergio selbst konstruiert, um die wendigen Echsen gefahrlos mit der Schlaufe um die Schnauze einzufangen. Das erfordert allerdings viel Geschick und Geduld. Am Boot erwartet uns Alur, der uns heute in das Gebiet der Warane begleiten wird.

Sobald wir auf dem Wasser sind und ich den Fahrtwind im Gesicht spüre, erwache ich aus meiner Müdigkeit. Die Bäume

rauschen im goldenen Licht an uns vorbei, eine Gruppe Nasenaffen springt aufgeregt in einer Baumkrone herum und schaut
dem kleinen Motorboot verdutzt hinterher. Gegen halb sieben
kommen wir in unserem Untersuchungsgebiet an.

Seit zehn Tagen öffnet Sergio hier morgens die Lebendfallen
der Bindenwarane und kontrolliert sie am Nachmittag wieder.
Ich begleite ihn fast jeden Tag, denn es ist einer meiner liebsten
Flecken Erde: Es handelt sich um ein besonders schönes und
vielfältiges Gebiet mit dichtem Regenwald voller Lianen, prächtiger Kannenpflanzen und hochgewachsener Feigenbäume. Wir
laufen durch sumpfige Grasebenen und überqueren auf einem
umgefallenen Baumstamm balancierend einen Fluss. Allein das
Auffinden aller Fallen dauert schon zwei Stunden. Jedes Mal
ist es ein schweißtreibendes kleines Abenteuer, da wir nie wissen, was uns erwartet. Nach den starken Regenfällen der letzten Wochen war der Wald überflutet, sodass wir ständig durch
kniehohes Wasser waten mussten. Die schlammige Brühe lief
mir andauernd in die Stiefel, sodass jeder meiner Schritte ein
schmatzendes Geräusch verursachte. Nach den Touren sahen
meine Füße aus, als hätte ich den ganzen Nachmittag in einer
Badewanne verbracht. In einer sehr dreckigen Badewanne.

Wird das Wetter wieder trockener, sinkt der Wasserspiegel,
und es bleibt eine große Schlammebene zurück. Ich bin eigentlich ein wahrer Matsch-Fan und freue mich über die saftig-
glucksenden Geräusche, wenn meine Füße im weichen Morast
versinken. Aber nachdem mein Stiefel zum dritten Mal stecken
geblieben und ich wieder mit der bloßen Socke in die braune
Suppe gestapft war, hatte auch ich keine Lust mehr. Außerdem
war das Vorwärtskommen in dem Schlamm extrem anstrengend. An genau solch einem Nachmittag erzielte Sergio unseren
bisherigen Rekord mit acht saugenden Blutegeln am Körper. Ich
dagegen konnte nur drei vorweisen.

Im Gegensatz dazu gibt es im Regenwald auch diese wunderbar trockenen, lichtdurchfluteten Tage. Dann funkeln die golde-

nen Sonnenstrahlen durch das Blätterdach, und dieses typische laute Summen der Insekten und das Gezwitscher der Vögel liegt in der Luft. Ein lauer Wind fegt durch die Blätter, und über der Sumpfebene erstreckt sich ein blauer, wolkenloser Himmel. Genau so ein Tag ist heute – friedlich und klar, und doch ist irgendwie alles außergewöhnlich.

Als wir das Boot am Ufer befestigen, ertönt ein lautstarker Gibbon-Gesang aus dem Wald. Dieser Klang ist unverwechselbar und wunderschön. Kaum zu glauben, dass Affen so singen können. Aufgeregt dränge ich Sergio dazu aufzubrechen, um dem lauten Ruf zu folgen. Gibbons *(Hylobates)* gehören zu den Menschenaffen und kommen ausschließlich in den tropischen Regenwäldern Südostasiens vor. Ihr schlanker Körper mit den außerordentlich langen Armen ermöglicht den schwanzlosen Primaten das Schwinghangeln – eine einmalige Fortbewegungsform, mit der sie sich in rasanter Geschwindigkeit durch die Bäume schwingen. Durch die großflächige Zerstörung ihres Lebensraums Regenwald sind leider auch Gibbons als gefährdet gelistet. Es ist schwierig, die Tiere in der freien Wildbahn zu entdecken, da sie sich extrem schnell und nur hoch oben in den Baumkronen fortbewegen. Menschen meiden sie. Nur ihr Ruf ist viele Kilometer weit zu hören.

Doch heute scheint die Chance zu bestehen, einen Gibbon zu Gesicht zu bekommen. Mein erstes Mal. Ich bin ganz kribbelig. Der Gibbon-Gesang ist jetzt so laut, die Tiere können nicht weit entfernt sein. Aufgeregt stolpere ich los, den Kopf im Nacken, nach schwingenden Ästen Ausschau haltend und die Ohren gespitzt. Sergio hört es genau über sich rascheln. Wir sind beide vom Trampelpfad abgekommen. Der Wald um uns wird lichter, und die Baumkronen kommen zum Vorschein. Langsam schleichen wir vorwärts.

Und plötzlich sehe ich ihn. Ein mausgrauer Gibbon *(Hylobates funereus)* direkt über uns hoch oben im Baum. Entspannt hängt er mit seinen langen Armen im Geäst und schaut skeptisch zu uns hinunter. Er hat ein dunkles Gesicht und graues Fell auf dem Kopf. Nur seine Augen sind von einem helleren Ring umzeichnet. Ein schönes Tier. Für einen kurzen Moment, der mir wie eine halbe Ewigkeit vorkommt, hält der Gibbon reglos inne und blickt mich direkt an. Ich halte den Atem an. Dann verschwindet er mit zwei schwingenden Bewegungen in den Höhen der Bäume.

»Hast du das gesehen?«, frage ich Sergio glücklich. »Er hat mich angeschaut. Er hat mir direkt ins Gesicht geschaut. Fast so, als hätte er mich erkannt.«

Schmunzelnd erwidert er: »Ja, das ist etwas ganz Besonderes. Gibbons begegnen wir nicht häufig im Wald, die leben in ihrer eigenen Welt.«

Beschwingt von diesem Erlebnis, folge ich Sergio zurück zu unserer täglichen Route. Wir diskutieren ausgiebig die scheue Lebensweise der tagaktiven Baumbewohner. Begeistert erzähle ich wenig später Alut, der unter einem Baum auf uns wartet, von meiner kurzen Begegnung. Er hebt eine Augenbraue und nickt mit dem Kopf. Bei Alut ein Ausdruck der Anerkennung und Freude.

Ich folge den beiden auf dem schmalen Trampelpfad durch den Wald. Plötzlich prescht etwas großes Graues aus dem Gebüsch. Laut krachend fallen Äste zu Boden. Erschrocken taumele ich zurück, stolpere prompt über eine dicke Wurzel und plumpse auf den weichen Waldboden. Ein Bartschwein *(Sus barbatus)*, unserem Wildschein nicht unähnlich, stürzt zwischen den Bäumen hindurch auf uns zu. Doch sobald es uns erblickt, macht es auf dem Absatz kehrt und sucht das Weite. Nur einen intensiven Schweinegeruch lässt das wilde Tier zurück. Seine Fußspuren sind deutlich im Matsch zu erkennen.

»Das hat wohl nicht mit uns gerechnet«, ruft Sergio. »Ich glaube, hier halten sich selten Menschen auf.«

Alut blickt mich lachend an, schüttelt den Kopf und murmelt: »Anna, Anna«, als er mir vom Boden aufhilft. Wachsam nehmen wir unseren Weg wieder auf.

Nach einer guten Stunde erreichen wir die sumpfigen Wiesen und werden wieder von diesem strahlend blauen Himmel begrüßt. Vier Rhinozerosvögel *(Buceros rhinoceros)* fliegen über unsere Köpfe hinweg. Nicht nur der Name dieser Vögel ist majestätisch, sondern auch ihr Schnabel: Er ist groß und gebogen, und darauf thront ein riesiges, rot-gelb gefärbtes Horn. Das schwarze Gefieder ist am Unterbauch weiß, und die gestreiften Schwanzfedern sind lang. Mit ihren eisblauen Augen nehmen sie ihre Beute, etwa Baumfrösche oder Grillen, genau ins Visier. Von so einem möchte ich ungern angegriffen werden, denke ich mir. Wenn man nur das Krächzen oder den Flügelschlag eines Nashornvogels hört, beschleicht einen sogleich das Gefühl, etwas Großes, Gefährliches nähere sich. So jagten mir die großen Vögel immer mal wieder einen ordentlichen Schrecken ein. Doch hoch oben am Himmel sind sie einfach ein wunderbarer Anblick.

Meiner Meinung nach sind das definitiv genügend Eindrücke für einen Tag. Doch das sieht der Dschungel anders. Ich stapfe hinter Sergio durch das kniehohe, feuchte Gras, als plötzlich etwas langes Schwarzes vor mir in die Höhe schnellt. Wie angewurzelt bleibe ich stehen und bringe nur ein kleinlautes *»Oh my God!«* über die Lippen. Mein Herzschlag rast, und das Blut rauscht in meinen Ohren.

Sergio muss, ohne es zu merken, vor mir eine Schlange aufgescheucht haben. Der schwarze, flache Kopf taucht aus dem Nichts vor mir auf: eine Sumatra-Kobra *(Naja sumatrana)*. Ich bin wie erstarrt. Zum Glück scheint die Kobra genauso erschrocken wie ich und ist keineswegs angriffslustig. Sie verschwindet so schnell, wie sie aufgetaucht ist, zwischen den Gräsern. Langsam kehrt die Farbe in mein Gesicht zurück. Ist das gerade wirklich passiert? Ein Kobra-Biss ist giftig und kann ohne zeitnahe Behandlung tödlich enden.

Sergio hat von alldem nichts gemerkt und wundert sich, warum wir nicht mehr hinter ihm laufen. Aber Alut ist schnell da und schaut mich besorgt an. Mit einem Stock sucht er die unmittelbare Umgebung in dem hohen Gras ab, doch die Schlange scheint das Weite gesucht zu haben.

Ich brauche lange, um mich von dem Schock zu erholen. Übervorsichtig und etwas verunsichert trete ich meinen weiteren Weg durch den Wald an. Jedes Knacken und Rascheln nehme ich in direkter Alarmbereitschaft wahr. Missmutig stelle ich fest, wie schnell wir vergessen, wie gefährlich der Dschungel sein kann. Ich fühle mich schon so sicher hier, dass ich manchmal nicht mehr genau darauf achte, wohin ich eigentlich trete. Sergio versucht, mich den restlichen Weg bei Laune zu halten, und steckt mir andauernd Bonbons zu. Er achtet darauf, dass ich genügend trinke, und diskutiert mit mir ausführlich die weitere Vorgehensweise nach einem giftigen Schlangenbiss. Das Gegengift läge im nächstgelegenen kleinen Krankenhaus bereit, das wurde für Notfälle in der Umgebung so arrangiert. Dort hätten wir also innerhalb der nächsten zwei Stunden sein müssen.

Nachdem wir auch noch die letzten beiden Fallen geöffnet haben, treten wir den Rückweg an. Wahnsinn, diesen Tag werde ich so schnell nicht mehr vergessen. Allerdings war die Schlangenbegegnung auch eine äußerst seltene Situation, wie mir ein anderer Wissenschaftler beim Abendessen später bestätigt. Meine instinktive Schockreaktion war in diesem Moment wohl genau richtig, erfahre ich.

»Auf keinen Fall wegrennen«, erklärt Rich, »Schlangen reagieren auf Bewegung.«

Das Tier war so nah vor mir, es hätte sofort zubeißen können.

Rich (eigentlich Richard) ist Schlangenexperte. Der muskulöse blonde Engländer mit den grünen Augen ist wohl der einzige Mensch auf der Welt, den ich kenne, der überhaupt keine Furcht vor den wendigen Reptilien verspürt. Er arbeitet seit sechs Monaten auf Borneo an seiner Forschungsarbeit über den Netzpython *(Malayopython reticulatus)*. Dafür beschäftigt er sich mit der Ernährung und Genetik der Riesenschlangen und untersucht sie auf Parasiten. Um aussagekräftige Ergebnisse zu erzielen, braucht er dafür Unmengen an Proben von den wilden Riesenschlangen. Aber das reicht ihm nicht. Es ist noch kaum etwas über die Aktivitäts- und Ruhephasen, Jagdmethoden oder Verstecke von Netzpythons in der Wildnis bekannt. Das möchte Rich ändern. Vor drei Monaten brachte er einen kleinen GPS-Sender auf dem Rücken einer wilden Riesenschlange an. Damit war er der erste Forscher, dem es gelang, die Bewegungen eines wilden Netzpythons zu verfolgen. Er nannte die Schlange liebevoll Chahaya – die Hoffnung. Jeden Tag zeichnet der Sender ihre Standorte auf.

Wir möchten Chahaya wieder einfangen, um ihr den Sender vom Rücken zu nehmen und sie zu untersuchen. Dafür begleite ich Rich wenige Tage später in sein Forschungsprojekt. Der Himmel wird immer dunkler. Aus der Ferne ist ein bedrohliches Donnergrollen zu hören. Hoffentlich verschont uns der große Sturm noch kurz, denke ich mir, als ich Rich und seiner Radioantenne durch den Wald folge – auf der Suche nach einem Signal. Zu fünft kämpfen wir uns durch das dichte Unterholz des Waldes, um die Riesenschlange zu finden.

Neben Sergio und Rich sind zur Unterstützung auch die beiden Forschungsassistenten Koko und Lee dabei. Ausgerüstet mit Rucksäcken, viel Wasser und drei Schlangenhaken, haben wir vor einer halben Stunde die Station verlassen. Die Schlangenhaken sind eigentlich nur schlichte Eisenstäbe mit einem Haken am Ende, die es ermöglichen, die Schlangen fest- und auf Distanz zu halten. Ich bin etwas nervös. Auf meine Frage, ob es einen Plan gibt, bekomme ich von Rich nur die lässige Antwort:

»Nope. Das läuft jedes Mal anders ab. Wir müssen vor allem spontan sein.«

Na toll, das beruhigt mich ungemein.

Das Radiosignal des Senders führt uns zu einem dichten Geäst aus Lianen, Wurzeln und Ranken, daneben ein dicker Baumstamm.

»Ja, solch eine Art Höhle ist immer ein beliebtes Versteck für die schuppigen Schönheiten«, kommentiert Rich. »Hannah, würdest du da kurz reinkriechen?«

Entsetzt blicke ich in das dunkle Gezweig. Darin soll ich jetzt mit einer Riesenschlange kuscheln?

Aber da fängt Rich schon an zu lachen: »Man wird ja wohl noch scherzen dürfen«, ruft er gut gelaunt. »So, Leute, los geht's!«

Wir versuchen, mit unseren Stirnlampen unter den Ästen hindurchzuleuchten, um eine Reflexion der Augen oder der glänzenden Schuppen zu entdecken – ohne Erfolg. Also beginnt ein wildes Wühlen, Buddeln und Schütteln von Ästen und Wurzeln. Ich krieche auf dem feuchten Waldboden umher und suche vergeblich nach blitzenden Schuppen. Dabei bleibt die ganze Zeit das mulmige Gefühl, plötzlich auf einen Schlangenkopf zu stoßen. Nach einer halben Ewigkeit in Dreck und Schweiß geben wir entmutigt auf.

»Vermutlich hat sich die Schöne in einem Tunnel unter der Erde versteckt«, mutmaßt Rich. »Eine vier Meter lange und über achtzehn Kilo schwere Schlange übersieht man ja nicht mal eben so. Obwohl, sie sind wahre Tarnungskünstler …«

Als wir gerade dabei sind, die Schlangenhaken wieder zusammenzusuchen, schreit Rich plötzlich: »*Watch out!*«

Er zeigt auf eine besonders große Wurzel, unter der sich etwas bewegt. Glänzende Schlangenschuppen blitzen im Licht der Stirnlampe auf. Rich greift beherzt zu. Hoch konzentriert versuchen wir, den Kopf der Schlange zu lokalisieren, während wir sie vorsichtig aus der Erde ziehen. Ungemein schnell windet sie sich immer wieder um neue Wurzeln.

Da bekomme ich ihren Schwanz zu fassen und packe fest zu. Ich hatte nicht erwartet, dass sich Schlangenschuppen so weich und samtig anfühlen – und so glatt sind. Der Schlangenkörper rutscht mir beinahe durch die schwitzigen Finger, und ich muss immer wieder nachgreifen. Leider lässt die Schlange als Abwehrmechanismus stinkenden Urin ab, was das Festhalten weiter erschwert.

Plötzlich ruft Sergio: »Vorsicht, Hannah, sie kommt auf dich zu!«

Mein Herzschlag setzt kurz aus, aber es bleibt keine Zeit für Angst. Es geht alles viel zu schnell. Rich gelingt es, den Kopf der Schlange zu fixieren, und wir heben das Tier vorsichtig aus der Höhle. Wahnsinn, welche Kräfte es entwickelt.

Endlich halten wir die Riesenschlange schwitzend und keuchend in den Händen. Geschafft! Aber wieso hat sie keinen Sender auf dem Rücken? Das Signal hat uns doch hierhergeführt. Rich weiß keine Antwort. Wir verstauen die vier Meter lange Schlange in dem dafür vorgesehenen Sack und spekulieren.

»Vielleicht hat sie den Sender gerade erst verloren?«, schlage ich vor.

»Nein, das ist nicht Chahaya, ich kenne sie doch. Sie hat eine Narbe im Gesicht«, entgegnet Rich.

»Vielleicht hat diese Schlange Chahaya samt Sender gefressen?«, schlägt Sergio vor. »Aber das würden wir dann wohl deutlicher am dicken Bauch erkennen.«

Rich ist etwas ratlos, aber trotzdem zufrieden mit dem neuen Fund. Schließlich kann er nun auch diesem Tier einen Sender anbringen.

Sergio klettert ein letztes Mal in die Höhle, um nach reflektierenden Schlangenaugen Ausschau zu halten. In dem Moment sehe ich sie und rufe hysterisch: »Pass auf, Sergio! Pass auf! Da, unter dir. Du kniest auf einer Schlange!«

Ungläubig stürzen die anderen zu mir hin. Und tatsächlich, Chahaya liegt seelenruhig und zusammengerollt unter Sergio und wartet wohl darauf, dass wir endlich abhauen. Zum Glück lässt sich keiner von meiner Panik anstecken, und konzentriert geht dieselbe Prozedur von vorne los.

Ich weiß nun besser, was zu tun ist. Am wichtigsten ist es, den Kopf zu fixieren und die kräftige Riesenschlange davon abzuhalten, sich um mich zu schlingen. Gut, dass wir so viele sind. Rich hat heute nicht mit zwei Schlangen gerechnet und deshalb auch keinen zweiten Sack eingepackt. Also muss sein Rucksack herhalten. Wäre ich nicht so angestrengt und konzentriert, müsste ich wohl über dieses Bild lachen, wie wir die achtzehn Kilo schwere Schlange vorsichtig in den Rucksack falten. Und ratsch – Reißverschluss zu.

Erleichtert, zufrieden und noch etwas ungläubig klatschen wir uns ab. Meine erste Python-Suche war erfolgreich! Zurück auf der Station, werden wir die neue Schlange untersuchen, Proben nehmen und einen kleinen Zweihundertgrammsender am Schwanz anbringen. Rich trägt Chahaya im Rucksack auf seinem Rücken, und Sergio und ich schleppen die zweite Schlange durch den Wald. Wir haben den Sack an einem der Schlangenhaken befestigt und balancieren ihn auf den Schultern. Was für eine Situation, denke ich mir, was für ein Erlebnis! Das ist Forschen im Dschungel.

Sandakan. Ich stehe auf den Holzplanken einer Aussichtsplattform und blicke in dichtes Grün. Ein großes waldiges Gebiet erstreckt sich vor mir. Mein Blick reicht bis in die Baumkronen. Unter mir liegen einige umgestürzte Baumstämme, an denen deutliche Kratzspuren zu erkennen sind. Endlich eine Regung: Ein schwarzer Fleck bewegt sich weit entfernt in der Astgabel eines Baumes. Schnell hole ich mein Fernglas aus dem Rucksack und schaue genauer hin.

Ja, denke ich mir, das muss ein Sonnenbär sein. Der kleinste Bär der Welt!

Stolz drehe ich mich zu meiner Begleitung um und zeige auf den Bären, aber Roshan hat ihn längst entdeckt. Roshan kommt aus Kuala Lumpur, ist Biologe und arbeitet schon seit vielen Jahren mit den Kleinbären in Malaysia. Er schreibt zurzeit seine Masterarbeit im Danau Girang Field Centre über die seltene Unterart des Borneo-Sonnenbären *(Helarctos malayanus euryspilus)*.

Heute hat der Wissenschaftler mich in das Bornean Sun Bear Conservation Centre (BSBCC) in Sabah mitgenommen, um Proben abzugeben und mir die Bären auch mal in echt zeigen zu können. Denn seit zwei Jahren hat er in der Wildnis noch kein Tier für seine Forschungsarbeit gefangen. Und das, obwohl er ein sehr durchdachtes und effektives System hat. Ich habe ihn schon oft in sein Projekt begleitet und ihn mit Fragen gelöchert: »Wie kann es sein, dass du nach all den Jahren noch keinen wilden Sonnenbären untersuchen konntest?«

»Der Sonnenbär ist perfekt an das Leben in den Bäumen angepasst und sehr scheu. Den Menschen meidet er, wo er nur kann. Das mindert natürlich den Erfolg mit unseren Lebendfallen. Außerdem ist er ein sehr intelligenter Bär, der sich nur schwer austricksen lässt. Im Wald ist er fast nie zu sehen oder zu hören. Deshalb gilt er auch als die am wenigsten studierte Bärenart der Welt. Was meinst du, wie oft ich schon Bären auf den Fotos der Kamerafallen gesehen habe, die interessiert an unseren Fallen schnüffeln – keiner von ihnen ging je hinein. Es ist sogar schon passiert, dass sie sich den Honig oder andere Leckereien stibitzt haben und irgendwie wieder aus der Falle gekommen sind. Es sind wirklich schlaue kleine Kerlchen.«

Bewundernd beobachte ich wieder den süßen Bären im Baum vor mir. Er ist ungefähr einen Meter groß, also klein, und hat kurzes schwarzes Fell. Der Borneo-Sonnenbär ist nur halb so groß wie der Malaienbär des Festlands. Auffällig ist ein großer, gelblicher und halbmondförmiger Fleck mit schwarzen Punkten auf seiner Brust.

»Keiner dieser Brustflecke gleicht dem anderen, so kann man jedes Individuum von den anderen unterscheiden. Das hilft vor allem beim Auswerten der Kamerafallen«, erklärt Roshan.

»Und wieso heißt er Sonnenbär?«

»Vermutlich hat es damit zu tun, dass der Bär so nah am Äquator lebt und deswegen gern mit der Sonne assoziiert wurde. Aber so genau weiß man das nicht.«

Charakteristisch für den Sonnenbären sind außerdem die langen, gebogenen, spitzen Krallen sowie die nackten Sohlen der Tatzen. Eine perfekte Anpassung an das Leben in den Bäumen. Die kurze Schnauze des kleinen Bären ist ebenfalls gelb gefärbt.

Plötzlich taucht ein zweiter Bär direkt unter uns auf. Er bleibt vor einem der umgestürzten Baumstämme stehen und beginnt mit seinen langen Krallen, die Baumrinde zu bearbeiten.

»Sonnenbären fressen alles, was sie in den Bäumen finden können: Früchte, Insekten, Vogeleier, Honig. Den holen sie sich geschickt mit ihrer über zwanzig Zentimeter langen Zunge aus Ritzen und Hohlräumen«, erklärt Roshan. »Auf Malaysisch nennen wir ihn auch liebevoll *Beruang Madu*, den Honigbären. Denn sie sind verrückt nach dem klebrigen süßen Zeug. Der Kleine hier hingegen scheint gerade einen leckeren Termiten-Snack einzunehmen.«

Roshan zeigt auf den Bären unter uns.

Vergnügt schaue ich dem kleinen Vierbeiner mit den großen Tatzen zu.

»Gott, sind die süß!«, sage ich mehr zu mir selbst als zu Roshan.

»Und genau das ist das Problem!«, entgegnet er mir. »Der Sonnenbär ist ein sehr beliebtes Haustier.«

Entgeistert blicke ich ihn an: »Wer holt sich denn einen wilden Bären ins Haus? Das ist doch lebensgefährlich!«

»Du hast vollkommen recht. Als Jungtiere sind sie noch unheimlich süß und kuschelig. Doch sobald ein Bär auswächst, ist er nicht mehr *handlebar* und hat ein schreckliches Leben in Ketten und Käfigen vor sich. Das Fangen von wilden Sonnenbären für den Schwarzmarkt ist ein großes und brutales Geschäft: Die Bärenmutter muss getötet werden, bevor ihr das Kleine weggenommen werden kann. Eigentlich bleiben die Jungtiere bei ihrer Mutter, bis sie etwa drei Jahre alt sind. Von ihr lernen sie alle Fähigkeiten für das Überleben im Dschungel. Das bedeutet, die ›Haustiere‹ verbringen ihr Leben in winzigen Käfigen, werden schlecht behandelt und können in der Wildnis nicht mehr überleben.«

Unbehaglich beobachte ich wieder den kleinen Bären, der sich jetzt auf den Hintern gesetzt hat – alle viere von sich gestreckt.

»Ich dachte, Kleinbären werden häufig illegal im Zirkus gehalten, eben weil sie so schlau sind?«, frage ich vorsichtig.

»Das ist ein weiteres Problem. Aber der Schwarzmarkt für Haustiere hat ein unfassbares Ausmaß angenommen. Alle Tiere in diesem Rettungszentrum stammen aus Haushalten. Sie sind hier, um ihre Fähigkeiten, die sie im Wald brauchen, zurückzuerlangen und ihnen letztendlich eine Wiederauswilderung zu ermöglichen. Das ist das wichtigste Ziel für die kleinen Bären, denn ihre gesamte Art steht kurz vor dem Aussterben.«

»Stimmt es, dass sie vor allem wegen ihrer Gallenblase gejagt werden, da sie angeblich Heilkräfte besitzen soll?«

»Ja, das stimmt. Sonnenbären wurden auf Borneo schon immer gejagt: Ihre Körperteile galten als Delikatesse, ihre Galle, die faktisch ein Abfallprodukt des Körpers darstellt, wird für medizinische Zwecke verwendet. Ihre Krallen, Zähne und Fell dagegen für dekorative Zwecke. Ich selbst habe schon Bären gefunden, die an ihren Wunden im Wald verblutet sind – unfassbar, wozu Menschen fähig sind.«

Roshan verstummt. Vorsichtig frage ich nach: »Aber Wilderei ist doch auch hier auf Borneo verboten, oder?«

»Ja, seit 1997 ist der Sonnenbär als geschützt gelistet, und Wilderer erhalten hohe Geld- und Gefängnisstrafen. Doch dafür müssen sie erst einmal entdeckt und angezeigt werden, das handhaben die Staaten auf Borneo leider nicht alle gleich. Wilderei stellt immer noch ein großflächiges Problem in unseren Wäldern dar.«

Schweigend stehen wir beide noch eine Weile vor dem riesigen Gehege der Bären. Mittlerweile hat sich der kleine Fellfreund unter uns satt gefressen und trottet gemächlich in die Tiefen des Waldes zurück. Er klettert geschickt einen Baumstamm hoch und macht es sich auf einem Ast gemütlich.

Der sonst so gesprächige und immer gut gelaunte Roshan beobachtet das Tier gedankenverloren. Ich bewundere ihn sehr für seine ewige Ausdauer im Kampf um das Überleben der Bären. Ich habe noch kein Mal eine Beschwerde aus seinem Mund vernommen. Der große, schlanke Forscher mit den schwarzen Haaren und nussbraunen Augen hat jeden Tag die anstrengendsten Wege zu bewältigen, da seine Fallen meist auf Bergkämmen aufgestellt sind. Er hat noch nie einen Bären gefangen, und trotzdem verlässt ihn der Mut nicht.

»Wusstest du, dass wir den Malaienbären auch *Forest Engineer* nennen?«, unterbricht Roshan meinen Gedankengang.

Ich schüttele den Kopf und sehe ihn neugierig an.

»Oben auf den Bäumen öffnen sie mit ihren großen Krallen und Zähnen Baumstämme, um an Insektennester oder Honig zu kommen. Das schafft einen Hohlraum im Baum, der später von anderen Tierarten wie dem Nashornvogel oder Flughörnchen für ihre Nester genutzt wird. Außerdem sind die Tiere wichtig für die Verbreitung der Samen aus den Früchten, die sie fressen. Und sie halten den Wald gesund, indem sie Termitenpopulationen in Schach halten. Wir nennen sie hier im Rescue Center deshalb gerne die *Forest Doctors, Forest Planters and Forest Farmers*. Denn wenn sie nach Wirbellosen im Boden suchen, graben sie tiefe Löcher und lockern die Böden auf, sodass die

Nährstoffe wieder gleichmäßig verteilt sind. So wie Landwirte das mit ihrem Pflug tun.«

Ich muss schmunzeln. Das ist ein schönes Bild vom Sonnenbären, das möchte ich gerne im Kopf behalten.

Kinabatangan. Das wohl gefährdetste Tier, mit dem auf der Forschungsstation Danau Girang gearbeitet wird, ist das Schuppentier *(Manidae)* oder auch Pangolin genannt. Das Pangolin ist das einzige Säugetier auf der ganzen Welt, dessen Körper mit Hornschuppen gepanzert ist. Fühlt es sich bedroht, rollt es sich zu einer Kugel zusammen und bleibt regungslos liegen. Daher auch der Name Pangolin – von dem malaysischen Wort *Pengguling* für zusammenrollen. Leider schützt sein Panzer das Schuppentier aber nicht vor dem Menschen: Schuppentiere sind die meistgeschmuggelten Säugetiere der Welt.

»Allein in den letzten zehn Jahren wurden um die eine Million Pangoline weltweit gewildert«, erklärt mir Elisa eines Abends auf der Station beim Abendessen.

Elisa Panjang ist Pangolin-Expertin und schreibt eine Forschungsarbeit über die Tiere. Sie kommt aus Malaysia und ist mit dem Wissen über Schuppentiere aufgewachsen: »Die ulkigen kleinen Geschöpfe waren schon immer meine Lieblingstiere. Als ich erfahren habe, welcher Bedrohung sie ausgesetzt sind, wusste ich, dass ich sie schützen muss. Besonders hier in Asien gilt das Fleisch als Delikatesse. Außerdem werden den Schuppen besondere Heilkräfte nachgesagt. Sie werden

vor allem in der Traditionellen Chinesischen Medizin eingesetzt.«
Elisa schüttelt energisch den Kopf. »Dabei ist das völliger
Schwachsinn. Die Schuppen bestehen komplett aus Keratin, ge-
nau wie unsere Fingernägel. Da steckt keinerlei Heilkraft drin.«

Ich merke, wie sehr ihr das Thema am Herzen liegt. Elisa
ist eine energische junge Frau, die genau weiß, was sie will. Ihr
langes schwarzes Haar ist immer zu einem hohen Dutt geknotet.
Mit aller Kraft kämpft sie gegen die Wilderei, die ihre Schützlinge so gefährdet. Neben ihrer Feldforschung leitet sie auch
Bildungskampagnen, in denen sie den Einheimischen die Bedeutung und Gefährdung der Schuppentiere nahelegen möchte,
bevor diese ausgestorben sind.

Das Schuppentier ist ein putziges Kerlchen. Mit seinem kleinen, zugespitzten Kopf und den kurzen Beinen erinnert es ein
bisschen an ein Gürteltier oder einen Ameisenbären, ist aber keineswegs mit ihnen verwandt. Es besetzt nur ähnliche Nischen
wie diese Arten. Schuppentiere ernähren sich fast ausschließlich von Ameisen und Termiten. Mit ihren Grabkrallen können
sie Insektenbauten aufbrechen, und an ihrer langen, klebrigen
Zunge bleiben die Termiten einfach haften. Schuppentiere sind
nachtaktiv und auf Borneo nur noch selten in der Wildnis an-
zutreffen.

»Du musst dir vorstellen, Hannah, dass Menschen diese
armen, wehrlosen Tiere bei lebendigem Leib in kochendes Wasser schmeißen, um ihre Schuppen leichter zu lösen und um daraus irgendeine völlig wertlose Medizin zu brauen. Denen sollte
man lieber selbst die Fingernägel ziehen und klein häckseln
und …«

Mir ist der Appetit vergangen. Ich finde es gut, wie sehr Elisa
für das Thema brennt und dass sie kein Erbarmen mit den Ver-
brechern hat. Denn ja, illegale Wilderei und Wildtierschmuggel
sind schwere Verbrechen.

»Besteht denn ein Bewusstsein für den Schwund der Schuppentiere? Ist die Politik da aktiv?«, frage ich nach.

»Ja und nein. Auf der letzten Artenschutzkonferenz* in Johannesburg wurde der Handel mit allen Schuppentier-Arten verboten. Aber mal sehen, wie gut die Staaten das umfassende Handelsverbot auch umsetzen. Dafür müssten auch hier in Malaysia strengere Kontrollen und Strafen eingeführt werden. Das ist die letzte Chance für die kleinen Lebenskünstler.«

An dem Abend liege ich noch lange wach und bekomme die grausigen Bilder nicht mehr aus dem Kopf. Neben dem großflächigen Lebensraumverlust und der Abholzung der Regenwälder stellen also auch die illegale Jagd und der Wildtierhandel eine große Gefahr für die wilden Tiere Borneos dar. Dessen war ich mir vorher noch nicht so bewusst. Ich kenne die furchtbare und brutale Jagd auf Nashörner wegen ihres Horns oder auf Elefanten wegen ihrer Stoßzähne, die mich schon oft am Verstand der Menschheit zweifeln ließ. Aber dass auch der Malaienbär und das Schuppentier so stark von Wilderei betroffen sind, war mir bislang nicht klar.

Noch ein Grund mehr für mich, genau darauf zu achten, was ich kaufe und konsumiere. Denn besonders unterwegs in fernen Ländern entdeckt man auf Märkten oft unmögliche und illegale Produkte. Sei es Schmuck aus Elfenbein oder zweifelhafte Medizin aus Pangolin-Schuppen. Ich nehme mir vor, auch in Deutschland mehr Aufklärung über den illegalen Handel von Wildtieren zu betreiben, denn dieses Verbrechen ist menschengemacht und geht uns alle an.

---

* Auf den CITES-Artenschutzkonferenzen beratschlagen die Delegationen aus über hundertachtzig Ländern auf Grundlage des Washingtoner Artenschutzübereinkommens regelmäßig über gefährdete Tier- und Pflanzenarten.

9.

NÄCHTLICHER GLITZER
AUF ACHT BEINEN

Kinabatangan. Ich mag keine Spinnen. Überhaupt nicht. Käfer, Kakerlaken oder anderes Krabbelgetier sind kein Problem. Aber Spinnen, die haben mir irgendwie zwei Beine zu viel. Ich habe mir als Kind immer vorgestellt, dass, wenn es dunkel wird, die Spinnen im Keller wach werden und mit ihren langen haarigen Beinen zwischen den Treppenstufen nach mir greifen. Erstaunlich, wie präsent mir dieses Bild auch heute noch ist.

Mittlerweile weiß ich allerdings, dass in tropischen Ländern viel größere und gefährlichere Spinnen leben als zu Hause. Dabei fand ich die Winkelspinnen in unserer Garage früher schon gruselig. Doch verglichen mit der Größe, Vielfalt und Masse an Spinnen hier im Regenwald ist das gar nichts.

Es fängt schon damit an, wenn ich den *Main Path* durch den Wald Richtung Haupthaus laufe und auf eine bläuliche, haarige Vogelspinne treffe. Der aufmunternde Zuruf: »Keine Sorge, Hannah, die wohnt hier, die tut dir nichts«, ist in diesem Moment nicht besonders hilfreich.

Komischerweise führt diese Information dazu, dass ich wirklich jedes Mal nachgucke, ob die Spinne auch wirklich »zu Hause« ist, wenn ich an dem Baum vorbeilaufe. Also jeden Tag. Schließlich würde es sonst bedeuten, sie befände sich woanders, was mich wiederum noch nervöser machen würde. Obwohl ich weiß, dass das in einem Regenwald voller Tiere wirklich sehr naiv ist. Aber das ist mir egal.

Nach einigen Wochen und täglichen Besuchen gewöhne ich mich tatsächlich an Berta, die Vogelspinne. Ich finde, es hilft ungemein, gruseligen Tieren Namen zu geben. Als Berta eines Tages Mama wird und plötzlich an die hundert Spinnenbabys auf ihrem Rücken sitzen und aus dem Astloch krabbeln, weiß ich nicht, ob ich lachen oder weinen soll. So etwas Faszinierendes habe ich vorher noch nie gesehen und kann meinen Blick nicht abwenden. Aber gleichzeitig spüre ich auch ein Krabbeln am gesamten Körper und möchte am liebsten wegrennen. An diesem Abend kontrolliere ich besonders gründlich mein Kopfkissen und das Laken, bevor ich ins Bett steige.

Wenn ich tagsüber durch den Dschungel stapfe, rede ich mir gern ein, hier gebe es kaum Spinnen. Frei nach dem Motto: Was ich nicht sehe, ist auch nicht da. Klebrige Spinnennetze im Gesicht versuche ich, so gut es geht, zu ignorieren. Dieser Taktik folge ich auch in den geschlossenen Räumen: bloß nicht zu genau an die Decke schauen.

»Ach, das haarige Bein dort hinter dem Bilderrahmen ist sicherlich nur ein Stückchen Palmenzweig vom Dach«, rede ich mir gern ein. Doch spätestens nachts funktioniert diese Strategie leider nicht mehr …

Heute war ein angenehm ruhiger Tag im Centre, und ich bin für die Nachtschicht eingeteilt. Nach dem Abendessen fülle ich meine Wasserflasche auf und eile zum Zimmer zurück, um wieder in meine Dschungelkleidung zu schlüpfen. Von 20 bis 24 Uhr mache ich mich auf die Suche nach dem Plumplori namens Bulu. Plumploris *(Nycticebus spp.)* sind nachtaktive Baumbewohner.

Die kleinen Primaten bewegen sich hoch oben in den Bäumen. Dort werden sie nicht so schnell von Fressfeinden entdeckt. Ihre großen Kulleraugen und die weiß-braune Fellzeichnung im Gesicht verleihen ihnen ein ausgesprochen niedliches Aussehen.

Doch ihre Niedlichkeit wird ihnen zum Verhängnis und macht sie besonders beliebt für den illegalen Heimtierhandel. Dabei zählen Plumploris zu den wenigen giftigen Säugetieren der Welt. Sie produzieren aus einer Drüse unter dem Arm ein Sekret, das, verbunden mit ihrem Speichel, giftig wirkt. Indem sie sich selbst und ihre Jungen damit abschlecken, vertreiben sie ihre Feinde.

Ein schlimmes Bild, das mir in diesem Zusammenhang nicht aus dem Kopf geht: Eine Zeit lang kursierte ein »unheimlich süßes« Video in den sozialen Medien. Es zeigt einen Plumplori, der es angeblich liebt, gekitzelt zu werden (»Slow Loris loves getting tickled«). Das kleine Tierchen reißt seine Arme hoch und guckt mit seinen großen, runden Augen in die Kamera, während es von einer kichernden Person unter den Armen gekrault wird. Dass dieser kleine Primat allerdings vollkommen wehrlos ist und aus Todesangst seine Arme hochreißt, eine Geste, die aufgrund der Giftdrüse seine einzige Abwehrmöglichkeit ist, interessiert nicht. Das Wildtier ist wahrscheinlich in furchtbarer Panik, was aber aufgrund seines süßen Gesichts nicht so wahrgenommen wird. Genau solche Videos mit Millionen Klicks sind eine große Gefahr für Wildtiere und kurbeln den Haustier-Schwarzmarkt ungemein an.

Ich stapfe hinter Kenneth, einem weiteren *Volunteer* der Station, durch den Wald. Eine Weile hören wir noch das Brummen des Stromgenerators am Haupthaus, doch irgendwann sind wir ganz umgeben von Dschungel und Dunkelheit. Nur der Mond scheint manchmal zwischen den Blättern hindurch auf den Waldboden. Im Schein unserer Stirnlampen suchen wir mithilfe des GPS den genauen Standort des Baumes, indem Bulu sich nach der gestrigen Schicht zum Schlafen zurückgezogen

hat. Bulu trägt nämlich einen kleinen Sender um den Hals, anhand dessen wir seine Aktivitäten und sein Verhalten beobachten können. Angezogen vom Licht der Stirnlampe, fliegen mir ununterbrochen Falter und andere Fluginsekten ins Gesicht. Schnell mache ich den Mund zu. Das andauernde helle Surren der Mücken an meinen Ohren versuche ich, so gut es geht, zu ignorieren.

Endlich stehen wir vor dem Baum. Eine kleine beschriftete Flagge markiert den Schlafplatz des Loris. Ich hole das Telemetriegerät heraus und versuche, das Signal des Senders zu lokalisieren. Ein eindeutiges, lautes Piepen aus Richtung der Baumkrone verrät uns, dass Bulu sich noch hier aufhält und wir abwarten müssen. Kenneth notiert Zeit, Standort und Aktivität.

Ich konzentriere mich auf meine Umgebung. Angestrengt versuche ich, im Licht der Lampe die Augenreflexion des Plumploris zu entdecken. Denn Loris besitzen, wie viele nachtaktive Tiere, eine reflektierende Schicht hinter der Netzhaut des Auges, das sogenannte »Tapetum lucidum«. Wenn ich dem Tier ins Gesicht leuchte, reflektiert es ein rotes, gelbes oder orangefarbenes Licht zurück. Das kennen wir zum Beispiel auch von Katzen. Dieser Augenschein ist besonders hilfreich zum Sichten von Wildlife bei Nacht. Ich kann Bulu in den Tiefen des Baumes noch nicht erkennen. Aber stattdessen fällt mir ein anderes hübsches Funkeln auf. Überall auf dem Waldboden, an den Bäumen und zwischen den Blättern glitzert es, als ich mit meiner Stirnlampe um mich leuchte. So als hätte jemand Glitzer im Wald verstreut.

Doch schaue ich genauer hin, entdecke ich Spinnen. Viele, viele Spinnen mit vielen Beinen. Jedes Funkeln gehört zu einer Spinne, denn auch sie besitzen das *Tapetum lucidum* hinter den acht Augen. Ich muss schlucken. Dieser Anblick macht mir die nächtlichen Verfolgungstouren durch den Wald nicht leichter. Und meine Strategie des »Übersehens« wird quasi unmöglich. Ich konzentriere mich auf die Fledermäuse, die blitzschnell zwischen unseren Köpfen hindurchflattern. Manchmal spüre ich sogar einen Windhauch im Gesicht, aber sie berühren mich nie. Dafür können Fledermäuse zu gut navigieren. Hoffentlich essen die gerade alle Mücken weg, die mir die Ohren und das Gesicht zerstechen, denke ich hoffnungsvoll.

Kenneth hat es sich mittlerweile auf dem Boden gemütlich gemacht. Unsicher schaue ich zu dem Franzosen hinüber: »Hast du denn keine Sorge, dich auf etwas Giftiges zu setzen? Einen Skorpion oder einen Hundertfüßer?«

Mit einer abwinkenden Handbewegung antwortet er: »Ach was, hab ja vorher einmal nachgeguckt. Manchmal schlafe ich bei einer Nachtschicht auch einfach im Wald, wenn Bulu sich so gar nicht bewegen mag.«

»So ganz ohne Hängematte oder Plane?«, frage ich entsetzt.

»Klaro!«, entgegnet er grinsend. »So, jetzt entspann dich und setz dich auch her, das da oben kann noch eine Weile dauern.« Er nickt Richtung Baumkrone. »Zum Glück hat es heute nicht geregnet, und der Boden ist trocken. Dann gibt's auch nicht so viele Blutegel.«

Mir ist etwas unwohl bei dem Gedanken. Gewissenhaft leuchte ich die Blätter und das Glitzern um mich herum ab. Letztendlich setze ich mich trotzdem auf den weichen Waldboden. Und dann lausche ich. Der Dschungel hat bei Nacht einen ganz eigenen Klang. Ich habe das Gefühl, er ist nachts noch viel lauter als bei Tag. Ein Surren, Zirpen, Quaken und Pfeifen liegt in der Luft. Dazwischen ruft ein Vogel. Ein leichter Wind weht durch die Baumkronen, und in den Blättern hinter mir raschelt es. Mir wird wieder bewusst, wie viel mit uns in diesem Wald lebt. Während ich dem nächtlichen Konzert lausche, verspüre ich keine Angst. Im Gegenteil, es ist beruhigend zu wissen, dass wir hier nicht allein sind.

Nach etwa zwanzig Minuten entdeckt Kenneth eine Bewegung in den Bäumen. Und tatsächlich, als ich in das Geäst leuchte, erkenne ich Bulu, der mich aus seinen großen runden Augen anstarrt. Er macht sich auf den Weg, Fressen zu suchen, und wir folgen ihm eilig. Das ist gar nicht so einfach, denn Bulu hält sich dort oben in den Bäumen an keinerlei Wege. Völlig verschwitzt schlagen wir uns durch das Dickicht.

Endlich hat der Lori wieder einen Baum zum Fressen gefunden, und wir können eine kleine Verschnaufpause einlegen. Ich trinke ein paar große Schlucke Wasser und frage mich, wie ich die nächsten drei Stunden überhaupt durchhalten soll. Da zeigt Kenneth mir einen hübschen gelben Frosch, der direkt neben uns auf einem Blatt sitzt. Ich bin fasziniert.

»Nachts kann man am besten Frösche und abgefahrene Insekten entdecken. Sie kommen erst raus, wenn es kühler und feuchter geworden ist und weniger Vögel unterwegs sind«, erklärt Kenneth mir begeistert. »Guck mal hier, eine riesige Stabheuschrecke!«

Staunend blicke ich auf den sich langsam bewegenden Ast. Wie er die wohl entdeckt hat?

»Wenn wir Glück haben, sehen wir heute auch wieder einen Flugdrachen. Das sind die kleinen Echsen, die unter den Armen Flughäute haben, mit denen sie von Ast zu Ast gleiten können. Die sind cool! Letzte Woche habe ich einen zu Gesicht bekommen.«

Ich widme meine Aufmerksamkeit wieder dem Wald. Ich verspüre zwar dieses Unbehagen gegenüber den Spinnen, freue mich aber über jedes Insekt, Reptil oder Amphibium, das ich auf den Blättern um mich herum entdecke. Es ist, als würde sich der Dschungel bei Nacht von einer ganz anderen Seite zeigen.

Mir fallen Tiere ins Auge, die ich tagsüber nie beachtet hätte. Als unsere Schicht gegen halb eins beendet ist und wir abgelöst werden, haben wir noch einen knallbunten, schlafenden Eisvogel, ein blaues Fliegenschnäpper-Pärchen und tatsächlich einen kleinen, schlafenden Flugdrachen entdeckt. Was mich aber am meisten beeindruckte, neben Bulu natürlich, war ein Sunda-Koboldmaki *(Cephalopachus bancanus)*, der sich auf Augenhöhe an einen Baumstamm klammerte. Der kleine Primat hat ebenfalls besonders große, runde Augen. Er besitzt außerdem einen sehr beweglichen Hals und kann seinen Kopf um fast 180 Grad drehen. Das sieht zwar etwas gruselig aus, ist für so einen kleinen, nachtaktiven Baumbewohner aber äußerst praktisch. Besonders bemerkenswert: Die zehn Zentimeter kleinen Affen können bis zu zwei Meter weit springen. Umgerechnet würde das bedeuten, ich könnte mal eben aus dem Stand einen Sechsunddreißig-Meter-Weitsprung hinlegen. Wunder Natur!

Ich bin ganz beseelt von dieser tollen Sichtung. Erschöpft, aber lächelnd laufe ich zurück zu meiner Unterkunft. Im schwachen Schein meiner Stirnlampe springe ich noch schnell unter die eiskalte Dusche und versuche, die Zweige aus meinen Haaren zu entfernen. Ja, ich kann mich damit abfinden, hier mit Spinnen zusammenzuleben. Dafür ist der Dschungel einfach zu schön und hat so viel zu bieten. Die Angst findet ja eh nur in meinem Kopf statt.

Eine Woche später: Seit Tagen regnet es am Kinabatangan. Jeden Morgen werde ich von lautem Plätschern auf Wellblech geweckt und möchte am liebsten liegen bleiben. Alles ist feucht und klamm. Ich bekomme meine nass geregnete Kleidung nicht mehr trocken, denn es herrschen gefühlt 100 Prozent Luftfeuchtigkeit. Langsam, aber sicher fängt sie an zu stinken. Das erdrückende Grau am Himmel schlägt sich auch auf die Stimmung in der Station nieder. Alle sind eine Spur langsamer und deutlich weniger gut gelaunt. Die Freude, heute wieder stundenlang durch den Regen stapfen zu dürfen, um leere Fallen zu kontrollieren, hält sich in Grenzen. Denn den Tieren gefällt der Regen genauso wenig wie uns. Sie haben sich tief in den Wald zurückgezogen. Ich habe die ganze Woche noch kaum eins zu Gesicht bekommen. Noch nicht mal ein Orang-Utan hat unsere Station besucht.

Dabei liebe ich eigentlich tropische Stürme. Sie beginnen immer auf dieselbe Weise: Im Laufe des Tages wird es so schwül und feucht, dass mir ohne jegliche körperliche Betätigung der Schweiß von der Nasenspitze tropft. Der Himmel wird immer dunkler und schwärzer, und plötzlich wird es gefährlich ruhig. Nur aus der Ferne ist ein gewaltiges Donnergrollen zu hören. Zu diesem Zeitpunkt hat man so schnell wie möglich aus dem Wald zu verschwinden, denn jetzt kann es gefährlich werden. Es folgen enorm heftige Windböen, die Äste von den Bäumen reißen können. Besonders vor *Deadfall*, dem sogenannten »Totholz«, das von den Bäumen stürzt, müssen wir uns in Acht nehmen. Auf den Wind folgt von einem Moment auf den anderen eine Wand aus Regen. In kürzester Zeit fallen so viele Liter Wasser auf die Erde, dass alles überschwemmt wird. Es bilden sich schnell kleine Flüsse und große Pfützen. Und es ist unheimlich laut. Dazu kommen Blitze und ohrenbetäubender Donner.

Ja, eigentlich mag ich es, wenn die Natur sich von ihrer rauen Seite zeigt. Dann sitze ich am liebsten im Haus, schlürfe eine Tasse Kakao und lese. Bei solchem Regen fallen die Temperaturen, und man hat wieder Lust auf heiße Getränke. Außerdem spielen wir bei solch einem Wetter auf der Station pausenlos Karten. Doch die letzten Tage hat es sich so richtig eingeregnet. Es ist überhaupt nicht mehr gemütlich, sondern nur noch anstrengend. Wir alle sehnen uns nach den warmen Strahlen der Sonne und wenigstens einem Streifen Blau am Himmel. Der Wasserstand des Kinabatangan ist so stark gestiegen, dass unser Bootsanleger in Gefahr ist, von der Strömung mitgerissen zu werden. Außerdem müssen wir abwechselnd raus in den Regen, um das Wasser aus den Booten zu schöpfen. Sonst könnten sie volllaufen und sinken. Der ganze Wald steht unter Wasser. Viele unserer Untersuchungsgebiete sind überschwemmt, oder wir können sie nicht mehr erreichen, weil wir im Schlamm versinken und uns das Wasser bis zur Hüfte reicht. Dieses Wetter erschwert die Forschungsarbeiten ungemein.

An solch einem Regentag kommen wir am späten Nachmittag von der Kontrolle der Warane zurück. Sergio hat die Fallen zurzeit auf einer Palmölplantage aufgestellt, und so sind sie, trotz des Regens, noch gut zu Fuß zu erreichen. Meine vollgelaufenen Stiefel sind schwer und schmatzen bei jedem Schritt. Schweigend trotte ich hinter Sergio und Koko zurück zum Boot. Wir hatten keinen einzigen Waran in der Falle, so wie die ganzen letzten fünf Tage. Ich bin ein wenig enttäuscht. Klitschnass kauere ich mich auf der Vorderbank des Motorboots zusammen. Der Regen peitscht mir ins Gesicht, und der Fahrtwind lässt mich in den durchnässten Kleidern frieren. Ich versuche, mir die Schwimmweste als Schutz über den Kopf zu ziehen. Das funktioniert eher schlecht. Als ich meine Augen einen Spaltbreit öffne, fahren wir um eine Flussbiegung.

Plötzlich entdecke ich entfernt etwas großes Graues am Ufer. Ich traue meinen Augen nicht. Hastig wische ich mir den Regen aus dem Gesicht. Es sind Borneo-Zwergelefanten *(Elephas maximus borneensis)*, die kleinste Art der Welt. Wahnsinn! Neun Elefanten stehen friedlich am Ufer und grasen. Ihre Babys haben sie schützend in die Mitte genommen. Der Regen scheint ihnen überhaupt nichts auszumachen. Mir treten die Tränen in die Augen, so ergriffen bin ich von dem Anblick. Vielleicht liegt es auch an der Erschöpfung der letzten Tage. Ein Satz kommt mir in den Sinn: »Es gibt Augenblicke, in denen wir vor etwas Großem stehen, dessen Anblick uns überwältigt, und die Welt auf einmal still wird.«

Genau solch ein Moment ist das. Es ist das erste Mal für mich, dass ich die Dickhäuter in der Wildnis sehe. Koko hat die grauen

Riesen mittlerweile auch im Grün des Dschungels entdeckt und bremst das Boot. Wir bleiben noch einige Zeit bei der kleinen Gruppe, lassen uns auf dem Wasser treiben und beobachten die Tiere schweigend. Jeder auf seine Art berührt.

In den nächsten Tagen bekomme ich die Elefanten noch häufiger zu Gesicht. Denn die Herde ist mit ihren circa achtzig Tieren auf dem Weg flussabwärts, Richtung Forschungsstation. Ich sehe sie den Fluss überqueren, baden, sich im Schlamm suhlen und sogar direkt vor meiner Haustür spielen. Wir dürfen zwei Tage lang nicht die Station verlassen, da die ganze Herde zu Besuch ist und es zu gefährlich wäre, einem wilden Elefanten Auge in Auge zu begegnen. Ein irres Gefühl, morgens von Elefanten-Getröte geweckt zu werden.

Sandakan. Ich liebe den Dschungel. Mit all seinen unterschiedlichen Facetten: Pflanzen in verschiedensten Grüntönen, Tiere in vielen Farben und Formen, Wetterlagen in allen Extremen – wilde Natur rundherum. Das alles fasziniert mich. Und dennoch gibt es Tage, an denen mir alles zu viel wird: Wenn ich bei der täglichen Arbeit im Wald nicht auf einem Fleck stehen bleiben kann, ohne von einem Schwarm Mücken umzingelt und zerstochen zu werden. Wenn ich mir nach dem Kontrollieren der Fallen schon wieder drei Blutegel von der Haut zupfen muss, von denen einer so fest gesaugt hat, dass der Biss einen ganzen Tag nicht aufhört zu bluten. Oder wenn sich wieder eine Riesenhornisse in mein Zimmer verirrt hat.

Seit acht Wochen lebe ich nun schon im Dschungel von Borneo. Doch es hat sich etwas verändert. Ich merke, wie ich plötzlich empfindlicher werde: Jeden neuen Mückenstich, Ameisenbiss und Kratzer aus dem Wald nehme ich intensiver wahr. »Was hat dort geraschelt? Wieder eine Schlange im Dickicht, die nur darauf wartet, mich zu erschrecken?«

Plötzlich fühlt sich das Leben mitten in der Natur anstrengend und lästig an. Wieso lassen mich die Stechinsekten denn nicht wenigstens im Haus in Ruhe? Seit wann stören mich die Kakerlaken im Bad so?

Ich beginne, das Essen von zu Hause zu vermissen: eine Scheibe Brot mit Käse, einen frischen Salat, einen starken Kaffee, meine geliebte Schokolade. Wie gerne würde ich mal wieder unter einer warmen Dusche stehen, mich mit einem weißen Frotteehandtuch abtrocknen, in saubere Klamotten steigen und sogar mal wieder einen Blick in den Spiegel werfen! Ich ertappe mich dabei, wie ich ins Schwärmen gerate: häuslicher Komfort, großer Kleiderschrank, im Supermarkt das einkaufen, worauf ich gerade Lust habe, die matschigen Gummistiefel gegen schicke Schuhe tauschen.

Dazu kommt, dass auf der Station jegliche Privatsphäre fehlt. Wir sind ein bunt gemischter Haufen von Menschen aller Nationen und Altersklassen, die sich kaum kennen. Und plötzlich wohnen wir gemeinsam auf engstem Raum mitten im Dschungel. Wir sind den Stimmungen der anderen schutzlos ausgeliefert. Sogar in dem kleinen Zimmer, das ich mir mittlerweile mit Kate aus Texas teile, höre ich die anderen durch die Wände husten. Wir dürfen nicht alleine in den Wald oder auf den Fluss, das ist zu gefährlich. Mein Bewegungsradius ist extrem eingeschränkt. Das bin ich nicht gewohnt. Wie gerne würde ich mit meinem Rennrad einfach mal wieder ein Ziel ansteuern. Oder mich abends mit ein paar Freundinnen und Freunden auf ein Bier treffen.

Ich stehe in der Waschküche und versuche, meinen verschimmelten Rucksack sauber zu schrubben.

»Verfluchte Luftfeuchtigkeit!«, schimpfe ich.

Der Rucksack stand gerade mal sechs Wochen im Schrank, und schon hat sich ein grüner Pilz auf dem Stoff breitgemacht. Sogar mein Reisepass ist von einer dünnen Schicht Schimmel überzogen.

Vielleicht bin ich doch nicht tough genug für den Dschungel?

Der Gedanke spukt schon seit einigen Tagen in meinem Kopf herum. In diesem Moment juckt und ziept alles, ich bin das ewige Schwitzen und Dreckigsein leid und möchte einfach mal wieder auf einer Couch sitzen und Netflix gucken. Ich fühle mich nicht wohl in meiner Dschungel-Haut und möchte gerne in meine komfortable Deutsche-Stadt-Haut schlüpfen.

Beim Essen erzähle ich den anderen von meinen Gedanken, und ihre Reaktion verwundert mich. Schließlich leben viele von ihnen schon seit mehreren Jahren im Dschungel.

»Ich glaube, dieses Gefühl kennen wir hier alle«, bestätigt Meg. »Durch solche Tage muss jeder von uns durch. Tagtägliche Arbeit im Feld, ohne ein einziges Wochenende oder eine Pause, das ist hart. Die Natur ist rau, die Moskitos sind erbarmungslos, und wir hängen immer aufeinander – das wird einfach jedem mal zu viel. Wir nennen es den *Jungle Blues. Take a break for two days. You will see, it will change your perspective*«, rät sie mir.

Skeptisch nehme ich mir tatsächlich zwei Tage frei. Mein erstes Wochenende seit vierzig Tagen, stelle ich erstaunt fest. Es ist wieder eine kleine Weltreise, zurück in die Zivilisation zu fahren, aber da Peter eh einkaufen muss, nimmt er mich mit. Wir fahren nach Sandakan, die nächstgelegene Stadt. Hier gibt es sogar einen kleinen Flughafen. Und ein luxuriöses Hotel mit Blick aufs Meer.

Ich fühle mich etwas eingeschüchtert, als ich in der großen, sauberen Empfangshalle stehe. Alles scheint so weiß und ge-pflegt. Die vielen Menschen überfordern mich. Ich fahre mit dem Aufzug in den achtzehnten Stock und schließe mein Zim-mer auf: Wow! Ein ganzes Zimmer, nur für mich. Zwei große weiße Hotelbetten begrüßen mich einladend. Ich kann nicht an-ders und schmeiße mich direkt auf die weichen Kissen – unfass-bar bequem. Ich möchte, so schnell es geht, unter die Dusche. Mich endlich mal wieder so richtig sauber und frisch fühlen. Den riesigen Spiegel im Bad ignoriere ich erst einmal gekonnt. Das warme Wasser ist ein Traum. Ich dusche drei Mal, weil es einfach zu schön ist. Ich wickele mich wohlig in ein weiches Handtuch ein und krabbele unter die warme Decke – wie gemütlich!

Aber es ist so ruhig! Mir fehlen die singenden Vögel und rufenden Affen. Ich schalte den Fernseher ein – und direkt wieder aus. Reizüberflutung – damit kann ich irgendwie nichts anfangen. Ich merke, wie hungrig ich bin, und schaue auf mein Handy. Klar, es ist zwölf Uhr mittags. Meine innere Dschungeluhr tickt hier wohl immer noch.

Ich ziehe mir zivilisierte Kleidung an und gehe auf die Straße. Ohne Klimaanlage ist es schwül und heiß. Ich folge Google Maps zu einer vielversprechend aussehenden Rooftop-Bar über dem Getümmel der Stadt. Die Auswahl auf der Speisekarte überfordert mich. So oft habe ich an ausländisches Essen gedacht, wenn ich völlig aus der Puste durch den Wald lief. Jetzt bin ich mir gar nicht mehr sicher, was ich eigentlich möchte: Sandwich, Pizza, Pasta oder doch einen Salat?

Ich schlafe diese Nacht tief und fest. Das ist sehr erholsam. Obwohl mich diese Stille im Hotelzimmer beunruhigt. Das ausgiebige Frühstück vom Büfett schmeckt vorzüglich. Aber eigentlich ist das Essen im Dschungel doch auch immer sehr lecker? Die stinkenden Autos, der laute Verkehr und die vermüllten Straßen der Stadt nerven mich. Überall sind Menschen. Mir fehlen der schlammige Fluss und die tägliche Zeit auf dem Wasser. Zu gerne würde ich nun die tobenden Nasenaffen am Ufer beobachten oder mit den anderen Karten spielen. Es herrscht eine furchtbare Hektik hier in der Stadt. Trotz überfüllter Straßen und des Gewimmels am Hafen fühle ich mich einsam. Mann, bin ich froh, dass ich morgen wieder im Minibus Richtung Dschungel sitze!

10.
DIE NEBULÖSE RAUBKATZE

Kinabatangan. Es ist früher Morgen, die Sonne scheint, und ein wolkenloser Himmel umgibt mich. Ich stehe am Rande einer großen, von Menschenhand angelegten Nutzfläche und warte geduldig auf Sergio, der einige Meter entfernt Hühnerinnereien in einer Waran-Falle befestigt. Wir haben die Lebendfallen weiterhin auf einer Palmölplantage aufgestellt, nur zehn Bootsminuten von der Station entfernt. Schweigend lasse ich den Blick über die Plantage schweifen: was für ein trostloser Ort! Eine identische Musterpalme neben der anderen. Die Palmenblätter umrahmen die Stämme fächerförmig. Die dunkelroten reifen Früchte hängen weit oben und sind nur schwer zu erkennen. Der Boden wirkt frei von Ästen und Blättern unnatürlich aufgeräumt. Fein säuberlich reihen sich Palmen kilometerweit nebeneinander auf, jeder Abstand ist genau bemessen. Von der Natur ist hier nicht mehr viel übrig, bemerke ich zerknirscht. Ich springe über einen der knietiefen Gräben, die das Feld umrahmen. Sie dienen der Bewässerung und sind eigentlich das perfekte Versteck für kleine Bodenbewohner.

Aber leider lebt hier kaum noch ein Tier. Der Boden und das Grundwasser sind verseucht von giftigen Pflanzenschutzmitteln, mit denen viele Plantagen gespritzt werden. Hier gelten andere Vorschriften als in Deutschland. Meine Freundin Sheila, die Köchin der Station, erklärt mir eines Abends nach dem Essen traurig, dass die Gifte sogar bis in den großen Kinabatangan-Fluss gelangen.

»Wie gerne würde ich mal wieder Fisch zubereiten. Ich liebe Fisch. Ich meine, wozu haben wir einen riesigen Fluss vor der Haustür?«, fragt sie empört.

»Das habe ich mich auch schon gefragt«, gebe ich zu. »Fisch enthält doch wichtige Nährstoffe, die uns hier im Dschungel bestimmt guttun würden?«

»Na, weil alles verseucht ist!«, ruft sie entrüstet und reißt die Arme in die Höhe. »Wir können unseren eigenen Fisch nicht mehr essen, weil er von den Giften der Plantagen verseucht wurde.«

Die Tatsache lässt mich erschaudern. Das naturnahe Leben wird den Einheimischen hier von der Industrie, von uns genommen.

Ich möchte die unangenehmen Gedanken abschütteln und laufe langsam den Kiesweg entlang. Die weißen Steinchen knirschen unter meinen Stiefeln. Viele dieser breiten Kiesstraßen teilen die Plantage. Auf ihnen kommen die großen Laster für die Ernte angerollt. Ich kneife die Augen zusammen und versuche, das Ende der Straße auszumachen, aber keine Chance. Sie scheint unendlich weiterzugehen, rechts und links feinsäuberlich die aufgereihten Palmen.

Ölpalmen sind bemerkenswerte Pflanzen: Sie wachsen über zwanzig Jahre und tragen dauerhaft die kleinen roten Ölfrüchte. Das macht die Ölpalme zu einer ausgesprochen ertragreichen Pflanze. Ihre Früchte können das ganze Jahr über geerntet werden, und im feuchtwarmen Klima am Äquator wächst die Palme pflegeleicht. Kein Wunder, dass sich vor einigen Jahren die ganze Welt auf diese Pflanze stürzte, um mit ihr Öl zu produzieren.

Aber nach zwanzig Jahren intensiver Landwirtschaft ist auch die Ölpalme nicht mehr besonders ertragreich. Die Umgebung ist vergiftet, die Erde nicht mehr fruchtbar, der Wald wurde abgeholzt, und die Tiere sind längst vertrieben oder verhungert. Mit Nachhaltigkeit hat diese Form der Landwirtschaft nichts zu tun. Wütend kicke ich mit aller Kraft einen großen Stein in den Wassergraben. Das laute Platschen durchschneidet die Stille. Wie unnatürlich ruhig es hier ist. Vor wenigen Minuten lief ich noch durch dichten Regenwald voller Leben und Lautstärke, doch sobald ich die Plantage betrete, herrscht eisige Stille.

Vereinzelt treffen wir bei der Arbeit auf bellende Hunde oder Beschäftigte der Plantage, die auf ihren kleinen Motorrädern an uns vorbeiknattern. Sie tragen lange Kleidung und vermummen ihre Köpfe, denn ab mittags herrscht hier eine unerträgliche Hitze.

»Klar, alle Urwaldbäume, die Kühle spenden, Kohlenstoff binden und Sauerstoff produzieren, wurden ja auch von euch abgeholzt!«, würde ich den Arbeitskräften am liebsten hinterherbrüllen.

Obwohl ich natürlich weiß, dass sie nicht schuld an der Regenwaldrodung zugunsten des Palmöls in ihrem Land sind. Sie sind einfach nur froh, eine Arbeit zu haben. Mittlerweile ist das halbe Land auf diesen Wirtschaftszweig angewiesen.

Sergio erzählte mir eine traurige Geschichte dazu: »Kennst du noch Jasrin? Ein toller Forschungsassistent, der viele Jahre auf der Station gearbeitet hat und den Dschungel mit all seinen Tieren liebte. Leider wurde seine Mutter schwer krank, und er musste in sein Dorf zurückziehen, um sich um seine Familie zu kümmern. Um Geld zu verdienen, musste er stattdessen einen Job als Fahrer auf der nahe gelegenen Palmölplantage annehmen. Was blieb ihm auch anderes übrig, viel Arbeit gibt es hier nicht. Plötzlich arbeitete er nicht mehr *für* die Tiere, sondern gegen sie. Ich glaube, es zerriss ihm das Herz ...«

Diese Geschichte lässt mich nicht los. Natürlich können die Einheimischen nichts dafür. Es gibt zwei Großkonzerne, denen fast alle Palmölplantagen auf Borneo gehören. Gegen die Wirtschaftsriesen kommt kaum jemand an. Laut einer Studie von Transport & Environment ist Palmöl das meist produzierte Pflanzenöl der Welt. Palmölplantagen dehnen sich mittlerweile weltweit auf mehr als siebenundzwanzig Millionen Hektar Land aus, eine Fläche so groß wie Neuseeland. Auch die EU ist ein großer Importeur von Palmöl. 2018 waren es ganze 7,6 Millionen Tonnen. Ich merke es ja selbst, wenn ich durch den Supermarkt gehe: In jedem zweiten Produkt steckt das pflanzliche Öl. Neben Fertigpizza, Schokocreme und Keksen begegnet es mir auch in Körpercremes, Seifen, Kosmetika und Waschmitteln.

Was ich aber nicht wusste: 65 Prozent des Palmöls gehen in der EU laut T&E in die Energieerzeugung. Und zwar 53 Prozent in den Biodiesel und weitere 12 Prozent in Kraftwerke für die Strom- und Wärmeerzeugung. Die restlichen 35 Prozent fließen in die Produktion von Lebensmitteln, Tierfutter und in die Chemie. Das heißt also, über die Hälfte des importierten Palmöls steckt im Biosprit? Das ist doch unerhört. Da wird mir als Verbraucherin vorgegaukelt, etwas Gutes zu tun, indem ich »Bio« tanke, in Wirklichkeit trage ich damit aber zur Regenwaldabholzung auf Borneo bei und nehme den Orang-Utans ihren Lebensraum weg.

So eine Intransparenz macht mich furchtbar wütend. Und gleichzeitig geben mir die Zahlen ein Gefühl der Machtlosigkeit. Ist das nicht Aufgabe unserer Politik? Die Aufklärung darüber, was genau wir da eigentlich jeden Tag konsumieren und nutzen, wo es herkommt und was das für Auswirkungen auf die Natur und die Menschen vor Ort hat? Das wäre doch schon mal ein Anfang. Bei dem Gütesiegel-Chaos heutzutage blickt doch keiner mehr durch.

Genervt wische ich mir mit der Hand die Mücken aus dem Gesicht, die mich ständig umschwirren. Manchmal erwarten mich auf der Plantage ganze Schwärme. Die Wassergräben bie-

Der Tukan ist ein Wahrzeichen Costa Ricas, viele dieser farbenfrohen Vögel erspähe ich in den Wäldern des Landes.

Ein großes Braunkehl-Faultier sitzt seelenruhig im Baum und frisst. Die Tierart lebt in einer Symbiose mit Motten und Algen im Fell und bewegt sich nur äußerst langsam.

Costa Rica ist ein Biodiversität-Hotspot: üppiger Regenwald, Vulkane, Berg-nebelwald und ein Sandstrand, auf dem mir ein Ameisenbär begegnet.

Der Blauscheitelmotmot brütet direkt neben meinem Fenster.

Ein Speerreiher-Pärchen im »Hochzeitskleid«. Die nachtaktiven Vögel sind eine wahre Rarität.

Mein Tourguide David kann Vögel allein anhand ihres Gesangs bestimmen — dabei gibt es hier 923 verschiedene Arten!

Der Rotrücken-Totenkopfaffe kommt ausschließlich an der Pazifikküste Costa Ricas und im westlichen Panama vor.

Kilometerweit erstrecken sich Ananasplantagen vor mir. Die Folgen sind massive Umweltschäden, Chemikalienvergiftung und Armutslöhne.

Der rutschige, schmale Pfad rechts führt den Berg hinab in das dichte Grün. Dunstschwaden steigen zwischen den Bäumen empor: die Nebelwälder von Monteverde.

Fledermäuse sind nach Bienen die wichtigsten Bestäuberinnen der Welt.

Allein im kleinen Costa Rica gibt es 115 verschiedene Fledermausarten.

Der farbenfrohe Stirnlappenbasilisk lässt sich von der Sonne wärmen.

Der kleine Weißschulter-Kapuzineraffe beobachtet mich mindestens genauso neugierig wie ich ihn.

Die Greifschwanz-Lanzenotter ist hochgiftig.

Größer als meine Handfläche: der Blaue Morphofalter

Wochenlang bewachen wir die Nester der bedrohten Lederschildkröten, um sie vor Wilderern oder hungrigen Jaguaren zu schützen.

Die Meeresbiologin Elpis hat das Ziel, Bullenhaie vor dem Aussterben zu
bewahren. Hier erklärt sie mir die hochsensible Technik für ihre Forschung.

Die mittelamerikanische Unterart der Hellroten Aras ist stark vom Aussterben bedroht. Der Bestand in Guatemala ist in den letzten acht Jahren auf etwa zweihundertfünfzig Individuen zurückgegangen.

Hauptgrund für ihre Gefährdung ist die Abholzung der Wälder für die Vieh- und Landwirtschaft.

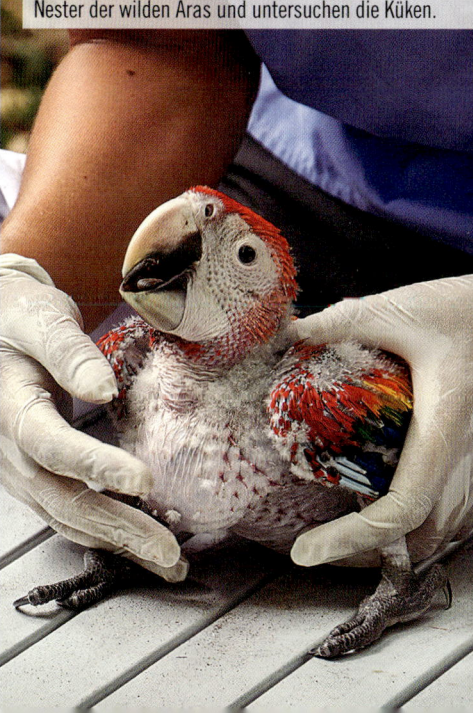

In der Brutsaison kontrollieren wir regelmäßig die Nester der wilden Aras und untersuchen die Küken.

Eine Gruppe Klammeraffen stürmt durch die Baumwipfel, ihr langer Schwanz dient ihnen als fünfter Greifarm.

Stundenlang warte ich unter Nesthöhlen oder Baumkronen, um seltene Papageien und Affen vor die Linse zu bekommen.

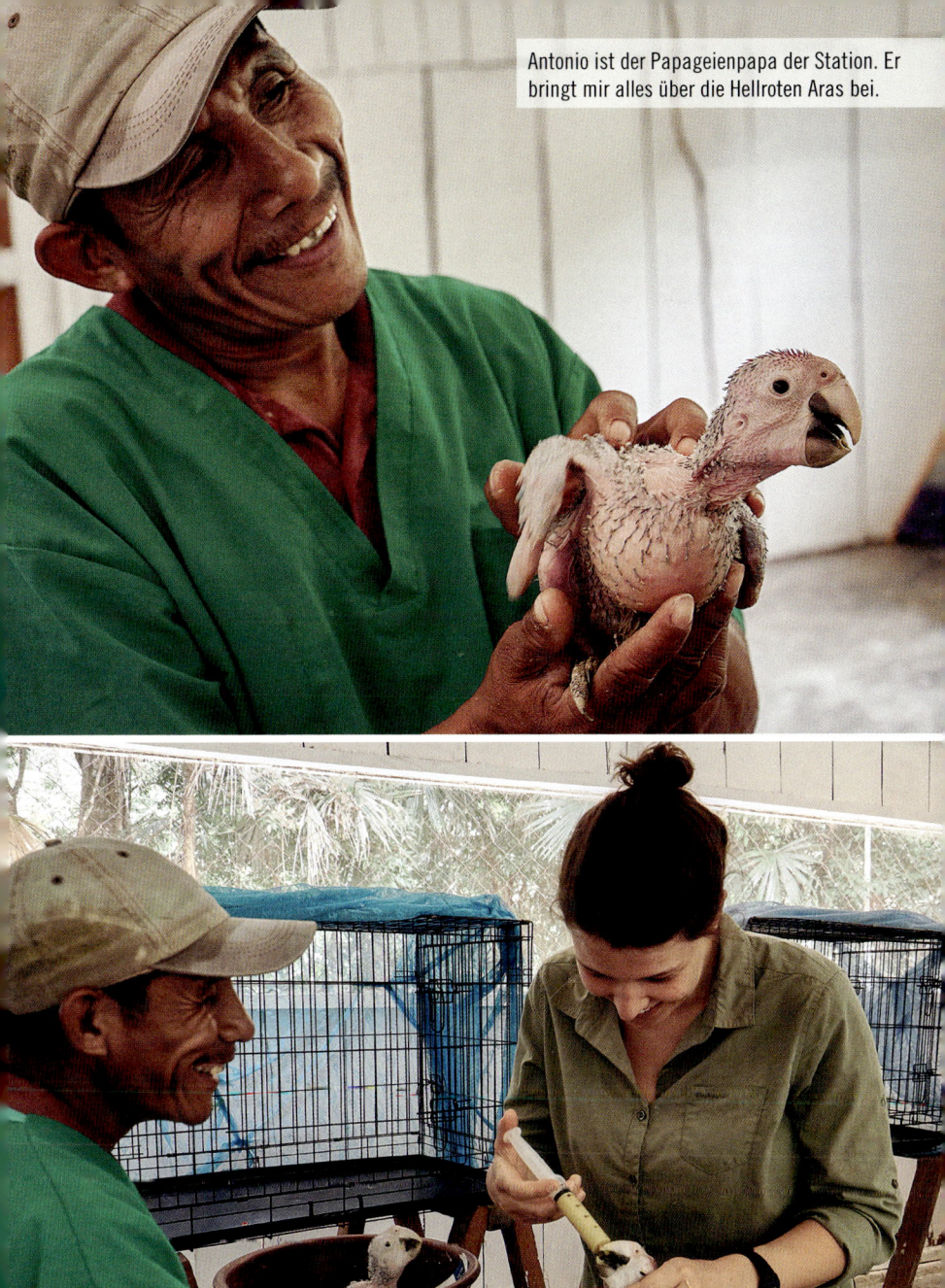

Antonio ist der Papageienpapa der Station. Er bringt mir alles über die Hellroten Aras bei.

Drei Monate ziehen wir die Küken mit der Hand auf, bevor wir sie wieder auswildern.

Jeden Morgen gegen fünf werde ich von lautem Gebrüll geweckt, doch dieser Brüllaffe tut so, als hätte er nichts damit zu tun.

Pedro zieht sich einen Schutzanzug über, um ein Ara-Nest von Bienen zu befreien.

Immer wieder gerate ich in die dicken, klebrigen Netze der gigantischen Seidenspinne.

Das Flussufer wird zum Ort des Handels: Auch Kinder bringen auf dem Weg zur Schule ihre Ware vorbei.

Die eindringlichen Blicke der Mädchen gehen mir nicht mehr aus dem Kopf.

Für den jungen Landwirt ist sein Wasserbüffel der wertvollste Besitz.

Jeden Freitag kommt der Händler auf seinem Tricycle zum Markt, um seine Reissäcke zu tauschen.

Die Kinder von Tan-Awan beschreiben in ihren Tänzen mit selbst gestalteten Kostümen den traditionellen Tauschhandel des Dorfes.

Die großen runden Augen sind charakteristisch für Lemuren, hier ein Wollmaki.

103 der 107 Lemurenarten sind inzwischen gefährdet, so auch der Coquerel-Sifaka.

Teamarbeit: Tierärztin May untersucht den Lemuren sorgfältig auf Parasiten, während ich Protokoll führe.

Ein Mundschutz ist bei der Arbeit mit Lemuren zwar nicht zwingend nötig,
Handschuhe hätte ich bei der Untersuchung damals aber besser getragen.

Madagaskar beheimatet Chamäleons
in allen Formen und Farben.

Mit dem Radiotelemetriegerät suche
ich nach einem Signal der Lemuren.

Meine Packliste für den Dschungel bleibt immer gleich: Kompass, Taschenmesser, Stirnlampe, Trinkflasche, Notfallapotheke und ein Moskitonetz dürfen nicht fehlen.

Ein Maronenlangur klettert behutsam durch das Blätterdach.

Jede Regung, jedes Geräusch im grünen Dickicht nehme ich aufmerksam wahr.

Der Langschopf-Hornvogel wird als »stark gefährdet« eingestuft.

Gibbons zählen zu den Menschenaffen – ihre Kletterkünste sind einzigartig.

Der Bindenwaran wird bis zu drei Meter groß. Durch den infektiösen Speichel führt sein Biss zu tödlichen Verletzungen.

Wildtierarzt Sergio, Primatenforscherin Danica und ich bereiten uns auf die Obduktion eines Nasenaffen vor.

Er wirkt, als würde er friedlich schlafen.

Bei Wildtiernarkosen mitten im Dschungel muss ich mich trotz Moskitos, Hitze und Geräuschen ganz auf das Tier vor mir konzentrieren.

Die Malaiische Zibetkatze hat sich von der Untersuchung erholt. Ich darf sie zurück in den Wald entlassen – mein Lieblingsmoment.

Die Borneo-Zwergelefanten sind eine zwergwüchsige Unterart. Sie kommen in Herden von bis zu hundert Tieren nur auf Borneo vor.

Mit ruhigen, präzisen Bewegungen steckt das Orang-Utan-Weibchen sorgsam Ast für Ast ineinander. Für jede Nacht baut es sich ein neues Nest.

Fast anmutig liegt der Sunda-Nebelparder während der Narkose vor mir. Wir untersuchen ihn, um die letzten 400 Tiere vor dem Aussterben zu bewahren.

Tagtäglich untersuchen wir Wissenschaftler das Verhalten der Wildtiere in Palmölplantagen (v.l.n.r. Andy, Azzumar, ich, Roshan).

Das Schuppentier ist das meistgeschmuggelte Säugetier der Welt und extrem gefährdet.

Der Borneo-Sonnenbär steht kurz vor dem Aussterben, da er vom Menschen massiv bejagt wird.

Das blaue Fliegenschnäpper-Pärchen lässt sich von mir nicht aus der Nachtruhe bringen.

Der nachtaktive Sunda-Koboldmaki kann seinen Kopf um 180 Grad drehen.

Der Dschungel zeigt sich bei Nacht von einer ganz anderen Seite: Ich entdecke seltene Echsen, bunte Frösche und gruselige Insekten.

ten ihnen den perfekten Lebensraum. Also doch noch ein bisschen Wildlife hier, denke ich sarkastisch.

Ein Bild, das mir nicht aus dem Kopf geht: Letzte Woche kontrollierte ich mit Roshan in einem neuen Gebiet die Bärenfallen. Plötzlich stießen wir zufällig auf eine frisch gerodete Regenwaldfläche. Wir kamen aus dem Wald und blickten auf riesiges, kahles Gelände: nackte, lehmige Erde, akkurat gezogene Gräben, und vereinzelte Baumstämme ragten aus dem Boden. Es erinnerte mich an eine Art Schlachtfeld. Im Hintergrund konnte ich noch die großen Bagger und Maschinen erkennen. Ein trauriger Anblick.

Gleichzeitig tauchen in meinem Kopf Videos von verletzten Orang-Utans auf, die versuchen, ihre Babys vor den Bulldozern zu schützen, und daraufhin in »Notwehr« von Menschen erschossen werden. Orang-Utans bleiben bis zu neun Jahre bei ihrer Mutter. So lange brauchen sie, um alles, was sie zum Überleben im Wald benötigen, zu lernen. Verlieren sie ihre Familie, sind sie völlig wehrlos und verhungern. Deswegen gibt es auf Borneo auch so viele Auffangstationen für die Menschenaffen. Die Stationen versuchen, die Waisen zu versorgen und auf ein Leben in der Wildnis vorzubereiten. Die Frage ist nur, wie viel Wildnis dann noch übrig ist.

Plötzlich reißt mich Sergio aus meinen düsteren Gedanken: »Hannah, Hannah! *Where are you?* Hannah!«

Aufgeregt kommt er unter den Palmenblättern hervor. Als er mich entdeckt, läuft er hastig auf mich zu und stößt außer Atem hervor: »*We've got one! We've got a clouded leopard. We have to go. Quick!*«

Ich begreife zunächst einmal gar nicht, was er da gerade gesagt hat. Andy muss ihn auf dem Handy angerufen haben, während ich hier Trübsal blies. Andrew Hearn leitet das Nebelparder-Forschungsprojekt auf der Station. Der Engländer ist absoluter Experte, was Nebelparder angeht. Schon seit sechs Jahren arbeitet er mit dieser seltenen Raubkatze.

Der Sunda-Nebelparder *(Neofelis diardi)* kommt nämlich nur auf Sumatra und Borneo vor und gilt als stark gefährdet. Die Art ist noch kaum erforscht, bisher gibt es nur wenige Daten aus der Wildnis. Andy ist einer der ersten und erfahrensten Wissenschaftler auf dem Gebiet und hat zurzeit rund um die Station Lebendfallen für die Raubkatzen aufgestellt. Er schätzt, dass es in Sabah nur noch siebenhundert Nebelparder gibt, Tendenz abnehmend.

Sergios Aufregung spricht also sehr dafür, dass Andy ihm gerade am Telefon mitteilte, einen Nebelparder in der Falle zu haben, den wir, so schnell es geht, untersuchen sollen. Die Möglichkeit, einen wilden Nebelparder zu untersuchen, ist rar, das weiß ich. Die Raubkatzen sind nicht nur selten, sondern auch extrem scheu und schwer zu fangen. Die nachtaktiven Räuber sind außerordentlich gute Kletterer und halten sich gerne auf Bäumen auf. Andy erzählte mir einmal, dass er während seiner vier Jahre intensiver Arbeit im Dschungel erst dreimal auf einen wilden Nebelparder im Wald gestoßen sei.

Wow, und dieses Tier sollen wir jetzt untersuchen? Ich spüre, wie mein Adrenalinspiegel steigt. Sergio und ich laufen zügig zum Boot zurück. Andy ist Biologe, braucht also das Tierärzteteam, um die Raubkatze gefahrlos in Narkose zu legen und zu untersuchen. Denn nur ausgebildete tierärztliche Fachkräfte dürfen Betäubungsmittel spritzen und die Tiere immobilisieren. Deswegen machen wir uns auf der Stelle auf den Rückweg zur Forschungsstation. Die restlichen Waran-Fallen bleiben heute also geschlossen.

Kurze Zeit später stehen wir im Labor und packen konzentriert unsere Untersuchungskoffer: Pulsoxymeter, Probenröhrchen, Desinfektionsmittel, Spritzen – bloß nichts vergessen, denn im Wald gibt es keinen Ersatz. Sergio schließt den Schrank mit den Betäubungsmitteln auf. Mittlerweile haben auch die anderen mitbekommen, welch seltenes Tier heute in die Falle getapst ist. Kaum jemand hat schon mal einen wilden Nebelparder aus nächster Nähe gesehen, und es herrscht großer Trubel. Leider ist neben Alut und Koko nur noch Platz für zwei weitere Hilfskräfte auf dem Boot. Ein Ziel von Andys Forschungsarbeit ist es, dem Nebelparder einen GPS-Sender als Halsband umzulegen, um seine Bewegungen verfolgen zu können. Und da Danica und Roshan durch ihre eigene Forschung am meisten Erfahrung mit den großen Sendern haben, kommen die beiden mit, um auszuhelfen.

Innerhalb einer Viertelstunde sind wir startklar: Danica und Roshan haben den Sender vorbereitet, Sergio und ich die Koffer gepackt, Alut und Koko das Boot beladen. Auf der Fahrt zu Andy und dem Nebelparder gehen Sergio und ich noch einmal das Prozedere durch. Ich bin nervös. Was erwartet uns? Sergios Anspannung färbt ein wenig auf mich ab, aber zum Glück sind wir in den letzten Monaten ein super Team geworden, und ich brauche keine Angst vor der bevorstehenden Untersuchung zu haben.

Alut steuert das Boot auf einen hohen, bewaldeten Berg zu. Eine prächtige Wand aus unterschiedlichen Grüntönen ragt vor uns in die Höhe. Das Zwitschern der Vögel liegt in der Luft. Ich mag diesen Ort sehr. Schon oft habe ich hier morgens mit Andy die Fallen kontrolliert. Die riesigen Stahlkäfige stehen ganz oben auf dem Berg, verborgen unter Ästen und Laub. Denn auf dem Bergkamm ist die Chance am höchsten, dass der Nebelparder über den schmalen Weg unbemerkt durch die Falle läuft. Sobald er in die Mitte des Käfigs gelangt, fallen vorne und hinten die Türen zu. Es passiert ihm dabei

zwar nichts, aber trotzdem beeilen wir uns, damit das Tier nicht lange in Gefangenschaft bleiben muss. Ich entdecke Andy und seinen Assistenten Azzumar am Ufer.

Andy begrüßt uns aufgeregt: »Danke, Leute, dass ihr so schnell gekommen seid. Wir haben einen Nebelparder in der hinteren Falle. Ich glaube, es ist Popeye. Das wäre natürlich super, ihm würde ich so gern einen Sender umlegen.«

Popeye ist ein Nebelparder-Männchen, das Andy hier schon oft auf den Fotos der Kamerafallen entdeckt hat, aber noch nie in Wirklichkeit zu Gesicht bekam. Jeder Nebelparder hat eine einzigartige Fellzeichnung am Hals, mit der man die Tiere auf den Fotos gut identifizieren kann. Doch Andy gab diesem Nebelparder den Namen Popeye, da auf den Fotos immer nur ein Auge zu erkennen war. Er hat schon viel gerätselt, ob die Raubkatze vielleicht in einem Kampf mit einem anderen Tier das rechte Auge verlor oder was vorgefallen sein mag. Außerdem fragte er sich, ob Popeye problemlos mit nur einem Auge in der Wildnis überleben könne. Anscheinend schon.

Mit dem Equipment beladen, steigen wir langsam den steilen Berg hinauf. Auch hier beginnt pünktlich um elf Uhr ein lautstarkes Zikaden-Konzert um uns herum. Auf den letzten Metern gibt Sergio dem Team zu verstehen, dass es hier warten soll. Lautlos klettern wir zu zweit den Abhang hinauf. Auf einmal entdecke ich ihn – den Nebelparder. Er steht aufrecht im Käfig und schaut mich eindringlich an. Natürlich hat er uns sogleich entdeckt. Ich meine sogar, ein leises Knurren zu vernehmen.

»Was meinst du, wie schwer ist er?«, flüstert Sergio.

Puh, das finde ich aus der Entfernung schwierig einzuschätzen. Dazu fehlt mir die Erfahrung.

»Zwölf Kilo?«, flüstere ich fragend zurück.

»Nee, das ist ja kein Weibchen. Ich schätze ihn auf zweiundzwanzig Kilo«, erwidert der Tierarzt.

Zum Glück ist der Kater relativ ruhig, das macht es leichter, ihn zu betäuben. Werden die Tiere hektisch, ist es schwierig, sie mit dem Betäubungspfeil gut zu treffen. Außerdem benötigen sie bei all dem Adrenalin in ihrem Blut meist eine höhere Dosis. Vorsichtig gehen wir zu den anderen zurück. Sergio dosiert die Betäubungsmittel und füllt die Pfeile. Hellabrunner Mischung: Ketamin und Xylazin, denke ich mir lächelnd. Wie fern mir der Hörsaal meiner Universität gerade scheint. Zum Glück haben wir hier keinen wilden Elefanten vor uns. So einen Großsäuger würden wir nämlich mit Etorphin betäuben – für uns in der Tiermedizin höchst gefährlich. Ein Tropfen dieses Betäubungsmittels kann für den Menschen tödlich enden.

Schnell vertreibe ich den Gedanken aus meinem Kopf und konzentriere mich auf das Hier und Jetzt. Sergio lädt die Narkosepfeile. Sie sehen in etwa so aus wie Spritzen, mit einer langen Nadel und einem pinken Puschel am Ende. Ich reiche ihm das Blasrohr. Langsam schleicht er wieder an den Nebelparder heran. Jetzt wird das Tier doch unruhig. Wahrscheinlich fühlt es sich bedroht. Sergio lässt sich davon nicht beirren und hebt das Blasrohr an die Lippen. Er zielt genau auf den Oberschenkel der Raubkatze, holt tief Luft und ... *klong,* der Pfeil prallt gegen einen Gitterstab und fällt zu Boden.

»Mist!«, murmelt Sergio.

Schnell reiche ich ihm einen zweiten Pfeil.

Er nähert sich dem knurrenden Nebelparder noch einen Meter, geht in die Hocke und holt tief Luft. Ich halte ebenfalls die Luft an. Als die unruhige Katze für einen Moment innehält, pustet Sergio energisch. Im nächsten Moment sehe ich den pinken Puschel des Narkosepfeils an Popeyes Hintern aufblitzen. Wow, genau in den *Musculus gluteus,* denke ich anerkennend. Das alles ging so schnell, dass der Vierbeiner gar nicht mitbekommen hat, was gerade passiert ist. Sergio nickt mir zu. Die Betäubungsspritze sitzt, und ich notiere die genaue Uhrzeit im Narkoseprotokoll.

Nun ziehen wir uns für einige Minuten zurück, damit Popeye in Ruhe einschlafen kann. Die anderen haben in der Zwischenzeit auf einer Lichtung eine große blaue Plane ausgebreitet: unser Untersuchungstisch. Die Untersuchungskoffer stehen bereit, und Andy hat schon den Sender für den Nebelparder in der Hand. Nach acht Minuten schleicht Sergio wieder vorsichtig an das Tier heran, um zu prüfen, ob es schon schläft.

Der schöne Kopf des Parders ist zwischen seine Vorderpfoten gesunken, und er atmet gleichmäßig. Vorsichtig berührt der Tierarzt die Raubkatze mit einem Stock durch das Gitter hindurch – keine Regung. Sergio gibt Andy ein Zeichen, die Falltür zu öffnen. Er prüft die Reflexe des Tieres, aber keine Reaktion. Popeye scheint tief und fest zu schlafen. Es kann losgehen.

Ich halte den Zeitpunkt im Protokoll fest. Vorsichtig tragen wir den schlafenden Kater auf die Lichtung. Flink streiche ich Augensalbe auf, damit die Augen nicht austrocknen, und dunkele sein Gesicht zur Beruhigung mit einem schwarzen Stoff ab. Sergio zieht zwei weitere Spritzen auf: eine mit Betäubungsmittel, falls die Raubkatze wieder wach wird, bevor wir fertig sind, und eine mit dem Gegenmittel, falls sie aufhört zu atmen. Dies zu überwachen ist nun also meine Aufgabe. Behutsam befestige ich das Pulsoxymeter an der Zunge des Tieres, um Sauerstoffsättigung und Puls zu kontrollieren. Ich traue meinen Augen nicht, als ich dafür das Maul des Nebelparders öffne: Noch nie habe ich solch gewaltige Zähne gesehen. Die Eckzähne der Raubkatze erinnern an die eines Säbelzahntigers. Später erfahre ich, dass Nebelparder im Vergleich zur Schädelgröße wirklich die größten Eckzähne unter allen Raubkatzen besitzen – Wahnsinn! Ich notiere Atemfrequenz, Körpertemperatur und Puls des Tieres in meinem Protokoll und höre das Herz ab.

Erst dann habe ich einen Moment Ruhe, um mir den Nebelparder genauer anzuschauen: ein wunderschönes Tier. Fast anmutig liegt er mit seinen großen Tatzen und dem langen Schwanz vor mir. Der dient ihm beim Klettern als Balancierhilfe, und die langen Krallen geben Halt. Nebelparder können Baumstämme sogar kopfüber absteigen, erklärte mir Andy einmal stolz. Deswegen nennen die Einheimischen sie auch *Harimau Dahan* – Baumtiger. Doch am meisten fasziniert mich die einzigartige Fellzeichnung des Tieres. Am Rücken sind große, unregelmäßige schwarze Flecken auf dem braunen Fell zu erkennen. Sie sind gefüllt mit vielen kleinen Punkten und werden in Richtung der Pfoten immer kleiner. Ich finde, sie erinnern wirklich an Wolken.

Daher stammt nämlich auch der Name: Nebelparder – *Clouded Leopard*. Ungläubig streiche ich der Katze über das schöne Fell. Einerseits, weil Sergio mir aufgetragen hat, nach Zecken und anderen Hautparasiten zu suchen, aber auch, weil ich unbedingt wissen möchte, wie es sich anfühlt. Es ist ganz weich und dicht.

Jedes Teammitglied erledigt konzentriert seine Aufgaben: Azzumar misst den Nebelparder mit einem Maßband aus, und Danica notiert die Ergebnisse. Roshan und Andy bringen das Halsband mit dem Sender an, und ich helfe Sergio bei der Blutabnahme. Dabei haben wir natürlich immer Atmung und Herzfrequenz des Tieres im Blick. Schließlich sind wir für die Gesundheit des Patienten sowie die Sicherheit des gesamten Teams verantwortlich.

Nach genau zweiundvierzig Minuten sind wir fertig. Alle Proben sind eingetütet und beschriftet und der GPS-Sender befestigt. Zu viert tragen wir Popeye zurück in den großen Käfig, und Sergio gibt ihm die Aufwachspritze. Er deckt den Käfig mit der großen Plane ab, um dem Tier noch etwas Ruhe zu gönnen. Als die Raubkatze schläfrig ihre Augen öffnet, sind Sergio und ich erleichtert. Es hat alles gut geklappt! Ein prägendes Erlebnis, das ich nie wieder vergessen werde. Doch die Arbeit ist noch nicht getan. Über fünf Stunden müssen wir hier noch warten, bis der Nebelparder ganz wach und wieder voll reaktionsfähig ist. Würden wir ihn schon früher freilassen, bestünde die Gefahr, dass er, noch müde von der Narkose, Entfernungen nicht richtig einschätzen, vom Baum stürzen und sich verletzen könnte. Also macht sich die eine Hälfte des Teams schon auf den Rückweg zur Station, und nur Sergio, Andy und ich bleiben zurück.

»Hebt uns etwas vom Mittagessen auf!«, ruft Sergio den anderen noch hinterher.

Während wir hier wartend auf der Lichtung stehen und den Zikaden lauschen, frage ich Andy über sein Forschungsprojekt aus: »Das Hauptziel deiner Studie ist es, die Populationsdichte der Nebelparder auf Borneo zu erfassen, oder?«

»Nicht nur«, antwortet er. »Wir haben zwar in den letzten Jahren in den Wäldern Sabahs intensive Untersuchungen mit Kamerafallen durchgeführt, um die Populationsdichte der Sunda-Nebelparder zu schätzen. Doch unser Hauptziel ist es nun, die Einflüsse von Straßen, Palmölplantagen und menschlichen Siedlungen auf die Fortbewegung der hier lebenden Nebelparder zu bewerten.«

Ich nicke interessiert.

»Denn wie du weißt, sind die Regenwälder Borneos, obwohl sie immer noch einige der größten zusammenhängenden Waldflächen in Südostasien enthalten, vor allem aufgrund der selektiven Holzgewinnung und der anschließenden Umwandlung in Palmölplantagen weltweit am stärksten von Abholzung betroffen.«

Oh ja, das habe ich hier schon mit eigenen Augen beobachten müssen.

»Anhand dieser Informationen und der GPS-Daten unserer Sender können wir eine Karte des Landschaftswiderstands erstellen, um potenzielle Barrieren und Korridore für die Bewegungen der Nebelparder in diesem anthropogen veränderten Lebensraum zu identifizieren«, fährt Andy in Fachsprache fort.

»Das heißt, du erstellst eine Landkarte, auf der intakter Regenwald, Siedlungen und Straßen eingezeichnet sind, aber eben auch die abgeholzten Flächen und Plantagen?«, hake ich nach.

Er nickt.

»Und darauf erkennt man dann zum Beispiel die Standorte von Popeye?«

»Ganz genau!«, stimmt Andy mir zu und holt sein Handy aus der Hosentasche. »Guck mal, auf dieser Karte habe ich schon die GPS-Daten zweier Nebelparder eingetragen: Die roten Punkte stammen von einem Weibchen, die violetten von einem Männchen.«

Eingehend betrachte ich die Landkarte auf seinem Handy. »Das sieht ja so aus, als würden die beiden Tiere sich nur in den dunkelgrünen Bezirken aufhalten?«, frage ich nach.

»Und das ist der springende Punkt«, stimmt Andy mir zu. »Wir konnten nachweisen, dass die Plantagen von Nebelpardern gemieden werden. Mehr noch, die Tiere durchqueren die offenen Gebiete nicht einmal. Sie wirken wie eine Barriere und zerschneiden ihren Lebensraum.«

Betroffen schüttele ich den Kopf: »Und das gilt nicht nur für die großen Raubtiere, stimmt's? Auch Orang-Utans können sich in den Plantagen kaum fortbewegen und finden kein Fressen.«

Andy nickt wieder.

»Es ist also nicht nur der Verlust des Regenwalds, sondern auch die Fragmentierung seiner Lebensräume, die Borneos Wildlife das Leben schwer macht?«

»*Absolutely!* Die Plantagen drängen Nebelparder und andere große Arten in immer kleinere Gebiete der Wälder zurück und schneiden ihnen den Weg in andere Waldstücke ab. Damit steigt die Populationsdichte in den einzelnen Waldfragmenten, Revierkämpfe werden zum Problem, und das Nahrungsangebot sinkt drastisch. Ich meine, schon jetzt ist das Sumatra-Nashorn ganz aus Sabah verschwunden. Umweltschützer befürchten, dass der Borneo-Zwergelefant als Nächstes aussterben wird«, fügt Andrew traurig hinzu.

»Was?«, rufe ich erschrocken. »Die Zwergelefanten? Das wäre ja furchtbar!«

»Und genau deswegen sind wir hier, Hannah!«, sagt Andy und klopft mir aufmunternd auf die Schulter. »Wir Wissenschaftler versuchen, die Verbreitungsmuster und Lebensweise der Tiere zu studieren, um dann nach Lösungsansätzen zu suchen, in denen Mensch, Tier und Wirtschaft möglichst konfliktlos nebeneinander existieren können. Tagtäglich kämpfen wir im Field Centre dagegen an, damit die Palmölplantagen nicht bis an den Kinabatangan-Fluss gebaut werden. Denn das schneidet den Wildtieren auch noch den Weg zum Wasser ab. Stattdessen versuchen wir, einen mindestens drei Kilometer großen Korridor Regenwald entlang des Flusses zu erhalten, um damit den Tieren einen Zugang zum Wasser und zu den verschiedenen Waldfragmenten zu ermöglichen. Aber durch die politischen Strukturen und die Korruption vor Ort scheint auch dieser Kampf oft aussichtslos.«

Nachdenklich setze ich mich, mit dem Rücken an einen Baumstamm gelehnt, auf den Waldboden. Diese Problematik hatte ich während der letzten drei Monate tagtäglich vor Augen: auf der einen Seite die umwerfende Schönheit von Natur- und Tierwelt und auf der anderen die drastische Zerstörung und Fragmentierung von Lebensraum. Und genau deshalb habe ich mich als Tiermedizinerin auch für die *Conservation Medicine* entschieden. Es reicht mir nicht aus, mich um die Gesundheit des Einzeltiers zu kümmern, sondern ich möchte die Gesundheit einer Spezies in Kontext mit ihrer Umwelt setzen. Das hat mir die Arbeit auf Borneo noch einmal klar vor Augen geführt.

Als wir Popeye nach knapp fünf Stunden wieder in die Wildnis entlassen, spüre ich die Anspannung des Tages von mir abfallen. Wie ein Geist verschwindet die wunderschöne Raubkatze geschmeidig und fast lautlos in den Tiefen des Waldes. Dieser Anblick macht mir Hoffnung. Aber Andys Worte hallen noch in meinem Kopf nach: »Weißt du, Hannah, die Lage ist dramatisch. Und die Abholzung und Waldbrände nehmen auch auf Borneo jedes Jahr weiter zu. Aber trotzdem dürfen wir Umweltschützer niemals die Hoffnung verlieren. Die Daten unserer Untersuchung heute können dazu beitragen, eine ganze Art vor dem Aussterben zu bewahren. Das ist doch etwas Tolles!« Und ich finde, da hat er verdammt recht.

Zwei Wochen ist die aufwühlende Begegnung mit dem Nebelparder nun schon her, und mein Aufenthalt im Dschungel neigt sich dem Ende zu. Ein letztes Mal laufe ich nach getaner Arbeit in Gummistiefeln den *Main Path* entlang. Das vorerst letzte Mal. Meine Schritte werden langsamer. Ich versuche, mir jeden Baum genau einzuprägen und die Geräusche und Gerüche um mich herum noch einmal intensiv wahrzunehmen. Es ist später Nachmittag, eine der schönsten Zeiten im Wald, wenn die Sonne schon tief steht und ihr goldenes Licht durch die Blätter fällt. Verrückt, wie oft ich diesen Weg in den letzten drei Monaten gelaufen bin: mal völlig verschlafen und schweigend, mal aufgeregt diskutierend nach erfolgreicher Arbeit, mal besonders schnell mit Vorfreude auf die bevorstehende Mahlzeit, mal erschöpft auf den Boden starrend, mal vor Moskitos fliehend, mal klitschnass mit schmatzendem Wasser in den Gummistiefeln, und manchmal saß ich auch einfach nur stundenlang auf den steinernen Platten, um Tiere zu beobachten.

Meine Zeit im Dschungel ist schneller vergangen, als ich es für möglich gehalten hätte. Ich verabschiede mich von Berta, der Vogelspinne, und spähe ein letztes Mal unter die vom Skorpion bewohnte Wurzel. Keinen Moment hier möchte ich missen. Ich habe interessante Forschende kennengelernt, die mir tiefe Einblicke in ihre Arbeit gewährten und mich mit ihrer Passion, ihrer Ausdauer und ihrer unendlichen Geduld nachhaltig beeindruckten. Ich habe mit Einheimischen gelebt, die mir mit ihrer fröhlichen Art, ihren spannenden Geschichten und ihrem unerschöpflichen Wissen über den Wald das Herz öffneten. Das alles auf engstem Raum, unter extremen Bedingungen und ohne eine Ausweichmöglichkeit. Eine tolle Erfahrung, Teil eines Teams zu sein, das dieselbe Mission verfolgt: Arten studieren, um sie schützen zu können.

Als wir an meinem letzten Abend zusammensitzen, letzte Fotos und Kontaktdaten austauschen, werde ich zum Abschied mit einem echten, saftigen Schokoladenkuchen von Sheila und den anderen überrascht. Ich kann mein Glück kaum fassen. Und nicht nur ich beäuge das Prachtexemplar sehnsüchtig, schließlich ist Schokolade hier absolute Mangelware. Als ich begeistert, gerührt und grinsend den Kuchen in den Händen halte, merke ich, wie von hinten etwas Hartes auf meinem Kopf zerbricht und mir anschließend klebrig den Rücken herunterläuft. Rohes Ei. Ein zweites kommt von links. Und dann noch eins. Zum krönenden Abschluss wird mir noch eine Schüssel Mehl über den Kopf geschüttet – der gebührende Abschied aus dem Dschungel. Bei Aluts lautem Lachen hinter mir beschleicht mich das leise Gefühl, dass dieses Ritual der Station irgendwann einmal auf seinem Mist gewachsen ist. Mindestens jedoch heute Abend. Noch ein letztes Gruppenfoto – Mensch, was wird mir meine Dschungelfamilie fehlen! Als ich zu meinem Zimmer eile, um noch schnell die Eischalen und Mehlbrocken aus meinen Haaren zu entfernen, bevor der Strom ausgeht, muss ich lächeln: »Bis bald, Borneo!«, flüstere ich in den gewaltigen Sternenhimmel über mir.

In diesen letzten drei Monaten habe ich etwas Wichtiges über den Dschungel und mich gelernt: Es ist imposant zu spüren, welche Kraft von der Natur ausgeht. Dass der Mensch eben nicht die Kontrolle über alles haben kann, trotz des technischen Fortschritts. Ich verspüre große Furcht vor kleinen Hundertfüßern oder einer Kobra im Unterholz und bin Moskitos und Blutegeln schutzlos ausgeliefert. Ein tropischer Regen lässt die ganze Welt stillstehen. Ehrlich gesagt brauche ich nach meiner Rückkehr aus dem Dschungel erst einmal wieder etwas Zeit, um mich an mein Zuhause in Deutschland zu gewöhnen. Ich muss mich ermahnen, nicht automatisch das Essen in unserer WG-Küche in ameisensichere Tupperdosen zu verstauen. Sobald es dunkel wird, nicht mehr reflexartig nach meiner Stirnlampe zu tasten. Die Schuhe nicht jedes Mal auszuschütteln.

Und vor allem fehlen mir die Geräusche des Dschungels zum Einschlafen und die singenden Vögel zum Aufwachen.

TEIL IV

COSTA RICA – DAS ÖKO- PARADIES?

11.

DIE BITTERE WAHRHEIT DER SÜSSEN ANANAS

Ein Jahr ist seit meinem Aufenthalt auf Borneo vergangen. Und obwohl es mittlerweile auch in Deutschland Sommer geworden ist, zieht es mich zurück in den Dschungel. Diesmal nach Costa Rica. Kolumbus nannte das Land damals »reiche Küste«, als er es vor fünfhundert Jahren »entdeckte« (natürlich bewohnte schon lange vor seiner Zeit die Urbevölkerung den Kontinent), denn er vermutete Gold und Edelsteine an Costa Ricas prächtigen Küsten.

Doch für mich hat dieses kleine zentralamerikanische Land viel mehr zu bieten: Mit einer Fläche so groß wie Belgien gilt es als einer der an Biodiversität reichsten Orte der Erde. Es liegt zwischen Nicaragua und Panama und wird umrahmt vom Pazifik im Westen und dem Karibischen Meer im Osten. Zwischen weißen Sandstränden, karibischem Flair und Surf-Paradiesen befinden sich im Landesinneren Bergnebelwälder und Vulkane, üppige Regenwälder und touristenfreundliche Nationalparks.

Denn Costa Rica hat sich den Naturschutz auf die Fahne geschrieben: Das Land gewinnt quasi 100 Prozent seines Strombedarfs aus regenerativen Quellen, und auch der Ökotourismus wird stark gefördert. In den 1950ern schaffte Costa Rica sein gesamtes Militär ab und investierte das Geld fortan lieber in Bildung und Gesundheitsprogramme. Klima-, Natur- und Waldschutz werden als wichtiger Bestandteil der staatlichen Umweltpolitik angesehen, und rund 27 Prozent der Landesfläche stehen unter Naturschutz.

Also ein Land ganz nach meinem Geschmack – und ein großes Glück für die heimische Tier- und Pflanzenwelt. Ich erlebe Costa Rica als ein durchmischtes und fortschrittliches Land, das stark von anderen kulturellen Einflüssen geprägt ist. Die Bevölkerung setzt sich aus Menschen unterschiedlicher Herkunft zusammen, den typischen *Tico* (umgangssprachlich für den Costa Ricaner) gibt es nicht. Ich möchte mich dieser Vielfalt anschließen und nehme mir für die nächsten Monate unterschiedliche Projekte vor: Ich werde mit verletzten Wildtieren arbeiten, an Fledermäusen forschen, Bullenhaie besendern und Schildkröteneier bewachen. Aber alles schön der Reihe nach.

Schon von Deutschland aus bewerbe ich mich für ein freiwilliges Praktikum auf der Toucan Rescue Ranch, einer lokalen Wildtierauffangstation. Ich möchte die andere Seite des Artenschutzes kennenlernen: Was geschieht mit verletzten Wildtieren, die von Autos angefahren oder von Baggern vertrieben wurden? Ist eine Wiederauswilderung überhaupt möglich?

Selbst in einem Land wie Costa Rica führen das Bevölkerungswachstum, der Ausbau der Infrastruktur und die intensive Landwirtschaft dazu, dass die Tiere in immer kleinere Gebiete zurückgedrängt werden und die Berührungspunkte zwischen Mensch und Tier zunehmen. Verletzte Faultiere oder Ameisenbären am Straßenrand sind leider keine Seltenheit mehr. Auf diese Tiere hat sich die Auffangstation spezialisiert.

San José. Nach ausführlichen Fragebögen und Bewerbungs-interviews über Skype sagt mir die Station also mein Praktikum zu. So stehe ich nun wieder in der Ankunftshalle eines fremden Flughafens und halte nach dem nächsten Bankautomaten Ausschau. Eine Flasche Wasser und einheimisches Bargeld sind immer die ersten Besorgungen, die ich in einem fremden Land tätige. Überhaupt kein Problem hier am Hauptstadtflughafen von San José. Die bunten Colones-Scheine, die der Automat ausspuckt, sind wunderschön: In schillernden Farben begrüßen mich Bullenhaie, Kapuzineraffen, Faultiere und Kolibris – Wildlife scheint hier wirklich an oberster Stelle zu stehen.

Ein rabenschwarzer Himmel empfängt mich, als ich durch die Glastüren nach draußen trete. Schwüle, feuchte Luft strömt mir entgegen. Schnell flüchte ich durch den strömenden Regen in ein Uber. Der Taxifahrer stellt sich mir als Diego vor und erweist sich als sehr redselig. Als er erfährt, dass ich Tierärztin bin, berichtet er mir begeistert von all den Tieren, die er schon mal gesehen hat. Zwar habe ich vor meiner Reise einen Spanisch-Intensivkurs belegt, doch der junge Herr legt ein solches Tempo vor, dass es mir schwerfällt, ihm zu folgen. Ein weiteres Ziel meines Aufenthalts: Spanisch lernen. Deswegen wohne ich die nächsten vier Wochen auch in einer Gastfamilie nahe der Auffangstation. So bin ich quasi permanent von Spanisch umgeben und bekomme gleichzeitig einen tieferen Einblick in die costa-ricanische Kultur.

Eine halbe Stunde brauchen wir, um dem Getümmel der Stadt zu entkommen. Allerdings müssen wir dreimal die gleiche Straße entlanggefahren, um die richtige Einfahrt zum Grundstück meiner neuen Gastfamilie zu finden. Wir werden von lautem Gebell begrüßt. Sechs Hunde in allen Farben und Größen rennen begeistert auf das Auto zu und kündigen meine Ankunft an. Diego möchte bei aller Tierliebe nun doch lieber im Auto sitzen bleiben. Ich hieve meinen großen Wanderrucksack aus dem Kofferraum, verabschiede mich von dem Taxifahrer und schaue mich um: Es ist schon dunkel geworden, doch zum Glück hat es aufgehört zu regnen. Fünf Häuser mit einladenden Terrassen und großen Carports stehen entlang des Hügels. Auf Google Maps habe ich herausgefunden, dass mein neues Zuhause an den bergigen Nationalpark Braulio Carrillo grenzt – eine tolle Gelegenheit zum Wandern und Tiereaufspüren. Hinter mir erstreckt sich ein Meer aus Lichtern.

Während ich noch überlege, woher wohl all diese Lichter stammen, kommt eine sportliche, braunhaarige Frau mit freundlichem Lachen aus einem der Häuser auf mich zu. Den Fotos zufolge muss das Maria sein, meine Gastmama.

»¡Hola, Hannah, bienvenidos! Welcome! ¡Pura vida!«, werde ich mit einer herzlichen Umarmung begrüßt. »Beeindruckend, oder? Diese Lichter. Das ist San José. Aus der Ferne sieht die Chaosstadt ganz nett aus, doch ich sage dir, zum Glück wohnen wir hier so schön ruhig und naturnah. Schön, dass du da bist. Hast du Hunger?«, fährt sie unbeirrt auf Spanisch fort.

Das ist typisch Maria, wie ich in den nächsten Wochen erfahren werde. Sie redet wie ein Wasserfall auf mich ein, möchte mir nonstop etwas zu essen anbieten und wird zu meiner besten Spanischlehrerin. In dem Haus der Familie fühle ich mich auf Anhieb wohl. Der große Küchentisch, die gemütliche Sofaecke und die freundliche Hündin Zuka erinnern mich an mein eigenes Zuhause. Alles ist offen und hell gestaltet, und ich merke schnell, dass Marias Haus Anlaufpunkt für die gesamte Großfamilie ist. Und die ist wirklich groß.

»Familie ist hier in Costa Rica sehr wichtig«, erfahre ich von Maria. »Ein Großteil meiner Verwandten lebt hier in der Nähe. Allein ich habe noch acht Geschwister. Aber keine Sorge, Hannah, die wirst du in der nächsten Zeit alle kennenlernen.«

Als ich nach einer kurzen Dusche mit Marias Familie beim Abendessen sitze, werden schon die ersten neuen Vokabeln für mich an die Tafel neben dem Kühlschrank geschrieben: *zanahoria* – Möhre, *buen provecho* – guten Appetit. Es fühlt sich schnell so an, als lebte ich schon ewig hier. Und in der Tat wird Marias Familie für mich meine *family away from home,* mit der ich auch Jahre später noch in regem Kontakt stehe.

Die beiden wohl wichtigsten Vokabeln in Costa Rica sind *pura vida* – übersetzt: einfaches Leben. Doch für die *Ticos* bedeutet es so viel mehr als das. Es ist eine Lebensphilosophie. Es hat mit ihrer Gelassenheit, Dankbarkeit und der Liebe zu ihrem Land und der Natur zu tun. *Ticos* lassen sich ungern stressen, sie nehmen die Dinge so, wie sie sind. Die Familie ist *pura vida,* genau wie der Respekt gegenüber Tieren. »*Pura vida*«, sagt man zur Begrüßung, zum Abschied, als Dankeschön oder zur eigenen Gemütslage. Ein einmaliges Lebensgefühl, das ich nun fest in mein Herz schließe.

Die Arbeit auf der Wildtierauffangstation ist beschwerlich und interessant. Jeden Tag schneide ich Unmengen an Früchten für die Bewohner der Rescue Ranch. Den Ottern dagegen serviere ich frischen Fisch. Ein schöner Anblick, wie der Regenbogentukan *(Ramphastos sulfuratus)* jedes Papayastück einzeln mit der Spitze seines gewaltigen Schnabels erst in die Luft wirft, um es dann mit einem Happsen aufzufangen. Der farbenprächtige Vogel wird auf zahlreichen Prospekten mit Reiseangeboten in Costa Rica abgebildet und ist mir seit dem Praktikum in San Diego sehr vertraut geworden. Ich kann meinen Blick nur schwer von dem faszinierenden Tier abwenden, allein in seinem Schnabel entdecke ich sechs verschiedene Farben.

Ein weiteres Aushängeschild für Costa Rica ist das Faultier. Und tatsächlich laufen viele Mitarbeitende der Auffangstation mit einem Faultierbaby um den Hals herum, als Ersatz für den Körperkontakt zum Elterntier, den die kleinen Waisen suchen. In einem abgesperrten Bereich gibt es sogar einen kleinen Kindergarten für Faultiere, in dem die süßen Kerlchen Klettern üben, Artgenossen kennenlernen, fressen und vor allem schlafen. Es macht Spaß, jeden Tag die Affen, Vögel, Grisons und

Stachelschweine zu füttern, viele fressen sogar aus der Hand. Auch das Säubern der Käfige, das Aufsammeln von Kot und die Reinigung der Futternäpfe gehören selbstverständlich dazu, wenn man mit Tieren arbeitet.

Doch mit der Zeit erinnert mich die Ranch eher an einen Zoo als an eine Auffangstation für Wildtiere. Wieso werden die Wildtiere mit der Hand gefüttert? Und wieso sind die meisten Tiere schon so viele Jahre hier?

Zu den Aufgaben der Freiwilligen zählt, neben der Pflege der Tiere, ebenso das Führen von Besuchsgruppen durch die Station. Was ich auf der einen Seite für wichtig erachte, da hier Aufklärungsarbeit für den Lebensraumverlust der Tiere geleistet wird. Außerdem ist die kleine Ranch auf Eintrittsgelder und Spenden angewiesen, um die Tiere zu verpflegen und die festen Arbeitskräfte zu bezahlen. Aber trotzdem frage ich mich, ob diese intensive Gewöhnung an den Menschen der richtige Weg ist. Als ich eine Mitarbeiterin nach der Wiederauswilderung frage, bekomme ich keine eindeutige Antwort. Ich fände es wichtig, die Faultiere zum Beispiel über einen GPS-Sender weiterzuverfolgen, um zu kontrollieren, ob sie in der freien Wildbahn überleben können. Klar, die kleine Krankenstation versorgt verletzte Wildtiere, die sonst keine Chance zum Überleben hätten. Eine wichtige Hilfeleistung, das steht außer Frage. Aber trotzdem bin ich mir nicht vollkommen sicher, ob ich hinter dem Konzept der Wildtierauffangstation stehen kann, wenn es mich mehr an einen Zoo als an Forschung, Wiederauswilderung und Lebensraumschutz erinnert.

Meine Erfahrung hat mir gezeigt, dass wir als Touris besonders aufmerksam sein müssen, welche Einrichtungen wir in fremden Ländern besuchen. Unsere Intention ist meist, wilde Tiere zu sehen, ihnen etwas Gutes zu tun und ihre Wiederauswilderung zu unterstützen. Aber sobald zum Beispiel Fotos mit Wildtieren angeboten werden – ein süßes Faultier auf dem Arm oder ein Äffchen auf der Schulter –, ist das inakzeptabel.

Wilde Tiere sollten nicht von Menschen angefasst werden, vor allem nicht von Laien. Auch wenn auf diese Weise tolle Instagram-Fotos entstehen, zerstört man für das Tier damit den Weg in ein Leben in Freiheit.

Außerdem sollten wir beim Besuch dieser Einrichtungen auf die Haltung der Tiere achten. Ist sie artgerecht? Wie groß sind die Gehege? Welche Beschäftigungsmöglichkeiten gibt es? Wie hoch ist die Erfolgsrate bei der Auswilderung? Da können wir auch ruhig mal nachfragen.

Häufig bleiben die Tiere nicht, wie erwartet, wenige Monate auf der Station, sondern viele Jahre. Ich brach mein Praktikum in der Wildtierauffangstation nach zwei Wochen ab, da ich mich mit der Arbeit nicht identifizieren konnte.

Wir alle tragen eine Verantwortung für den Artenschutz – sogar als Touris im Urlaub. Jedes Eintrittsgeld zu einem Wildlife Rescue Center oder einer Wildlife Sanctuary kann eine Stimme für oder gegen das Wohlergehen der Tiere sein. Deswegen sollten wir uns vorher gut über die Ziele der Einrichtung informieren.

Generell müssen wir beim Tourismus mit wilden Tieren sehr vorsichtig sein: Immer häufiger werden Wildtiere in Nationalparks angefüttert, damit die Besucherinnen und Besucher schönere Fotos schießen können – dabei ist das strengstens verboten. Ich habe schon Horrorstorys gehört von Wildtieren, die sediert und am Wegesrand für die Gäste platziert wurden, damit diese zufrieden von ihrer Tour zurückkehren. So etwas ist mir persönlich zum Glück noch nicht passiert, aber als Reisende muss ich vor solchen Fallen immer auf der Hut sein.

Cahuita. Schon während meiner ersten Woche in Zentralamerika lerne ich David kennen – eine besondere Begegnung. Der Biologe ist waschechter Costa Ricaner und hat sich in den letzten zehn Jahren auf Vögel spezialisiert. Außerdem ist er als Tourguide in den Regenwäldern des Landes unterwegs und leitet

Vogelexpeditionen. David hat acht Monate lang in einer Gastfamilie in Köln gelebt, um Deutsch zu lernen, und so können wir gemeinsam prima an unseren Sprachkenntnissen arbeiten. Vor allem aber teilen wir eins: die Liebe zur Natur.

Mit David unternehme ich zahlreiche Ausflüge, lerne abgelegene Natur-Highlights kennen, sehe die seltensten Tiere des Landes und erfahre von ihm so viel über die einheimische Flora und Fauna. Einen besonders schönen Ausflug unternehmen wir zusammen an der Karibikküste:

Es ist 6 Uhr morgens. Ich sitze auf dem wackeligen Plastikstuhl in einem aus Holzplanken zusammengezimmerten Restaurant und schaufele mir hungrig einen Berg Reis mit Bohnen in den Mund. Nie im Leben hätte ich es in Deutschland für möglich gehalten, zu solch früher Tageszeit begeistert Reis in mich hineinzustopfen, doch hier habe ich mich schnell daran gewöhnt. Tatsächlich brauche ich die Energie auch für die langen Wanderungen durch den Wald.

Seit fünf Tagen reise ich mit David die Ostküste entlang. Nach langem Aufenthalt auf der Schildkröten-Insel Tortuguero und in dem Rastafari-Dorf Puerto Viejo möchten wir heute den Cahuita-Nationalpark erkunden. David macht das frühe Aufstehen überhaupt nichts aus. Ganz im Gegenteil, der Ornithologe ist eh meist vor dem Weckeralarm um fünf Uhr wach.

»Das ist die beste Zeit, um Vögel zu beobachten. Da kann ich doch nicht im Bett liegen bleiben. *¡Pura vida!*«

Außerdem liebt David *Rice and Beans*, das Nationalgericht der Karibik mit Kokosmilch und *Patacones*, frittierten Bananen. »*Qué riiico* – dafür stehe ich besonders gerne früh auf!«, fügt er augenzwinkernd hinzu.

Ich bin beeindruckt, wie viel der Costa Ricaner essen kann. David ist einen Kopf kleiner als ich, aber es passt doppelt so viel in ihn rein. Dafür ist er aber auch den ganzen Tag draußen unterwegs: fotografiert, führt Touren oder sucht nach seltenen Vögeln. Ich habe das Gefühl, der Lockenkopf schläft sogar mit seinem Fernglas um den Hals. Es beeindruckt mich, wie David seine ganze Energie der Aufklärung und dem Erhalt der einzigartigen Natur Costa Ricas widmet. Vögel bestimmt er locker allein anhand ihres Gesangs – dabei gibt es hier neunhundertdreiundzwanzig verschiedene Arten. Dazu kommen noch die vielen Frösche, Reptilien und Säugetiere, die er mir erklärt. So toll!

Sein aufgeregter, glücklicher Gesichtsausdruck, sobald er einen seltenen Vogel entdeckt, ist unvergesslich. Wie ein kleines Kind vorm Weihnachtsbaum.

Während wir noch unseren Kaffee austrinken, stecken wir schon unsere Köpfe in die Bestimmungsbücher. Welche Tierarten kommen in dieser Region vor? Wonach halten wir Ausschau? Welche Zugvögel rasten zurzeit hier, und was wollen wir heute zu Gesicht bekommen?

Wie jeden Morgen sucht sich jeder ein Tier aus, das er unbedingt aufspüren möchte.

»Bitte ein Dreifinger-Faultier«, sage ich aufgeregt. »In Deutschland sprechen alle von dem kuriosen Tier mit dem süßen Gesicht. Aber in freier Wildbahn habe ich noch nie eins gesehen.«

»Ach, das wird kein Problem«, winkt David ab. »Die gibt es hier zuhauf. Die Kunst besteht nur darin, sie in den Baumkronen zu entdecken, schließlich sind sie meist zu einem felligen Knäuel zusammengerollt und bewegen sich kaum – also leicht zu übersehen. Aber so ganz verstehe ich diesen Faultier-Hype ja nicht ...«, fügt er noch hinzu.

»Wie meinst du das? Die sind doch wirklich ziemlich niedlich.«

»Na ja, wenn man bedenkt, dass sie in Symbiose mit Motten und Algen in ihrem Fell leben ... Meiner Meinung nach nicht ganz so hygienisch. Wusstest du, dass ihr Fell extra so aufgebaut ist, dass die Algen darin besser wachsen können? Die Grünfärbung des Fells bietet dem Faultier eine bessere Tarnung, wenn es eine Woche lang im Baum hängt.«

»Haha, nein, das wusste ich nicht, aber das hat die Natur ja wieder mal schlau gelöst. Dass ein Tier einen so langsamen Stoffwechsel haben kann, dass es nur einmal die Woche für sein Geschäft auf den Boden kommen muss, finde ich faszinierend. Aber *dir* hat ein Faultier natürlich zu wenig Federn«, füge ich grinsend hinzu.

»Ganz genau! Ich möchte heute viel lieber den *Black-chested Jay* finden – *Cyanocorax affinis*!« Begeistert deutet David auf einen lila-schwarz-gelb gefärbten Vogel in seinem Bestimmungsbuch »Birds of Costa Rica«. »Das ist ein seltener Vogel aus dem Süden des Landes, der um diese Zeit hier vorbeikommen sollte. Etwas ganz Besonderes, den hier zu sehen!«

David fuchtelt angeregt mit den Armen in der Luft. Ich kann mit all den unterschiedlichen Vogelarten noch nicht so viel anfangen, mein Wissen beschränkt sich eher auf Kolibris, Papageien und Tukane – aber das kann sich natürlich noch ändern.

»Bist du startklar?«, fragt David etwas ungeduldig. »Es wird immer wärmer.«

Ich nicke und packe meine Sachen zusammen. David hat recht, schon jetzt herrschen 28 Grad, und die Luft ist schwül, dabei ist es erst halb sieben.

Cahuita, das kleine Dorf inmitten der Karibik, erwacht. Auf der Straße begegnen uns Rastas, schwarze Frauen eröffnen ihre Essensstände, und ein alter Herr kommt uns langsam auf seinem Fahrrad entgegen. Er trägt ein großes Radio auf der Schulter, aus dem laute Musik die Straße beschallt. Cahuita ist ein Dorf voller *Peace, Love and Reggae*, erzählt David. Alles scheint hier einen Gang zurückgeschaltet. Als wäre unsere hektische, durchgetaktete Welt noch nicht bis in dieses kleine Dörfchen vorgedrungen.

Karibik. Diesen Begriff kenne ich sonst nur aus Filmen mit Piraten und weißen Sandstränden. Doch jetzt stecke ich selbst mittendrin. Großartig! Allerdings bin ich nicht mit Bikini oder Kokosnüssen bekleidet unterwegs, sondern trage feste Wanderschuhe, lange Tropenklamotten und sechs Kilo schweres Equipment mit mir herum. An die verwunderten oder belustigten Blicke der anderen haben David und ich uns mittlerweile gewöhnt. Wir sind eben »nerdige *Birder*«, die aufgeregt hinter jedem kleinen Vögelchen herstürmen oder stundenlang mit Kopf im Nacken einen Baum anstarren.

Im Cahuita-Nationalpark trifft Regenwald auf Atlantik. Schon am Eingang werden wir reichlich belohnt: Ein Speerreiher-Pärchen *(Agami agami)* versteckt sich im Geäst. Dieser nachtaktive Reiher mit den roten Augen ist besonders selten und nur schwer aufzufinden, erklärt David.

»Die auffällige Pinkfärbung am Hals und die schönen langen Kopffedern deuten darauf hin, dass sie in der Balz sind. Wir *Birder* nennen das liebevoll ›Hochzeitskleid‹.«

David ist ganz aus dem Häuschen und verschwindet im Dickicht. Von seiner Begeisterung angesteckt, stürme ich hinterher. Der Ranger am Eingang schaut uns kopfschüttelnd nach. Wir wirken wahrscheinlich wirklich wie kleine Kinder, ausgesetzt auf einem riesengroßen Dschungel-Spielplatz: Aufgeregt. Flüsternd. Auf dem Boden kniend oder schnell zum nächsten Baum rennend. Fernglas, Kamera und Teleskop immer griffbereit. Ein stahlblauer Eisvogel fliegt im Sturzflug auf das Wasser zu und fängt einen Fisch. Ein giftgrüner Stirnlappenbasilisk *(Basiliscus plumifrons)* lässt sich von der Sonne wärmen.

»Die verwandten Helmbasilisken nennen wir hier *Jesus Christ Lizards*, da sie über das Wasser laufen können«, erklärt David.

Ich glaube ihm zuerst nicht, doch wenige Minuten später sehe ich wirklich eine kleine braune Echse aufrecht auf zwei Beinen über das Wasser flitzen – völlig verrückt!

Nach einiger Zeit kehren wir zu dem Ranger am Eingang des Nationalparks zurück. Etwas beschämt zahlen wir unseren noch offenen Eintritt. Wir dürfen selbst entscheiden, wie viel wir für das Naturschutzgebiet ausgeben möchten. Der heitere Rasta freut sich über uns zwei komischen Vögel und gibt uns ein paar gute Tipps für unsere Mission. Aufgekratzt, aber trotzdem wachsam und konzentriert stapfen wir über den sandigen Boden. Links von uns das strahlend blaue Meer. Rechts dichter grüner Dschungel.

Jetzt zählen vor allem die Ohren. Jedes Rascheln und jede Bewegung nehme ich aufmerksam wahr. Mittlerweile fällt es mir leichter, Tiere anhand ihrer Geräusche im grünen Dickicht zu lokalisieren. Die Brüllaffen machen es einem da besonders einfach: Die großen schwarzen Affen *(Alouatta palliata)* mit dem ebenfalls rabenschwarzen Gesicht leben in Gruppen von bis zu zwanzig Tieren. Sie können ein so lautes Gebrüll von sich geben, dass man es aus mehreren Kilometern Entfernung noch hören kann.

»Es dient vor allem der Kommunikation zwischen den verschiedenen Gruppen untereinander«, erklärt David, »so machen sie auf sich aufmerksam und sagen: ›Hey, kommt uns bloß nicht zu nahe!‹«

Während David wieder einmal wie versteinert mit seinem Fernglas in der Hand stehen geblieben ist und sich die nächsten zehn Minuten auch nicht mehr bewegen wird, folge ich einem schmalen Weg tiefer in den Wald hinein. Plötzlich halte ich inne. Direkt vor mir sitzt ein großes Dreifinger-Faultier-Männchen selenruhig im Baum und frisst. Ich bin sprachlos. Ich hatte mir diesen Anblick so sehr gewünscht, aber jetzt bin ich doch etwas überrumpelt, das wilde Tier so plötzlich und nah vor mir zu sehen. Staunend starre ich dieses komische, etwas ungelenke Wesen mit dem süßen Gesicht an. Ich traue mich gar nicht, nach David zu rufen oder Fotos zu machen, womöglich erschrecke und verscheuche ich es dann.

Nach einer halben Ewigkeit erwache ich aus meiner Starre, und mir wird klar, dass meine Anwesenheit dem Faultier vollkommen egal ist. Mit seinen Zeitlupenbewegungen wird es sicherlich nicht »schnell wegrennen«. Etwas mutiger nähere ich mich dem Tier und schieße Fotos. Die erstaunliche, braun-blond gepunktete Fellzeichnung am Rücken ist typisch für die Männchen der Braunkehlfaultiere *(Bradypus variegatus)*. Aus nächster Nähe erkenne ich sogar wirklich eine Faultiermotte, die um das Tier herumschwirrt, und das Fell hat einen grünlichen Ton.

Also hatte der Lockenkopf recht mit seinen Schilderungen von den Algen im Fell, denke ich schmunzelnd. Bei der Fellpflege frisst das Faultier die Algen und erhält dadurch wichtige Ergänzungsstoffe, die es durch die eher energiearme Blätterkost nicht aufnehmen kann, gehen mir Davids Worte durch den Kopf. Als ich ihn kurze Zeit später mit seinem Teleskop hinter einem Baum entdecke, erzähle ich ihm aufgeregt von meiner Begegnung.

Er grinst mich zufrieden an. »Hab ich's dir nicht gesagt?«

Der Vormittag vergeht wie im Flug. Ein exotisches Tier reiht sich an das nächste. Die knallgelbe Greifschwanz-Lanzenotter *(Bothriechis schlegelii)* lässt uns beide kurz zusammenzucken. Bei genauerem Hinschauen erkenne ich die blitzenden Augen der hochgiftigen Schlange mit den gezackten Augenlidern, ein schönes Tier.

Mittlerweile sind es 35 Grad, der Schweiß rinnt mir die Stirn herunter und läuft beim Fotografieren unangenehm in die Augen. Mein Nacken schmerzt vom ständigen Starren in die Baumkronen, und meine neue Kamera ist zwar ein Traum, aber auch wahnsinnig schwer. Schon drei Mal bin ich in die dicken, klebrigen Spinnweben der gigantischen Seidenspinne *(Nephila)* gelaufen und habe mir das Gefühl von acht langen Beinen auf dem Kopf eingebildet – mit hysterischem Ekel, aber zu Davids Belustigung.

Trotz alldem möchte ich, dass dieser Vormittag niemals endet. Eine halbe Stunde verbringe ich damit, einer Gruppe von Weißschulter-Kapuzineraffen *(Cebus imitator)* durch das Dickicht zu folgen. Sie beim Fressen, Toben und Kreischen zu beobachten macht mich glücklich. Sogar Babys sind dabei. Oft hört David etwas für mich völlig Undefinierbares und rennt unvermittelt davon. Da muss ich immer etwas grinsen. Meistens finde ich ihn erst viel später wieder. Liebevoll über sein Bestimmungsbuch für Vögel gebeugt, trägt er dann mit Bleistift seine gesichtete Art mit Ort und Datum ein.

Gegen Mittag kehren wir in das kleine Restaurant in Cahuita zurück: Ausgehungert, müde, halb verdurstet und völlig zufrieden mit uns und der Welt stürzen wir uns auf überbackene Nachos und lassen uns das kühle Bier schmecken – was für ein Tag!

Puerto Limón. Wir tuckern in Davids altem Chevrolet, den er liebevoll *Blackbird* getauft hat, die Küste entlang. Die Fenster sind ganz heruntergekurbelt, in der Hoffnung, ein bisschen Fahrtwind abzubekommen, denn eine Klimaanlage gibt es in dem schwarzen Auto nicht. Aus den Radiolautsprechern schallt laut ein Lied der Imagine Dragons: »*Thunder, feel the thunder – Lightning then the thunder* …«, und wir singen ausgelassen mit.

Nur eine große Straße führt von der Küstenstadt Puerto Limón in Richtung Central Valley. Immer wieder fahren wir an großen, bunten Containerlandschaften vorbei, die für die Frachtschiffe gelagert werden. Bei der Aufschrift »Hamburg Süd« denke ich voller Vorfreude an mein neues Zuhause. Denn nach dieser Reise werde ich in die große Hafenstadt ziehen.

»Was da wohl so alles drin ist?«, frage ich David laut und zeige auf einen riesigen Containerberg.

»Hauptsächlich Bananen und Ananas, schätze ich. Davon gibt es hier in der Region am meisten. Drüben am Pazifik, in dem großen Containerhafen von Caldera, wird auch viel Palmöl verfrachtet.«

»Bananen? Laut Janosch kommen die doch aus Panama«, sage ich im Scherz.

Bei dem Gedanken an Plantagen gehen mir sofort die Bilder der Ölpalmen auf Borneo durch den Kopf. Hier sehe ich stattdessen sattes Grün an meinem Autofenster vorbeirauschen.

»Wo ist denn hier zwischen all den Nationalparks und Wäldern noch Platz für Plantagen?«, frage ich David.

Der Biologe scheint fast etwas verärgert: »Da sieht man mal wieder, wie der Schein trügt! Costa Rica – das grünste Land der Welt, ein wahres Ökoparadies«, sagt er spöttisch. »Dass es auch der weltgrößte Importeur giftiger Pflanzenschutzmittel ist, interessiert dagegen niemanden.«

Kurzerhand biegt er an der nächsten Kreuzung vom Highway ab.

»So, Hannah, ich muss dir jetzt mal ein paar Dinge zeigen.« Wir fahren auf einer kleineren Straße zurück Richtung Küste. Überall am Wegesrand fliegen blaue Müllsäcke herum. Ob es hier wohl keine vernünftige Müllentsorgung gibt? Wenige Minuten später erreichen wir den kleinen Ort Batàn. Auch hier ärgere ich mich über all die blauen Plastiktüten.

Als ich David gerade darauf ansprechen möchte, nickt er nur stumm aus dem Fenster: Hochgewachsene grüne Bananenpflanzen stehen in Reih und Glied nebeneinander. Wir biegen auf einen Schotterweg ab, und frustriert stelle ich fest, dass sich die Pflanzen in Monokulturen kilometerweit erstrecken. Schweigend holpern wir durch die Plantage. David parkt *Blackbird* vor einem großen Schild:

»Warnung! In diesem Bereich werden Luft- und Landanwendungen für Agrochemikalien durchgeführt. Der Zugang zu Farmen oder Plantagen ist strengstens verboten«, steht in fetten Buchstaben geschrieben – daneben Flugzeuge, Arbeitskräfte in Spritzmontur und ein Totenkopf. Ich muss schlucken.

Verwundert stelle ich fest, dass zwischen den großen grünen Bananenblättern überall die blauen Plastiktüten hängen.

»Wozu all dieses Plastik?«, frage ich David und zeige auf die blauen Flecken um mich herum.

»In den Tüten stecken die Bananenstauden. Jede Staude ist in Kunststoff verpackt, um die Insekten von den Früchten fernzuhalten. Die kleinen Tierchen stechen in die Schale der reifenden Bananen und saugen den Saft heraus. Das hat zwar keinerlei Einfluss auf den Geschmack der Früchte, hinterlässt allerdings auf der Schale kleine, kreisrunde braune Punkte. Und so etwas sehen die Konsumenten nicht gerne. Außerdem können viele kleine Einstiche die Reifung der Banane beschleunigen, und sie verdirbt schneller. Allerdings reichen die Tüten nicht aus, um alle Insekten fernzuhalten. Deshalb werden die blauen Säcke zusätzlich noch von innen mit Pflanzenschutzmittel besprüht, um eingedrungene Insekten sofort zu töten.«

Er verdreht die Augen.

»Und es wird noch absurder: Innerhalb der Stauden werden zwischen die einzelnen Bananen noch Styroporlagen gelegt, um die gebogene Frucht vor jeglicher Macke oder Delle zu schützen – für die Zufriedenheit der Verbraucher natürlich. Geht so ein dünner Plastiksack also mal kaputt, fliegen die winzigen Styroporkugeln fröhlich in der Natur herum und werden von Tieren mit Futter verwechselt. Wie du weißt, binden sich die giftigen Pflanzenschutzmittel besonders gut an Plastikpartikel … Du kannst dir vorstellen, was das für die Umwelt bedeutet?«

Zerknirscht blicke ich auf all die blauen Plastiktüten, die mich umgeben. David hat natürlich recht. In unseren Supermärkten liegen wirklich immer die großen, makellosen Bananen im Obstregal.

»Und wofür sind diese ganzen Plastikschnüre, die rechts und links an den Bananenpflanzen befestigt sind?«, hake ich nach.

»Tja, noch so ein Hammer.« David seufzt. »Die Bananenpflanze wurde, damit sie die größten Früchte erzielt, so hochgezüchtet, dass die Pflanze die riesigen Stauden gar nicht mehr alleine tragen kann. Deswegen müssen sie von den Schnüren gestützt werden.«

»Das heißt, jede Banane, die mit glatter, unbefleckter Oberfläche in meinem Supermarkt landet, ist in Plastiktüten gereift, wurde mit Styropor von den anderen getrennt, über Plastikschnüre befestigt und zusätzlich mit giftigen Insektiziden besprüht?«, frage ich entsetzt.

»Ganz genau«, bestätigt David. »Dazu kommen noch starke Fungizide, also Antipilzmittel, mit der die Frucht behandelt werden muss. Hast du schon mal von der Bananenkrankheit gehört?«

Ich schüttele den Kopf.

»Sie wird durch Pilze ausgelöst, die die Pflanze vollständig zerstören. Da in den Monokulturen heutzutage nur noch eine einzige Bananensorte angebaut wird, führt ein Pilz dazu, dass ganze Bananenbestände ausgerottet werden. Durch die mangelnde genetische Diversität der eingesetzten Sorte kann sich die Krankheit schnell weltweit ausbreiten.«

Da ist er wieder, der Verlust der Biodiversität auf unserem Planeten, denke ich verbissen.

»Und meinst du, das sind wirklich auch die Bananen, die wir in Deutschland essen?«

»Costa Rica zählt auf jeden Fall zu den fünf Hauptexportländern der Welt. Alles, was du hier siehst, sind Chiquita-Bananenplantagen. Kennst du die Marke?«

Ich nicke niedergeschlagen.

Wir steigen wieder ins Auto und fahren Richtung Highway zurück. Das Radio ist ausgeschaltet. Mir schwirren so viele Fragen durch den Kopf: Kann ich bei uns auch Bananen kaufen, die nicht gespritzt oder in Plastik verpackt gewachsen sind? Stören mich die braunen Pünktchen auf der Schale? Welchem Gütesiegel kann ich überhaupt vertrauen? Verrückt, wie sehr ich mich an den Anblick von makellosen Bananen in unseren Obstregalen gewöhnt habe. Als hätte es die exotische Frucht schon immer in Deutschland gegeben.

Wenige Minuten später hält David wieder am Straßenrand. Er führt mich einen kleinen Hügel hinauf.

»Weißt du, Hannah, es ärgert mich, dass wir den Touristen hier vorgaukeln, Costa Rica wäre nur grün und umweltfreundlich. Entlang der großen Straßen werden die hohen Bäume extra stehen gelassen, um diesen Schein zu wahren. Dabei sieht es hinter den Kulissen ganz anders aus. Guck mal – meiner Meinung nach die größte landwirtschaftliche Katastrophe in Costa Rica«, sagt er, als er auf einen riesigen Acker zeigt.

Dunkelgrüne Büsche mit langen, kantigen Blättern erstrecken sich kilometerweit vor uns. Bei genauerem Hinsehen erkenne ich eine stachelige Frucht, die aus dem Herzen jedes Busches wächst – es ist eine kleine grüne Ananas. Jede Pflanze trägt nur eine Frucht. Ich erfahre von David, dass die Ananasindustrie hier während der letzten dreißig Jahre einen großen Boom erfahren hat. Mittlerweile ist das kleine Land Costa Rica der größte Ananasproduzent der Welt. Die Unternehmen Dole und Del Monte dominieren den Welthandel. Drei Viertel aller Ananas, die wir in unseren europäischen Supermärkten kaufen, kommen aus Costa Rica. Für mich anfangs noch schwer vorstellbar, aber mit der Zeit werde ich aufmerksamer, und mir fallen die unscheinbaren Plantagen am Straßenrand immer häufiger auf.

Die »Sweet Golden Ananas«, die so gerne in unseren Supermarktregalen angepriesen wird, bekommt einen bitteren Beigeschmack, sobald ich mich mit den Folgen ihres Anbaus auseinandersetze: Massive Umweltschäden, Chemikalienvergiftung und Armutslöhne sind hier Realität. Wie sonst könnte die Luxusfrucht so billig in unseren Märkten verkauft werden?

Sie wird in riesigen Monokulturen angebaut und braucht deshalb eine enorme Menge an Chemikalien und Pestiziden, um überhaupt wachsen zu können. Denn das Bromeliengewächs ist extrem anfällig für Schädlinge und Pflanzenkrankheiten. Fünfzehn chemische Behandlungen sind nötig, viele davon mehrmals, um die Pflanze hier ertragreich anzubauen. Der Boden wird dabei quasi sterilisiert. Die biologische Vielfalt eliminiert.

Laut Studien der Nationaluniversität[*] ist Costa Rica das Land mit dem weltweit höchsten Pestizideinsatz. Es werden dabei

---

[*] Instituto Regional de Estudios en Sustancias Tóxicas (IRET)

Chemikalien genutzt, die äußerst gefährlich für die Natur sowie für die Gesundheit der Menschen sind, die meisten davon sind in der EU überhaupt nicht erlaubt: giftige Organophosphate, Organochlorine und Stoffe, die den Hormonhaushalt stark beeinflussen. Das Schlimmste für mich: Ich sehe die Arbeitskräfte ohne Schutzkleidung in den gespritzten Feldern arbeiten. Viele von ihnen tragen noch nicht einmal Handschuhe. Ich sehe uralte Flugzeuge über die Plantagen fliegen, die die Pflanzengifte breitflächig verteilen. Doch zwischen den Feldern liegen auch Dörfer, Schulen und Sportplätze. Die Folgen für die Nachbarschaft – anscheinend nicht so wichtig.

Da mich dieses Thema nicht mehr loslässt, spreche ich in den nächsten Tagen selbst mit Angehörigen von Plantagenarbeitern und Ortsansässigen. David übersetzt. Wir verbringen sogar einen Nachmittag in einer Bar nahe der Ananasplantagen, um mit den Leuten ins Gespräch zu kommen. Die Erkenntnisse sind erschreckend: Es kam schon zu diversen chemischen Unfällen auf den Plantagen. Angrenzende Flüsse sind verseucht, das Grundwasser ist kontaminiert.

Ein älterer Herr erzählt: »Es leben nur noch wenige Fische in den Gewässern hier. Alles ist tot. Wir dürfen auch nicht mehr das normale Wasser trinken. Man sagt uns, das Grundwasser sei verseucht. Sie stellen uns externe Tanks hin, aus denen wir unser Trinkwasser beziehen sollen. Hygienisch ist das allerdings nicht besonders.«

Ich frage, warum die Regierung dagegen nichts tue.

»Das Problem ist doch, dass die Ananasplantagen meist in privatem Besitz sind. Die Besitzer haben großen politischen und wirtschaftlichen Einfluss, dagegen kommt auch unsere Regierung nicht an.«

Eine junge Lehrerin berichtet: »Die Kinder beschweren sich über den Gestank, wenn wieder Pestizide gesprüht wurden. Viele beginnen zu husten, bekommen Ausschlag und klagen über Kopfschmerzen.«

Und dabei tut die boomende Ananasindustrie dem Land noch nicht einmal finanziell besonders gut. Ich dachte, mit all den Plantagen würden wenigstens viele Arbeitsplätze für Einheimische geschaffen, aber David erklärt mir, dass aufgrund der viel zu geringen Löhne kaum noch Costa Ricaner dort arbeiten würden. Von dem Gehalt könne in diesem teuren Land niemand leben. Die meisten Arbeiter kämen aus Nicaragua oder Panama.

Abgesehen von den erschreckenden Auswirkungen des intensiven Ananasanbaus auf die Arbeitskräfte und Einheimischen betrüben mich die Umweltschäden zutiefst. Warum ist in einem Land, das so reich an Natur und Vielfalt ist, eine nachhaltige Landwirtschaft nicht Standard? Eine Landwirtschaft, in der weniger Pflanzenschutzmittel eingesetzt werden und mehr Rücksicht auf die Biodiversität genommen wird. Eine Landwirtschaft, in der nicht in Monokulturen angebaut wird, sondern in der es Fruchtwechsel auf den Feldern gibt, die die Böden fruchtbar halten und anderen Lebewesen ebenso Nahrung bietet. Und eine Landwirtschaft, die faire Arbeitsbedingungen und Löhne für ihre Fachkräfte zusagt. Ich frage mich, wie ich als Verbraucherin reagieren soll, wenn mir in Deutschland das *Tropical Gold* für 1,99 Euro im Supermarkt angeboten wird? Heute zucke ich bei den billigen Preisen zusammen. Der Anblick des sonnigen Dole-Zeichens hinterlässt ein mulmiges Gefühl in der Magengegend. So gering kann der Preis für eine faire und umweltfreundliche tropische Frucht unmöglich sein. Doch ganz verzichten muss ich ja auch nicht: Es gibt Alternativen wie Fairtrade-Bio-Ananas, die zwar doppelt so viel kostet, für die aber die Umwelt nicht ausgebeutet wird. Damit kann ich gut leben, schließlich darf die Luxusfrucht aus Costa Rica ja auch etwas Besonderes sein.

12.

DER RUF
DER NEBELWÄLDER

Monteverde. Langsam laufe ich den rutschigen, schmalen Pfad entlang. Um mich herum steigen Nebelschwaden zwischen den Bäumen empor. Ich bin umgeben von dichtem Grün. Alles ist nass, obwohl es gar nicht regnet. Ich fahre mit meinen Fingern die feuchten Blätter eines Farnes entlang. Das zarte Grün kitzelt an meiner Haut. Noch nie habe ich so viele unterschiedliche Farnpflanzen gesehen. Manche sind doppelt so groß wie ich, ihre feingliedrigen Blätter wie ein Regenschirm über mir aufgespannt. Ich erreiche die kleine Holzbrücke, die über einen schmalen Fluss führt. Die Holzplanken sind ganz glitschig von der Feuchtigkeit.

Staunend halte ich inne und blicke nach oben: Der Nebel hüllt alles in seinen Dunst. Ich erkenne riesige, von Moos bewachsene Bäume. An ihren Ästen hängen große, mir unbekannte Früchte. Sträucher, Farne und Flechten, so weit das Auge reicht. Lianen schwingen lautlos hin und her. Die Feuchtigkeit kriecht mir in die Kleider, und ich schlinge meine Regenjacke noch etwas enger um meinen Körper. Ich höre keine Menschenseele weit und breit, nur das Tropfen der Bäume und die Stimmen der Vögel. Ein magischer Ort. Ich bekomme eine Gänsehaut und bin mir nicht sicher, ob vor Kälte oder vor Ehrfurcht.

Die nächste Station meiner Reise durch Costa Rica ist Monteverde. Es ist ein kleiner Ort mitten in den Bergen, hundertsiebzig Kilometer nordwestlich der Hauptstadt San José. Die Monteverde-Region gehört zu den bekanntesten tropischen Naturschutzgebieten der Neuen Welt. Über vierhundert verschiedene Vogelarten, Schmetterlinge und viele zum Teil vom Aussterben bedrohte Säugetierarten sind hier zu finden. Und das in so einem kleinen Land.

Monteverde liegt 1500 bis 1800 Meter über dem Meeresspiegel. Die dadurch entstehenden klimatischen und geologischen Bedingungen sind Grundlage für die enorme Artenvielfalt und einzigartige Vegetation – die Bergnebelwälder. Schon die Autofahrt hierher ist ein Abenteuer: Stundenlang sitze ich neben David in seinem Chevrolet. Wir lassen das Verkehrschaos von San José hinter uns, erhaschen einen Blick auf den Pazifischen Ozean und fahren über breite gepflasterte Straßen durch grüne Kulissen. Plötzlich biegt David rechts ab und folgt einer schmalen, kurvigen Schotterpiste die Berge hinauf. Zum Glück ist er die Strecke gewohnt und manövriert sein Auto entspannt vorbei an den steilen Abhängen, die ohne Absperrung rechts und links neben uns auftauchen. David wohnt seit zwei Jahren in Monteverde und möchte mir unbedingt sein Zuhause zeigen.

»Die Nebelwälder sind einzigartig, Hannah, so etwas hast du noch nie gesehen. Bei uns leben Tiere, die es sonst nirgendwo auf der Welt gibt. Das musst du erleben!«

Viel Überzeugungsarbeit braucht es nicht, bis ich mich mit ihm auf den Weg mache. Ich schaue aus dem Autofenster und bin zutiefst beeindruckt: Ein bewaldetes Gebirge erhebt sich neben mir, am Horizont schimmert der Pazifik. Die Berge sind in Nebel gehüllt, nur die Gipfel ragen aus den Wolken.

»Scheint im Nebelwald jemals die Sonne?«, frage ich David nachdenklich.

»Ja klar, aber man bekommt sie nur selten zu Gesicht«, erwidert er.

In strömendem Regen erreichen wir Santa Elena, einen kleinen, touristisch geprägten Ort in der Bergregion. Im Supermarkt decken wir uns mit Essen für die nächsten Tage ein. Als ich einige Wasser-Gallonen zur Kasse schleppen will, guckt David mich entgeistert an: »Die brauchst du nicht. Du kannst hier ohne Probleme aus dem Wasserhahn trinken.«

Das habe ich auf Reisen noch nie erlebt. Dass ich irgendwo ohne Bedenken einfach so aus dem Hahn trinken kann. »Bist du dir sicher?«, frage ich unsicher. »Ich möchte wirklich nicht krank werden …«

Ein wenig beleidigt fügt er hinzu: »In Monteverde gibt es das leckerste und klarste Trinkwasser überhaupt, und zwar aus unserer eigenen Quelle. Natürlich bin ich mir sicher!«

Beschwichtigend hieve ich das Wasser zurück ins Regal. Kurze Zeit später erreichen wir den kleinen Ort Monteverde, der aus kaum mehr als zwanzig Häusern zu bestehen scheint. David biegt ohne Vorwarnung in einen unscheinbaren Waldweg ab, und nachdem ich ordentlich durchgeschüttelt wurde, taucht unter dem dichten Blätterdach ein kleines Häuschen vor uns auf.

»*That's our home!*«, strahlt David mich an.

»Wow, das liegt ja wirklich mitten im Wald«, stelle ich beeindruckt fest und blicke mich um.

»Hier sind alle willkommen: Affen, Tukane, Gürteltiere und Wissenschaftler aus aller Welt. Zurzeit brütet sogar ein Blauscheitelmotmot-Paar hinter dem Haus«, erklärt David stolz.

»Ähm … was genau ist ein Blauscheitelmotmot?«

»Ein fantastischer Vogel mit einer brillantblauen Bande am Kopf, einem gelben Bauch, grünem Gefieder und extrem langen, stahlblauen Schwanzfedern – *Momotus momota*.«

Ich nicke anerkennend. Bei David bin ich mir nie so ganz sicher, ob er gerade von einer besonders schönen Frau oder von einem Vogel spricht.

In der Tür steht ein großer, bärtiger Mann mit hellbraunen Haaren und einer Fledermaus auf dem T-Shirt. In der Hand hält er eine Tasse Kaffee, die ebenfalls von Fledermäusen geziert ist. Er strahlt mich an.

»'Allo 'Annah, wie getz dier?«, begrüßt er mich mit flämischem Akzent. »*Welcome to Monteverde!*«

Das muss Vino sein, Davids Mitbewohner. Der Belgier ist ebenfalls Biologe und kam vor fünfzehn Jahren nach Costa Rica. David erklärte mir im Auto: »Vino leitet den *Bat Jungle*. Ein Museum über Fledermäuse – da musst du unbedingt mal hin, Hannah. Vino weiß wirklich *alles* über Fledertiere und hat die Ergebnisse zahlreicher wissenschaftlicher Studien zusammengetragen.«

Unschuldig blickt der Belgier in seinen Kaffee, aber als ich mich in dem Häuschen umschaue, sehe ich unzählige Fledermaus-Poster an den Wänden hängen, auf einem Regalbrett stapeln sich Fledermaus-Kuscheltiere, und Batman persönlich schaut mich über die Kaffeetassen hinweg an. Ich muss grinsen, zwei Nerds unter sich – wie sympathisch!

Es ist ein einfaches kleines Haus, und da wir mitten im Wald sind, dringt nur wenig Licht durch die Fenster. Dafür schauen hier wirklich viele wilde Tiere vorbei: Die Kapuzineraffen gesellen sich gerne in den Bäumen beim morgendlichen Kaffee zu uns, der Trogon *(Trogon collaris aurantiiventris)*, ein Vogel mit knallorangefarbenem Bauch, grünem Kopf und schwarz-weiß gestreiften Schwanzfedern, hämmert mittags einige Male gegen die Fensterscheibe, und gegen Abend stromert ein kleines, putziges Gürteltier *(Dasypus novemcinctus)* um das Haus herum. Ich bin völlig aus dem Häuschen, als ich das ledrige Tier mit der langen Nase und den kleinen Faltohren zum ersten Mal entdecke.

Außerdem kommen jeden Abend andere Forschende zu Besuch in die kleine Waldhütte. Nach und nach füllt sich die Küche mit Bekannten der beiden Biologen aus aller Welt. Sie bringen Essen und spannende Geschichten aus dem Dschungel mit: Ein junger Biologe arbeitete fünf Jahre mit seltenen Lemuren und Flamingos auf Necker Island, einer winzigen Privatinsel vor Puerto Rico. Sein Sitznachbar ist ein berühmter Fotograf für Makroaufnahmen von Insekten. Ich lerne eine junge Bootsbauerin aus den Niederlanden kennen, die am Bau eines emissionsfreien Frachtseglers mitarbeitet, sowie einen costa-ricanischen Nationalparkwächter.

Es sind spannende Diskussionsnächte mit reichlich Bier und Wein. Das Einzige, was mich etwas aus der Ruhe bringt: Trotz Licht im Haus bleiben nachts Fenster und Türen geöffnet, Moskitonetze gibt es nicht. Das führt dazu, dass nach kurzer Zeit die Wände dicht mit Insekten bestückt sind. Große Falter, grüne Grashüpfer, Grillen und ja, auch Spinnen. Vino freut sich über die Tiere, und auch der Fotograf hofft immer wieder auf neue aufregende Insekten für seine Arbeit. Ich dagegen habe etwas Bammel: Ich hatte am Morgen schon einen kleinen schwarzen Skorpion in der Dusche, der mich vollkommen aus der Ruhe brachte. Und jetzt all diese Tiere in den eigenen vier Wänden? Das ist mir dann doch etwas zu viel Wildnis. Leider widerfährt mir nach solch einem schönen Abend in dieser »offenen Umgebung« auch mein bisher schlimmstes Spinnenerlebnis: Ich schlafe schon tief und fest, als ich plötzlich von einem Krabbeln auf meinem Gesicht geweckt werde. Es fühlt sich nach Beinen an, vielen Beinen. Völlig hysterisch fahre ich hoch und wische mir mit der Hand durchs Gesicht.

Das ist jetzt nicht wirklich passiert? Mir ist keine Spinne im Schlaf übers Gesicht gelaufen, oder? Mein Herz rast, und ich versuche, mich zu beruhigen. Mensch, Hannah, entspann dich. Was erwartest du denn, wenn du in einer Hütte mitten im Dschungel übernachtest? Das gehört eben dazu. Die Tierchen tun dir doch nichts. Ich lausche dem Zirpen der Zikaden und dem Rauschen der Bäume. Mein Herzschlag beruhigt sich wieder.

Langsam will ich mich zurück ins Bett sinken lassen, da fühle ich es plötzlich wieder krabbeln, diesmal *in* meinem Schlaf-Shirt. Panisch versuche ich, mich von der Spinne zu befreien, aber es ist stockdunkel, und ich kann nichts erkennen. Ich spüre einen ziependen Schmerz am Rücken und greife unwillkürlich nach der schmerzenden Stelle. Es knirscht zwischen meinen Fingern. Erschrocken lasse ich das T-Shirt wieder los. Ich zittere am ganzen Körper und suche nach meiner Stirnlampe. Als ich mein Shirt hochschiebe, finde ich nur noch vier dicke, lange Beine in dem Stoff, eindeutig Spinnenbeine – und eine rote Stelle auf der Haut. Es wird ja hoffentlich keine giftige Spinne gewesen sein? Ich bin bedient für die Nacht.

Am nächsten Morgen sitze ich ziemlich übernächtigt am Küchentisch, nippe an meinem schwarzen Kaffee und berichte den beiden Jungs von meinem nächtlichen Horror. Allerdings ernte ich nicht viel Verständnis für meine Angst, sondern aufmunterndes Schulterklopfen und ein »Ach, wenn die Spinne giftig gewesen wäre, hättest du das inzwischen schon längst gemerkt«.

Irgendwie haben die beiden ja recht. Was soll mir ein harmloses Insekt denn schon Böses wollen, die Angst findet ausschließlich in meinem Kopf statt. Zum Glück bringt mich der Wald am frühen Morgen schnell auf andere Gedanken: David und ich machen uns heute auf die Suche nach dem Quetzal *(Pharomachrus mocinno)*. Ein seltener Vogel, der ausschließlich in den Nebelwäldern Zentralamerikas vorkommt und dessen Schwanzfedern eine Länge von einem Meter erreichen können. Der grün und scharlachrot gefärbte Vogel ist der Nationalvogel Guatemalas, wie ich von David erfahre.

»Während der Paarungszeit gibt das Männchen sein Bestes, ein Weibchen für sich zu gewinnen, und führt atemberaubende

Balzflüge vor. Wild rufend fliegt der Quetzal über die Baumwipfel, sein prächtiger Federschweif bewegt sich dabei wellen-
förmig. Ich habe das einmal erlebt, ein Wahnsinnsschauspiel!«

»Und wie klingt der Ruf des Quetzal?«, frage ich nach.

David gibt überraschend echt klingende *Kiu-Kiu*-Laute von
sich. »Für mich der Ruf der Nebelwälder«, fügt er andächtig
hinzu.

Schweigend und staunend stapfe ich hinter David durch das
grüne Dickicht. Das Biosphärenreservat Santa Elena im Norden Costa Ricas erstreckt sich über dreihundertzehn Hektar und
ist seit 1992 anerkanntes Schutzgebiet. Die Einnahmen aus den
Eintrittsgebühren, den geführten Touren und des Souvenirshops
werden in die Pflege und den Unterhalt des Reservates inves-
tiert und kommen der lokalen Schule zugute, um Kurse über
Umweltschutz, Biologie und Ökotourismus zu finanzieren. Ein
guter Ansatz für nachhaltigen Tourismus, wie ich finde.

Außerdem versuchen die Reservate in Monteverde, in Zukunft auch das an die Schutzgebiete angrenzende Farmland zu

erwerben und zur Wiederaufforstung zu nutzen. Das Ziel ist es, einen Schutzkorridor zu bilden, der die unterschiedlichen Waldstücke verbindet und hinab bis zu den niedrigeren Höhenlagen reicht. Denn viele der hier heimischen Wildtiere wie der Quetzal, Puma oder Jaguar benötigen große Territorien, um überleben zu können. Die Schutzkorridore ermöglichen den Tieren ein Wandern zwischen den verschiedenen Lebenszonen des Schutzgebietes und der Umgebung.

Nebelwald gibt es nur in den Höhenlagen von tropischen Gebirgen. Es ist ein ganz besonderes Ökosystem mit eigenem Klima: Durch die feucht-kühle Witterung ist der Nebelwald fast immer in Wolken oder Nebel gehüllt, was durch Kondensation an den Pflanzen die Niederschlagsmenge steigert. Die Vegetation wird bestimmt durch hohe Baumfarne und mit Epiphyten und Moos bewachsene Bäume. Die Bergnebelwälder Costa Ricas gehören zu den artenreichsten Biotopen der Welt. Zweitausendfünfhundert verschiedene Pflanzenarten wurden hier im Nebelwald von Monteverde gezählt. Auf dieser dichten Pflanzendecke leben rund vierhundertfünfundzwanzig Vogel-, vierhundertneunzig Schmetterlings- und hundert Säugetierarten sowie unzählige Reptilien, Amphibien und Insekten. Viele Arten sind hier endemisch, kommen also nur in diesen Bergnebelwäldern vor.

Leider zählt der Nebelwald neben den bedrohten Korallenriffen und Eiskappen zu den empfindlichsten Ökosystemen der Erde. Eine der größten Bedrohungen für diesen sensiblen Lebensraum stellt der Klimawandel dar: Ein Grad mehr oder weniger ist für uns nicht viel, aber für Arten, die sich perfekt an ihre Umgebung angepasst haben, kann ein Grad Unterschied den Tod bedeuten. Das macht mal wieder deutlich, wie richtig die *Fridays-for-Future*-Bewegung liegt, denke ich mir. Wir haben keine Zeit zu verlieren.

»Es gibt Studien, die zeigen, dass es hier gleichzeitig nasser und trockener wird«, erklärt David. »Der anhaltende Nebel ist trockeneren Perioden gewichen, unterbrochen von heftigen Regenfällen. Es wird also immer mehr wie ein Regenwald. Die einzigartige Klimazone des Nebelwalds geht verloren, und damit auch seine Bewohner.«

Der prächtige Quetzal wird beispielsweise auch in Monteverde immer seltener, da er durch die höheren Temperaturen verdrängt wird. Gleichzeitig dringen Arten aus tiefer gelegenen, wärmeren Lebenszonen plötzlich in die entlegenen Bergregionen vor und nehmen den heimischen Arten die Nistplätze weg.

»Wir entdecken immer mehr Tiere in der Region, die überhaupt nicht hierhergehören, ein schlechtes Zeichen. Der Regenbogentukan nistet zum Beispiel ebenfalls gerne in alten, morschen Baumstämmen und steht damit plötzlich in direkter Konkurrenz zum Quetzal«, erklärt David. »Früher habe ich die Quetzals jeden Tag während der Brutzeit singen hören. Jetzt sind sie aus diesem Gebiet verschwunden und suchen weiter oben auf dem Berg Zuflucht. Doch früher oder später werden sie die Gipfel erreichen, und dann gibt es kein ›weiter oben‹ mehr«, fügt er traurig hinzu.

Einige Tage später nehme ich an einer von Davids geführten Nachtwanderungen durch das Reservat teil. Um 17:30 Uhr treffen wir uns mit einer kleinen Reisegruppe am Parkeingang. Es regnet in Strömen, doch David versichert uns, dass die Tour trotzdem stattfindet. Eingehüllt in triefende Regenjacken und mit Taschenlampen bewaffnet, betreten wir den Wald von Curi-Cancha. Das Naturreservat schützt sowohl Urwald als auch Sekundärnebelwald und liegt in 1500 Meter Höhe. Es dämmert, nur noch wenig Licht erreicht den Waldboden, und langsam verstummt der Vogelgesang. Stattdessen beginnt das laute Konzert der Grillen und Zikaden. Wir erreichen einen Teich, an dem das fröhliche Quaken unzähliger Frösche zu hören ist. Wir halten nach dem Glasfrosch (*Cochranella granulosa*) Ausschau. Die kleine Amphibie hat eine transparente Haut, durch die ihre inneren Organe erkennbar sind, dadurch erhielt die Froschfamilie ihren Namen. Verrückt, einfach so das Herz des kleinen Frosches schlagen zu sehen.

David erzählt uns außerdem vom traurigen Schicksal der Goldkröte *(Bufo periglenes)*, einer berühmten Art, die heute ausgestorben ist. Die Krötenart kam ausschließlich in den Nebelwäldern von Monteverde vor und wurde 1989 das letzte Mal hier gesichtet. Als Ursache für das Aussterben werden unterschiedliche Faktoren vermutet wie die ausgedehnten Trockenperioden durch den Klimawandel und eine Pilzkrankheit, die aus Afrika eingeschleppt wurde. Der Chytridpilz *(Batrachochytrium dendrobatidis)* greift die Schutzschicht der Haut an, verstopft die Poren und lässt Amphibien wie Frösche, Kröten und Molche ersticken, da diese auch über die Haut atmen. Der Pilz wird als Ursache für den weltweiten Amphibienrückgang diskutiert und stellt auch in Deutschland eine gewaltige Gefahr dar.

Als David uns mit seiner Taschenlampe freudig eine große braun-rote Vogelspinne in ihrem Nest zeigt, kann ich seine Begeisterung nicht wirklich teilen. Aber der Skorpion, der im UV-Licht blau leuchtet, beeindruckt mich. Wozu das Exoskelett der giftigen kleinen Spinnentiere im Dunkeln fluoresziert, ist nicht abschließend geklärt. Vielleicht um Beute abzulenken oder ihre Partner zu finden. Es sieht auf jeden Fall spektakulär aus und kann sich im Dschungel bei Nacht als sehr praktisch erweisen. Ein absolutes Highlight der Tour ist das Kinkajou *(Potos flavus)*. Der nachtaktive Baumbewohner, im Deutschen Wickelbär genannt, zählt zu den Kleinbären und ernährt sich überwiegend von Früchten. Wir scheinen den kleinen Vierbeiner beim Fressen gestört zu haben, denn plötzlich fletscht er die Zähne und kläfft hundeähnlich vom Baum herab. Schnell machen wir uns aus dem Staub.

Auf dem Rückweg bleibe ich ein Stück zurück und knipse meine Stirnlampe aus. Die Dunkelheit verschluckt mich vollkommen. Die mächtigen Baumkronen heben sich vom mondhellen

Himmel ab, und ich erkenne ein paar Sterne. Der Dschungel rauscht, zirpt, schnattert und singt um mich herum. Ich fühle mich unheimlich klein in diesem wunderschönen, großen grünen Universum.

Am nächsten Morgen gießt es in Strömen. Der Regen prasselt so laut auf das Wellblechdach des kleinen Hauses, dass man sein eigenes Wort kaum versteht.

»So ein starker Regen ist ungewöhnlich für die Region!«, ruft David mir besorgt über seine Kaffeetasse hinweg zu.

»Klimawandel lässt grüßen«, brummt Vino finster.

Da es nicht danach aussieht, als würde der Regen in den nächsten Stunden nachlassen, beschließe ich, Vino in den *Bat Jungle* zu begleiten. Ich glaube, er freut sich über die interessierte Kundschaft, und er blüht in seinem kleinen Museum förmlich auf. Um zehn Uhr gibt er die nächste Führung durch die Ausstellung, vorher muss er aufräumen und die Fledermäuse versorgen. Ich schaue mich in den kleinen blauen Räumen um. An den Wänden hängen überall Infotafeln über Fledermäuse.

»Can you believe a bat can detect and avoid colliding with something as small as a human hair, in total darkness?«

»Können Sie sich vorstellen, dass eine Fledermaus in der Lage ist, in völliger Dunkelheit den Zusammenstoß selbst mit etwas so Kleinem wie einem menschlichen Haar zu vermeiden?«

Daneben hängen zwei überdimensional große Fledermausohren, an denen ein Schlauch befestigt ist. Hält man sich den Schlauch ans Ohr, hört man ein bisschen wie eine Fledermaus.

»Es ist vollkommen falsch, dass Fledermäuse schlecht sehen oder gar blind seien«, erklärt Vino, der plötzlich hinter mir auftaucht. »Sie leben zwar tagsüber in dunklen Höhlen oder Verstecken, besitzen aber ein besseres Sehvermögen als der Mensch. Dazu kommen das extrem gut ausgebildete Hörvermögen sowie ein guter Geruchs-, Geschmacks- und Tastsinn. Hast du es mal ausprobiert?« Er nickt zu den großen Ohren an der Wand.

Ich halte mir den Schlauch ans Ohr und bin beeindruckt. Plötzlich ist das leiseste Geräusch klar und deutlich zu vernehmen.

Vino grinst. »Und trotzdem orientieren sie sich während des Fluges durch Echoortung: Mit dem Mund oder der Nase stoßen sie Laute aus, die im Ultraschallbereich liegen, also jenseits des menschlichen Hörvermögens. Dies wird auch gerne als *sechster Sinn* bezeichnet. Ich sage immer: *Bats are the masters of all senses!*«

Der Stolz in seiner Stimme ist nicht zu überhören.

Bis zehn Uhr sind noch drei weitere Interessierte im *Bat Jungle* eingetrudelt, und Vino beginnt mit seiner Tour. Er erzählt mit einer derart packenden Begeisterung von den kleinen Fledertieren, dass wir ihm sprachlos an den Lippen hängen. Fledermäuse sind nach den Bienen die wichtigsten Bestäuberinnen der Welt. Und es sind die einzigen Säugetiere, die aktiv fliegen können. Sie gehören mit den Flughunden in die Ordnung der Fledertiere *(Chiroptera)* und bilden mit rund tausendvierhundertelf verschiedenen Arten die artenreichste Ordnung der Säuger. Allein hier im kleinen Costa Rica gibt es hundertfünfzehn verschiedene Fledermausarten – in ganz Europa gerade mal dreiundfünfzig.

Vino versichert uns: »Ihr werdet diese Ausstellung mit einer ganz anderen Wertschätzung für Fledermäuse und dafür, was sie alles für euch tun, verlassen!«

Damit behält er zweifellos recht. Zu Anfang klärt er uns über die großen Missverständnisse auf: Fledermäuse sind weder mit Vögeln noch – wie ihr Name vermuten lässt – mit Mäusen verwandt. Die nächsten Verwandten sind Lemuren, also Halbaffen.

»Auch dass sich Fledermäuse nur von Blut ernähren, ist ein Gerücht. Von über tausendvierhundert verschiedenen Arten in der Welt gibt es nur drei, die sich tatsächlich von Blut ernähren.«

Diese Vampirfledermäuse *(Desmodontinae)* leben ausschließlich auf dem amerikanischen Kontinent, sind nur bis zu zehn Zentimeter groß und nehmen bei einer Mahlzeit gerade mal zwanzig Milliliter Blut auf.

»Also kaum lebensgefährlich«, fügt Vino mit einem ironischen Unterton hinzu. »Wir kennen alle die Legenden von Vampiren aus dem Balkanraum, die sich von menschlichem Blut ernähren. Doch diese Geschichten können schon aufgrund der geografischen Distanz nicht von echten Fledermäusen beeinflusst sein, denn die gibt es nur in Amerika. Vielmehr wurde das negative Bild von Fledermäusen durch Dracula oder andere Vampirgeschichten geprägt.«

Also mal weg von den Legenden und hin zu den Fakten: Fledermäuse stellen einen besonders wichtigen Nutzen für die Ökosysteme und damit für uns Menschen dar: Sie sind die wichtigsten Insektenfresserinnen im Wald. Innerhalb von nur einer Stunde frisst allein eine einzige Fledermaus bis zu tausend Moskitos, die sie zehn Minuten später wieder ausgeschieden hat.

Vino legt eine Kunstpause ein, und wir lassen diesen Sachverhalt auf uns wirken.

Diese Turboverdauung ist extrem wichtig für die kleinen Fledertiere, da sie sonst nicht gut fliegen könnten. Anders als Vögel haben sie weder Federn noch leichte Knochen. Stattdessen verfügen sie über extrem ausgeprägte Flugmuskeln und haben einen hohen Stoffwechsel, der an die Fortbewegung in der Luft angepasst ist.

Fledermäuse hängen tagsüber – im Gegensatz zu Vögeln – kopfüber von den Bäumen, damit sie so wenig Energie wie möglich verbrauchen. Sie benötigen keinerlei Kraft, um sich festzuklammern, da die Krallen durch das Gewicht der Tiere automatisch gekrümmt werden. Deshalb fallen selbst tote Fledertiere nicht zu Boden. In den Bäumen sind sie außerdem besser vor Fressfeinden geschützt.

70 Prozent aller Fledermäuse ernähren sich von Insekten, 29 Prozent von Früchten und Nektar und nur knapp ein Prozent von kleinen Vögeln und ein paar eben von Blut. Vino bleibt vor einem großen Poster mit der Überschrift *»Tequila wouldn't exist!*« stehen. Viele Fledermäuse sind wichtige Bestäuberinnen von Kakteenarten wie zum Beispiel der Agave, aus der Tequila hergestellt wird.

»Deswegen nennen wir die Kleine Mexikanische Blütenfledermaus – *Leptonycteris yerbabuenae* – liebevoll Tequila-Fledermaus. Auch für die Verbreitung von Pflanzensamen sind die Fledertiere äußerst wichtig, da sie, anders als Vögel, während des Flugs ihren Kot ausscheiden und damit eine viel weitere Verbreitung des wertvollen Saatguts ermöglichen. Tatsächlich werden zum Beispiel in den abgeholzten Gebieten Costa Ricas bis zu 80 Prozent aller Samen durch Fledermauskot verbreitet.«

Ich bräuchte eigentlich eine kleine Pause, um all die Infos und Zahlen zu verarbeiten, die aus Vino geradezu heraussprudeln, aber der motivierte Belgier fährt unbeirrt fort.

»Fledermäuse haben nur wenige natürliche Fressfeinde und werden bis zu fünfzehn, manche sogar bis zu fünfundzwanzig Jahre alt. Und trotzdem zählen sie zu den meist bedrohten Tieren der Welt. Zwölf Arten sind laut der Internationalen Naturschutzunion IUCN schon ausgestorben, fünfundsiebzig weitere gelten als stark bedroht. Und warum ist das so?«

Ich zeige vorsichtig auf uns.

»Ganz genau.« Vino nickt. »Eine der größten Bedrohungen stellen, wie bei so vielen Umweltproblemen, wir Menschen dar. Höhlen waren lange Zeit der wichtigste Rückzugsort und Schlafplatz der Fledermäuse. Doch da Höhlen im Lauf der vergangenen Jahrzehnte zunehmend von Menschen für den Bergbau oder Tourismus genutzt werden, mussten die Fledermäuse weichen. Auch in den von Menschen gemachten Behausungen wie Ruinen, Dachböden oder Schuppen werden Fledermäuse immer weniger. Wir wollen die kleinen Fledertiere nicht in unserer Nähe haben, oft aus (falscher) Angst, sie könnten einfach beißen oder Krankheiten übertragen. Zusätzlich führen optimale Dachisolierungen von Neubauten sowie giftige Inhaltsstoffe in Wandfarben oder Lacken zum Rückgang der Tiere.«

Darüber hatte ich noch nie so recht nachgedacht – dass auch unsere perfekt wärmegedämmten Häuser ein Problem für Wildtiere darstellen können.

»Eine weitere Hürde sind die unzähligen Straßen und Autobahnen. Fledermäuse müssen mindestens vier Kilometer entfernt von jeglichen stark befahrenen Straßen leben, da der Lärm zu viel Stress und Desorientierung bedeutet. Erinnert euch bitte an ihr außerordentlich gutes Hörvermögen. Außerdem können sie die großen Verkehrsadern nicht überqueren. Sie durchschneiden ihren Lebensraum und grenzen ihn stark ein.«

Windkraftanlagen stellen ebenfalls ein erhebliches Problem für die Fledermäuse dar, in Costa Rica genauso wie in Europa. Leider kommen die Tiere häufig an Windrädern zu Tode, der Sog der großen Maschinen ist zu stark.

»Von wegen *Green Energy*«, fügt Vino verächtlich hinzu. »Millionen von Fledermäusen verenden jedes Jahr an den gefährlichen Bauten. Entweder sie werden von den Rotorblättern erschlagen, oder sie fallen einem Barotrauma zum Opfer: Bedingt durch Verwirbelungen und den Druckabfall hinter den Rotorblättern, platzen die Lungen und inneren Organe der Fledermäuse.«

Es herrscht betretenes Schweigen bei uns im Publikum – ein drastisches Bild, das wir uns nur ungern vorstellen.

Auch die sogenannte »Lichtverschmutzung« wirkt sich negativ auf die kleinen Säuger aus. Insbesondere nächtliches künstliches Licht lockt Insekten an. In einer einzigen Sommernacht gehen an einer Straßenlaterne durchschnittlich hundertfünfzig Insekten zugrunde. Rechnet man das zum Beispiel auf die circa 6,8 Millionen Straßenlaternen auf deutschen Straßen hoch, sind dies jede Nacht über eine Milliarde Insekten. Da bleibt weniger Fressen für die Fledertiere übrig.

Eine der dramatischsten Bedrohungen für Fledermäuse stellt aktuell jedoch das *White-Nose-Syndrom* dar. Es handelt sich dabei um einen Pilz, der sich vor allem in der Nasenregion festsetzt und zum Massensterben der kleinen Säuger führt. Seit 2006 breitet sich diese Pilzerkrankung unausweichlich in den USA aus, und es wurde noch kein Weg gefunden, die Seuche zu stoppen. Die Zahl der betroffenen Fledermäuse ist so enorm, dass dieser Pilz gerade zum größten Säugetieraussterben der Geschichte führt!

Vinos Worte klingen mir noch lange nach. Sobald ich wieder Internet habe, setze ich mich an den Computer und recherchiere: Was können wir gegen das Aussterben der Fledermäuse tun? Ich finde auf der Seite des Bundesumweltministeriums ein Abkommen zum Erhalt der europäischen Fledermauspopulationen – EUROBATS. Es verpflichtet die siebenunddreißig Vertragsstaaten zum Schutz von europäischen Fledermäusen und klärt über Bedrohungen und konkrete Handlungsansätze auf. Es steht unter der Schirmherrschaft des Übereinkommens zur Erhaltung der wandernden wild lebenden Tierarten*.

Doch was können wir alle für Fledermäuse tun? Kauft, baut oder verschenkt Fledermaus-Kästen! Diese Nistkästen schaffen den nachtaktiven Tieren ein Quartier, in dem sie tagsüber schlafen, ihre Jungen zur Welt bringen oder Winterschlaf halten können. Laut Vino ein absolutes *Must-have* für alle, die eine Hauswand haben und Lust, die wundersamen fliegenden Säuger am Leben zu erhalten. Egal, ob ein Haus in der Stadt, auf dem Land oder das kleine Gartenhäuschen von Oma: Fledermäuse gibt es überall.

---

* Convention on the Conservation of Migratory Species of Wild Animals (CMS) 1979

13.
BULLENHAIE
AN BORD

Pulau Mabul, Malaysia. Der Dschungel hat mich verzaubert. Mich mit all seinen Facetten, Tieren und Wetterlagen für sich gewonnen. Mittlerweile weiß das jeder in meinem Bekanntenkreis, wie mir mal wieder anhand der Geburtstagskartenauswahl dieses Jahr deutlich wurde – ausschließlich Dschungelmotive. Dabei hat unser Planet noch so viel mehr zu bieten.

Als ich vor einem Jahr in Malaysia zum ersten Mal mit einer Sauerstoffflasche auf dem Rücken Stunden unter Wasser verbrachte, vollkommen schwerelos im Meer, erlebte ich eine neue Dimension von Schönheit und Vielfalt. Grundsätzlich weiß ich über die Bedrohung unserer Meere Bescheid: Vermüllte Strände, verdreckte Gewässer und Meeresbewohner, die an Plastikmüll sterben, sind allgegenwärtige Probleme. Beim Schnorcheln erschrecken mich die eintönigen, scheinbar toten Korallen.

Doch über die Auswirkungen des Klimawandels auf das marine Ökosystem war ich mir noch nicht im Klaren: Meeresspiegelanstieg, verheerende Stürme, erhöhte Wassertemperturen und die Versauerung des Wassers führen zum Absterben der Riffe und zur sogenannten »Korallenbleiche«. Da Korallen Nahrungsgrundlage für unzählige Meeresbewohner sind, hat das große Auswirkungen auf das gesamte Ökosystem. Die Tatsache, dass 60 Prozent der weltweiten Riffe durch Überfischung, Verschmutzung und andere menschliche Aktivität stark bedroht sind, trifft mich plötzlich und mit enormer Wucht.

Um ein Gefühl für das Tauchen und die Unterwasserwelt zu bekommen, nehme ich an einem *Discover Dive* teil. Der Schnupperkurs beinhaltet eine ordentliche Einführung, das Einüben der wichtigsten Basics sowie zwei Tauchgänge. Mein Tauchlehrer Mell ist der wohl lässigste und vertrauenswürdigste Lehrer weit und breit. Mell hat lange Rastas und liebt die Unterwasserwelt mehr als alles andere auf der Welt. Er ist ein positiver Mensch, der sich der Natur tief verbunden fühlt und mich mit seinem Wissen über die Ozeane zutiefst beeindruckt.

Als ich für meinen ersten Tauchgang mit meinen Flossen ungelenk den Steg entlangwatschele, bin ich mir nicht mehr ganz so sicher, ob die kurze Einführung wirklich ausreicht. Das Tauchequipment ist zu schwer, und ich weiß nicht, was mich dort unten erwartet. Schließlich ist das nicht das Hallenbad St. Pauli, sondern ich stürze mich gleich in die Tiefen des Pazifischen Ozeans.

Doch Mell weicht mir nicht von der Seite, und ich meistere meine ersten Übungen unter Wasser. Gleichmäßig atme ich ein und aus. Dabei darf ich nicht daran denken, wie viele Tonnen Wasser sich über mir befinden oder wie lange es dauern würde, die Oberfläche zu erreichen. Stück für Stück sinken wir weiter in die Tiefe. Es dröhnt in meinen Ohren, und ich muss andauernd schlucken, um den Druck auszugleichen. Und auf keinen Fall das Atmen vergessen. Mell hat mir erzählt, dass Sauerstoff unter Druck giftig wird. Deshalb werden für Tauchgänge unter zweiundvierzig Meter Gase mit geringerem Sauerstoffgehalt genutzt. Der Gedanke macht mich in dem Moment etwas nervös, aber so tief tauchen wir beim Schnupperkurs ja zum Glück nicht.

Zum ersten Mal streift mein Blick über das schillernde Spektakel um mich herum. Ein Gefühl der Freiheit und unendlichen Weite umgibt mich. Beinahe schwerelos kann ich mich drehen und Purzelbäume schlagen. Mell lacht sich hinter seiner Taucherbrille kaputt, ich sehe dabei wohl nicht ganz so elegant aus, wie ich mich fühle. Das Atmen unter Wasser fühlt sich langsam natürlich an. Der Druck und das Rauschen in meinen Ohren sind verschwunden.

Wahnsinn, wie sich plötzlich meine Perspektive verschiebt. Beim Schnorcheln habe ich schon so viel von oben bestaunen und entdecken können, aber hier unten bin ich mittendrin: Ich schwimme mit Fischschwärmen, gleite an Korallenriffen entlang und tauche unter Schildkröten her. Mir wird oft gesagt, ich sei leicht zu begeistern, aber mein erstes Mal atmend unter Wasser hat mich wirklich überwältigt: die schönsten Korallen, die ich je gesehen habe, schillernde Fische und gruselige Muränen, die aus Felslöchern hervorschnellen. Als ich sehe, wie sich eine Meeresschildkröte ihren Panzer an einem Felsvorsprung kratzt, muss ich so sehr grinsen, dass mir das Wasser in die Taucherbrille strömt. Mist, mal eben auftauchen und sauber machen ist hier unten nicht. Aber es gibt auch dafür einen tollen Trick, den mir Mell beigebracht hat. Dafür puste ich gleichzeitig Wasser durch die Nasenlöcher und hebe den Rand meiner Taucherbrille leicht an.

Ganze Tage könnte ich hier unten verbringen. Ich sehe Fische in den spannendsten Formen und Farben, kleine Clownfische in ihren Anemonen, Seeschlangen am Meeresgrund, Schnecken und Krebse. Dicke Seegurken, zierliche Seepferdchen und zerfledderte Feuerfische. Wahnsinn! Ich wurde vorgewarnt, dass es vielleicht nicht ganz so schillernd bunt aussähe wie in den Unterwasserdokus im Fernsehen. Wasser absorbiere das Licht sehr schnell, und unter zehn Metern seien die Farben Rot oder Gelb schon nicht mehr zu erkennen. Doch das stört mich nicht im Geringsten.

Nur einmal, als ich mich nichts ahnend zwei bestimmt fünfzig Zentimeter großen, bunt gefärbten Fischen nähere, wird es etwas brenzlig. Denn plötzlich schnellt einer der Fische in einem enormen Tempo auf mich zu, kommt einen Zentimeter vor meiner Taucherbrille zum Stehen und dreht wieder um. Mein Puls beschleunigt, und ich bin mir nicht sicher, was hier gerade passiert ist. Als ich mich langsam aus meiner Schockstarre löse, jagt der riesige Fisch erneut in meine Richtung – schnell weg hier.

Nach einer knappen Stunde tauchen wir wieder auf. Völlig selig und überwältigt klettere ich ungelenk mit schwerem Equipment und doch so leicht vor Glück aus dem Wasser. Das hatte ich von meinem ersten Tauchgang nicht erwartet. Ich bin ja schon so begeistert von den Regenwäldern, Gebirgen und Landschaften über Wasser. Und jetzt erweist sich die Welt unter Wasser auch noch als dermaßen schön und vielfältig! Dort unten leben Tiere, Pflanzen und Organismen, von denen ich vorher noch nie etwas gehört habe.

Als ich Mell aufgeregt von meiner Fischattacke berichte, klärt er mich über die sogenannten »Titan-Drückerfische« *(Balistoides viridescens)* auf: Die würden wohl gerne mal Tauchende angreifen und ordentlich beißen – man solle sich nach diesem Drohverhalten besser schnell aus dem Staub machen.

Als ich am Abend durchgeweicht, hungrig, müde, aber glücklich zum Abendessen laufe, weiß ich, dass ich Taucherin werden möchte. Auskundschaften, was dort unten alles lebt und was es zu schützen gilt. In Gedanken gehe ich meine nächsten Ziele durch. Wo könnte ich meinen Tauchschein machen, und was kostet er? Nach dem Abendessen sitzen wir noch lange zusammen und vergleichen in den kleinen Infoheftchen auf den Tischen alle Tiere, die wir an dem Tag unter Wasser entdeckt haben. Irgendwie bin ich froh, dass ich heute früh noch nicht wusste, wie giftig so ein Feuerfisch eigentlich ist oder wie gefährlich eine Muräne werden kann, wenn sie zubeißt ...

Heredia, Costa Rica. Lange lässt mein nächstes Projekt unter Wasser nicht auf sich warten. Nachdem ich die letzten zwei Wochen meiner Costa-Rica-Reise in einem Schutzprojekt für Meeresschildkröten im Pacuare-Reservat am Karibischen Meer ausgeholfen habe, darf ich den Juli über mit der Meeresschutzorganisation CREMA (Centro de Rescate de Especies Marinas Amenazadas) zusammenarbeiten. Das Rettungszentrum für vom Aussterben bedrohte Meerestiere ist eine gemeinnützige Nichtregierungsorganisation. Sie setzt sich für den Erhalt und Schutz der Meere ein sowie für die Förderung einer nachhaltigen Fischereipolitik in Zentralamerika. Außerdem legt die Schutzorganisation großen Wert auf die Aufklärungsarbeit der lokalen Bevölkerung.

Chiapas, Mexiko. Vor zwei Jahren lernte ich auf dem Kongress in den Bergen die Meeresbiologin Elpis kennen. Die neunundzwanzigjährige Mexikanerin interessiert sich schon ihr Leben lang für marine Ökosysteme.

»Nachdem ich in Mexiko meinen Tauchschein gemacht hatte, habe ich mich augenblicklich verliebt«, erzählt sie mir eines Abends auf der Konferenz lachend bei Bier und Tacos. »Verliebt in die Tiefen der Meere und das Tauchen.«

Mittlerweile kann ich nachvollziehen, wovon sie damals gesprochen hat.

»Nach meinem Bachelor entschloss ich mich kurzerhand, in die Karibik zu ziehen. Dort arbeitete ich für NGOs zum Schutz der Korallenriffe und begann meine erste wissenschaftliche Arbeit mit Feuerfischen.«

Die fröhliche Mexikanerin mit den langen schwarzen Haaren und Sommersprossen sagt das mit solch einer Selbstverständlichkeit, dass ich gar nicht darauf komme, groß nachzufragen, warum sie sich für ihre erste Forschungsarbeit ausgerechnet so giftige Meeresbewohner ausgesucht hat. Auf ihren Tauchgängen vor den Küsten Mexikos fand sie dann ihre Bestimmung.

»Als ich diesen Bullenhai geradewegs auf mich zuschwimmen sah, hat sich für mich etwas verändert. Es war ein sehr großes Weibchen, vermutlich hochschwanger, und es begegnete mir ganz friedlich. Für mich sind diese Tiere absolut perfekt. Ich hätte sie stundenlang beobachten können, so ruhig und schön.«

Ich entdecke ein Funkeln in ihren dunkelbraunen Augen, als sie mir von ihrer ersten Begegnung mit einem zweihundert Kilo schweren Bullenhai berichtet.

»Und du hattest überhaupt keine Angst?«, frage ich etwas verwundert. »Bullenhaie sind doch extrem aggressiv.«

»Ach Quatsch, das ist mal wieder so ein Vorurteil«, fährt sie gelassen fort. »Ja, die Männchen können in der Paarungszeit aggressiv sein. Sie haben einen sehr hohen Testosteronspiegel – dreimal höher als der eines Bullen –, aber die Weibchen sind sehr friedlich. Jungtiere und schwan-

gere Weibchen entfernen sich von den Gruppen und sind alleine unterwegs, sodass man prima mit ihnen arbeiten kann.«

Und genau das machte Elpis zu ihrem Beruf. Sie ging für ihre Masterarbeit nach Costa Rica und leitet nun bei der Organisation CREMA das Forschungs- und Schutzprojekt für Bullenhaie. Costa Rica hat weltweit einen vorbildlichen Ruf, was den Naturschutz angeht. Doch leider schließt das die Ozeane nicht mit ein. Der Meeresschutz hängt noch weit zurück.

»Die Gesetze der Regierung werden nicht respektiert – vorhandene Vorschriften nicht durchgesetzt«, berichtet Elpis. »Es gibt viel zu wenige Instanzen, die die Bestimmungen in Meeresschutzgebieten und die restriktive Fischerei überwachen.«

Sie schüttelt frustriert den Kopf. »Die drei größten Bedrohungen für unsere Haie entlang der Küsten stellen die industriellen Schiffe mit ihren Schleppnetzen und Langleinen dar, außerdem die Lebensraumveränderungen und die Verschmutzung der Gewässer. Dazu zählen beispielsweise die Abholzung der Mangroven für Shrimp-Aquakulturen, der Ausbau mariner Infrastruktur durch Kanäle sowie die Verschmutzung der Flüsse durch Industrie und Tourismus.«

»Die industrielle Fischerei?«, hake ich nach. »Wird Hai etwa gerne gegessen?«

»Hast du dir mal die Speisekarten angeschaut? Überall versteckt sich Hai in den Fischgerichten, meistens unter anderem Namen. Denn Hai schmeckt nicht mal gut, er soll eher zäh und fade sein. Trotzdem ist es billiger Beifang. Sogar hinter den berühmten *Fish and Chips* versteckt sich oft Hai. Doch das größte Problem für die Haie stellt das sogenannte ›*Finning*‹ dar, hast du davon schon gehört?«

»Meinst du das Abtrennen der Haiflossen, um daraus Haifischflossensuppe zu machen?«

Elpis nickt finster.

»Ganz genau. Die Haie werden dafür meist mit der Langleine gefischt, einer hundertdreißig Kilometer langen Schleppangel mit Tausenden von Haken. Sie gehören zu den bösartigsten Fallen im Meer, weil sie wahllos töten, alte, junge oder schwangere Tiere, ob gefährdet oder nicht. Anschließend werden dem Tier am lebendigen Leib die Flossen abgetrennt, und dann wird der verstümmelte Hai wieder ins Meer zurückgeworfen, da sein Fleisch als zu wenig wertvoll gilt. Haie sind ohne ihre Flossen schwimmunfähig und sinken auf den Meeresgrund, wo sie ersticken und elendig verenden. Denn die Fische müssen sich ständig bewegen, um sauerstoffreiches Wasser durch ihre Kiemenspalten strömen zu lassen.«

»Und das alles für eine Suppe?«, frage ich entsetzt nach.

»Unfassbar, oder?«, entgegnet Elpis wütend. »Besonders in China ist diese bescheuerte Suppe zur teuren Delikatesse geworden. Mit sechshundert Dollar pro Kilo getrockneter Flossen wurde sie dort zum Prestigeobjekt – die Nachfrage steigt und steigt.«

Ich bin fassungslos.

»Da das *Finning* schon auf dem Boot durchgeführt wird, müssen nur die Flossen in der Sonne getrocknet und an Land transportiert werden, das spart Platz und benötigt keine Kühlung. Deswegen können auch schon kleine Fischerboote das *Finning* durchführen. Die Flossen werden dann an Land für wenig Geld verkauft«, fährt Elpis fort. »*Finning* ist weltweit die Hauptursache für den Rückgang der Hai-Population. Es wird nicht überwacht, es gibt keinerlei Einschränkung bezüglich Größe, Alter oder Hai-Spezies. Kennst du den Film ›Sharkwater – Die Ausrottung‹? Den kann ich dir zu dem Thema sehr ans Herz legen.«

Mich erreichen schockierende Bilder, als ich den Begriff *Shark-Finning* im Internet nachschaue: ein Meer aus Haiflossen und verstümmelten Haien. Bei der weiteren Recherche stoße ich sogar auf ein Hai-Gericht, das sich in Deutschland besonders in Fischbrötchen hoher Beliebtheit erfreut: die Schillerlocke. Dabei sind Schillerlocken enthäutete, heiß geräucherte Bauchlappen des Dornhais. Der Dornhai wurde aufgrund von Überfischung im Nordatlantik mittlerweile ebenfalls als gefährdet eingestuft, und der Bestand sinkt weiter. Bevor wir uns also über Bräuche anderer Länder ärgern, sollten wir erst einmal genau auf unseren eigenen Teller gucken.

»Die Aufzuchtregion, in der wir in Costa Rica arbeiten, ist gleichzeitig sehr beliebt bei Sportfischern. Die bauen ihr teures Equipment an den Stränden auf und sind extrem genervt, wenn die kleinen Haie ihre teuren Angelschnüre kaputt beißen. Um sie nicht erneut zu fangen und die eigene Angelausrüstung zu verlieren, lassen sie die Babyhaie einfach am Strand liegen, wo sie ersticken. Ich bin eines Morgens den Strand entlanggelaufen und habe viele tote Haie gefunden, das war so furchtbar. Deshalb versuche ich, mit CREMA über Aufklärungsarbeit in Küstengemeinden mit den Fischern und an Schulen sowie über öffentlichkeitswirksame Kampagnen immer wieder über die Bedrohung der Haie aufzuklären und zu vermitteln, warum sie so wichtig für uns sind. Wir arbeiten außerdem direkt mit dem Umweltministerium zusammen, um auch politisch etwas bewirken zu können.«

Besonders wichtig seien allerdings die Ergebnisse ihrer Meeresforschung, um die bedrohten Tiere zu schützen.

»Und da kommst du ins Spiel!«, meint Elpis lachend.

Die Biologin schlägt mir vor, sie in ihr Forschungsprojekt mit den Bullenhaien an der Pazifikküste Costa Ricas zu begleiten und als Tierärztin selbst mit anzupacken.

Heredia. Deshalb stehe ich heute, zwei Jahre später, an einem sonnigen Morgen vor der Universidad Nacional de Costa Rica in Heredia und warte auf die Hai-Expertin und ihr Team. Die Uni liegt nicht weit von meiner Gastfamilie entfernt. Trotzdem bin ich mit meiner deutschen Pünktlichkeit mal wieder »zu früh« – *pura vida.*

Nach zwanzig Minuten hält ein voll beladener Pick-up am Straßenrand, und eine fröhliche Elpis springt vom Beifahrersitz.

»*¿Hola, Hannah, cómo estás? Long time no see, sorry we are late.*«

Wir fallen uns in die Arme. Ich freue mich riesig, die Biologin nach all den Monaten wiederzusehen, und bin gespannt auf das bevorstehende Abenteuer. Mit Haien habe ich schließlich noch nie gearbeitet.

Elpis stellt mir ihr Team vor: »Das ist Edna, eine Biologiestudentin im Master, sie hilft mir beim Probensammeln. Und das ist Hansel, ein Volunteer von der Uni. Unseren Bootsmann Amado triffst du heute Abend in Coyote, er ist das Herz des Projektes.«

Ich schüttele fleißig Hände, versuche, meinen Rucksack auf der Ladefläche des Pick-ups zu verstauen, und setze mich zu den anderen ins Auto. Fünf Stunden Fahrt sind es bis nach San Francisco de Coyote. Der winzige Fischerort im Nordwesten des Landes liegt in der Provinz Guanacaste. Sie ist bekannt für ihre traumhaften Strände und ein beliebter Ort zum Surfen.

Auf der Hinfahrt berichte ich Elpis begeistert von meinen bisherigen Erlebnissen in Costa Rica, der ersten Begegnung mit einem Faultier, den faszinierenden Fledermäusen und den Meeresschildkröten. Besonders haben mich die Lederschildkröten *(Dermochelys coriacea)* beeindruckt.

»Mir war gar nicht bewusst, dass es hier auch Lederschildkröten gibt. Mit einem Panzer von über zwei Metern sind das die größten Schildkröten der Welt. Dieser Moment, wenn sich die siebenhundert Kilo schweren Riesen aus dem Wasser erheben und langsam den Strand hinaufkriechen, um ihre Eier abzulegen, ist einfach magisch.«

»Wow, hast du ein Glück. Obwohl ich schon so lange mit allen möglichen Meeresbewohnern arbeite, habe ich noch nie eine *Leatherback* in freier Wildbahn gesehen«, tönt es bewundernd vom Vordersitz.

»Leider wird es die grauen Riesen auch nicht mehr allzu lange geben«, stelle ich traurig fest. »Schildkröteneier gelten vielerorts als teure Delikatesse. Die riesigen Reptilien werden an Land zur einfachen Beute für Wilderer, die ihre Nester plündern und häufig auch das Schildkrötenfleisch verzehren. Deswegen haben wir in dem Schutzprojekt in Pacuare jede Nacht am Strand patrouilliert und die Nester überwacht. Dazu kommt die zunehmende Verschmutzung der Ozeane. Viele Schildkröten verfangen sich in Fischernetzen oder fressen schädlichen Plastikmüll. Und auch die zunehmende Lichtverschmutzung durch große Häfen und Schiffe wird für die Meeresbewohner insbesondere bei der Eiablage zum Problem. Der durch den Klimawandel verursachte Anstieg des Meeresspiegels führt zum Verlust von Brutstränden. Und die Wassertemperaturen steigen auch. Aber wem erzähle ich das, darüber weißt du selbst ja am besten Bescheid.«

Elpis nickt traurig.

»Ja, wir führen mit unserer Organisation auch ein Projekt zum Schutz der Karettschildkröte *(Eretmochelys imbricata)* durch. Sie ist ebenfalls vom Aussterben bedroht. Aufgrund ihres Fleisches, der Eier und besonders wegen des wertvollen Schildplatts wird sie intensiv bejagt.«

»Schildplatt entsteht aus dem Panzer der Schildkröte?«, frage ich nach.

»Genau, der Panzer der Karettschildkröte ist besonders bunt und das Schildplatt somit sehr wertvoll. Letztendlich führt auch bei den Meeresschildkröten das Jagen der Jungtiere auf hoher See zum extremen Rückgang ihrer Populationen.«

Elpis weist mich außerdem in die Schützlinge ihres Projektes, die Bullenhaie *(Carcharhinus leucas)*, ein.

»Bullenhaie sind Knorpelfische und werden über drei Meter groß und bis zu zweihundertdreißig Kilo schwer. Der Bullenhai zählt zu den wenigen Arten, die sowohl in Süß- als auch in Salzwasser leben können. Über seine Nieren und die Rektaldrüse kann er die unterschiedlichen Salzgehalte des Wassers ausgleichen. Deshalb findet man die Tiere entlang der Küsten sowie in Flussmündungen oder sogar Kanälen.«

»Supercool!«, rufe ich begeistert dazwischen. »Dazu gibt es in der Serie ›Flussmonster‹ eine Folge, in der Leute in Florida einen Bullenhai im Kanal hinterm Haus schwimmen haben. Ich lieb so was!«

Elpis lacht kopfschüttelnd und fährt fort: »Die Bullenhai-Weibchen sind lebend gebärend. Sie erreichen erst nach fünfzehn Jahren die Geschlechtsreife, und nach etwa elf Monaten Tragzeit werden die Junghaie geboren. Da die Vermehrung so lange dauert und gerade die Jungtiere in ihren Aufzuchtregionen bedroht sind, gingen die Populationen in den letzten Jahren extrem zurück.«

Ich nicke. Solch eine langsame Vermehrung macht eine Art viel angreifbarer.

»Dabei ist der Bullenhai eines der wichtigsten Raubtiere unserer Küsten. Gibt es ihn nicht mehr, gerät das ganze marine Ökosystem durcheinander.«

Ich liebe es, mit welcher Hingabe Elpis von ihren Haien spricht.

»Die Babyhaie werden im Süßwasser bevorzugt in Flussmündungen geboren. Hier sind die Wasserbedingungen wärmer, das Nahrungsangebot höher und die Kleinen besser geschützt.

In Coyote sind zwei Flussmündungen als Aufzuchtregion der Bullenhaie bekannt, doch scheinbar kümmert das keinen. Die Fischerei geht weiter, die Flüsse werden verdreckt, und die jungen Haie sterben. Mit meiner Forschungsarbeit will ich das aufhalten. Ich möchte wissenschaftlich nachweisen, dass hier eine wichtige Aufzuchtregion für Bullenhaie liegt und sie deshalb unter Naturschutz gestellt werden muss. Bevor die zuständigen Behörden nämlich eine *Marine Protected Area* ausweisen, möchten sie dafür wissenschaftliche Belege. Und die liefern wir ihnen«, fügt sie entschlossen hinzu.

»Wir fangen die Junghaie in den Mündungsgebieten, markieren sie mit einem akustischen Sender und lassen sie anschließend wieder frei. Entlang der Küste haben wir zahlreiche akustische Empfänger platziert, die das Signal der Hai-Sender aufnehmen, sobald sie sich der Region nähern. So können wir die Bewegungen und Lebensraumnutzung der markierten Tiere registrieren und gleichzeitig dokumentieren, dass dieses Gebiet eine wichtige Aufzuchtregion der Haie ist, zu der sie immer wieder zurückkehren.«

Seit vier Jahren arbeitet Elpis an diesem Projekt. Bisher hat sie fünfundzwanzig junge Haie mit den akustischen Sendern markiert, die jedes Jahr zurückkehren. Bald kann sie ihre ersten Ergebnisse veröffentlichen und hofft, damit etwas Großes bewegen zu können.

»Das ist die erste Studie in Zentralamerika, die anhand akustischer Telemetrie junge Bullenhaie in Mündungsgebieten untersucht.«

Der Stolz in ihrer Stimme ist nicht zu überhören. Ich bin mindestens genauso stolz auf Elpis: Die junge Biologin hat es sich zum Ziel gesetzt, eine Tierart vor dem Aussterben zu bewahren, vor der sich die meisten Menschen fürchten. Sie gibt den uns so fremden Tieren eine Stimme und baute auf eigene Faust ein Forschungsprojekt auf. Stundenlang arbeitet sie sich dafür in die hochsensible Technik ein und bringt sich die Auswertungsprogramme gleich auch noch selbst bei.

Deshalb möchte ich das Forschungsprojekt vor Ort unterstützen und habe schon in Deutschland Spendenaktionen für Bullenhaie in Costa Rica durchgeführt: Über Vorträge, Aufrufe in den sozialen Medien und Ocean Dinner in Restaurants wurden genügend Spenden für neue akustische Empfänger gesammelt, die ich der Meeresschutzorganisation CREMA nun eigenhändig überbringen kann.

Guanacaste. Gegen Nachmittag kommen wir an der biologischen Station in Coyote an. Es ist ein einfaches Haus aus Holzplanken mit Etagenbetten, einer Küche mit Gasherd, einem Lagerraum für Equipment und zwei kleinen Badezimmern mit kaltem Wasser. Das Wichtigste ist die Waschmaschine, erklärt Elpis, die Klamotten stinken nämlich jedes Mal unvermeidlich nach Fisch.

Den Luxus einer Klimaanlage genießt die Station leider nicht, dabei wird es hier häufig über 35 Grad heiß. In der Dämmerung machen wir uns auf zum Bootsanleger.

»Wir richten uns nach den Gezeiten«, erklärt Elpis. »Ab 19 Uhr können wir aufs Wasser, meistens arbeiten wir bis spät in die Nacht hinein.«

An der Flussmündung lerne ich Amado kennen. Der Fischer stammt aus dem kleinen Ort und arbeitet mittlerweile schon viele Jahre für die Schutzorganisation.

»Amado kennt diese Region auswendig und weiß viel über Haie – ohne ihn wäre ich aufgeschmissen«, stellt Elpis ihn vor.

Der Costa Ricaner mit den schwarz-grauen Haaren und Vollbart wirkt anfangs etwas grummelig, taut aber mit der Zeit zu einem richtigen Spaßvogel auf. Im Gegensatz zu uns trägt er nur T-Shirt und eine kurze Sporthose – ihm scheinen die Mückenschwärme auf dem Wasser nichts auszumachen.

Vorsichtig beladen wir das kleine Motorboot am Steg mit unserem Equipment: zwei Untersuchungskoffern, einer Kiste mit Haken, einer Kühlbox mit frischem Fisch und ein paar belegten Broten zur Stärkung. Gemächlich steuern wir auf den Fluss hinaus und spannen eine zwölf Meter lange Leine über das stille Wasser zwischen den Mangroven.

Derweil schneidet Amado den frischen Fisch aus der Kühlbox in haimaulgerechte Stücke, die wir anschließend in gleichen Abständen an der Leine befestigen. Jetzt heißt es erst einmal abwarten und der Geräuschkulisse um uns herum lauschen.

Die Stirnlampen werden ausgeknipst, und wir sind umgeben von Dunkelheit. Das Boot treibt lautlos auf dem Wasser, nur das Zirpen der Zikaden ist deutlich zu hören. Fledermäuse jagen durch die Nacht. Bei dem Gedanken, dass hier überall um mich herum Bullenhaie schwimmen könnten, wird mir etwas mulmig zumute. Ich bin noch nicht ganz sicher, was ich von der bevorstehenden Untersuchung zu erwarten habe, schließlich habe ich noch keine Erfahrung mit Haien. Andererseits wurde mir von Elpis alles genau erklärt: Wir können die Prozedur für Bullenhaie im Wasser oder im Boot durchführen, allerdings arbeiten wir mit den Kleinen besser im Boot. Wichtig ist, dass wir in weniger als zehn Minuten fertig sind. Um den Hai ruhigzustellen und Verletzungen zu vermeiden, nutzen wir die »tonische Immobilität« (Muskellähmung). Eine Methode, die bei vielen Knorpelfischarten eingesetzt wird: Dafür wird der Hai zügig auf den Rücken gelegt und fixiert. In dieser Rückenlage verfällt der Hai in eine Bewegungsstarre.

Die tonische Immobilisation ist viel schonender für den Hai, denn er erholt sich durch Bewegung im Wasser sofort wieder. Außerdem birgt sie keinerlei Risiken durch Betäubungsmittel. Nachdem wir das Tier ausgemessen und sein Geschlecht bestimmt haben, soll ich den akustischen Sender chirurgisch in der Bauchhöhle implantieren. Dafür genügt ein kleiner Einschnitt unterhalb des Bauchnabels. Dieser Teil birgt genügend Platz zwischen der Haut und den inneren Organen und enthält nur wenige Nerven, sodass der Hai keine Schmerzen spürt.

Anschließend verschließe ich den Einschnitt wieder mit resorbierbarem Nahtmaterial, das sich nach einiger Zeit von selbst auflöst. Dann wiegen wir das Tier noch und markieren es mit einer gelben sogenannten »Floy-Tag-Marke«. Die zusätzliche visuelle Markierung ist wichtig, um einen Wiederfang des Haies zu verhindern. Auf dieser langen gelben Marke, auch »Spaghetti-Tag« genannt, stehen ein ID-Code, eine E-Mail-Adresse sowie eine Telefonnummer, um eine Begegnung mit dem markierten Tier zu melden.

Amado wirft den Motor an, das Geräusch zerreißt die Stille. Langsam fahren wir die aufgespannte Leine entlang und halten mit unseren Stirnlampen nach Fischen Ausschau.

Von den meisten Haken wurde der Köder gekonnt abgebissen. Doch bei Nummer vier schwimmt ein großer Wels unter uns her. Mit geübtem Griff hievt Elpis das Tier aus dem Wasser. Vorsichtig fixiere ich den schuppenlosen, glatten Fisch, damit er keine Schmerzen erleidet und Elpis ihn ausmessen kann. Das breite Maul des Welses ist von langen Barteln umgeben, seine Geschmacks- und Tastorgane. Behutsam befreit Elpis den Fisch vom Haken und entlässt ihn wieder zurück ins dunkle Wasser. Zwischendurch finden wir auch einmal nur noch einen Welskopf an der Leine, der Rest wurde wohl von einem größeren Fisch abgebissen … Mein Herz pocht etwas heftiger. Also sind hier gerade wirklich Haie unterwegs?

Kurze Zeit später ertönt ein kleiner Jubelschrei, und tatsächlich, jetzt erkenne auch ich drei Meter vor uns, wie ein großer grauer Körper seine Kreise zieht: ein junger Bullenhai. Elpis bittet das Team noch einmal um Aufmerksamkeit. Jetzt muss konzentriert zusammengearbeitet werden, damit die Untersuchung schnell und problemlos vonstattengehen kann.

Die Biologiestudentin Edna markiert unsere Koordinaten im GPS und notiert die Ergebnisse. Amado und Elpis hieven den kräftigen Bullenhai ins Boot. Die charakteristische breite Schnauze und der gedrungene, bullige Körper sind gut zu erkennen. Elpis dreht den etwa einen Meter langen Hai geübt auf den Rücken, und er wird schlagartig ruhig. Während sie das Geschlecht des Haies bestimmt, fixiere ich den Schwanz. Ich erkenne deutlich die spitzen Zahnreihen im Maul, von denen halte ich mich lieber fern.

Nachdem die Proben entnommen sind, gibt Elpis mir ein Zeichen: Ich soll mit der kleinen OP beginnen. Anfangs sind meine Hände noch etwas zittrig, schließlich knie ich gerade auf einem kleinen Fischerboot mitten in Costa Rica über einem Bullenhai, aber sobald ich mich auf das Tier konzentriere, ist jede Aufregung verflogen.

Ich suche auf der Bauchseite des Haies die Stelle für den kleinen Einschnitt und säubere sie mit Alkohol. Obwohl die Haut glatt aussieht, fühlt sie sich unter meinen Handschuhen an wie Schmirgelpapier. Außerdem ist sie viel fester als die der Säugetiere, die ich bisher operiert habe. Angestrengt versuche ich, mit dem Skalpell durch die widerstandsfähige Bauchdecke zu kommen. Der Schweiß rinnt mir über die Stirn, aber das merke ich gar nicht mehr.

Endlich habe ich die Bauchdecke eröffnet und prüfe vorsichtig mit dem Finger, dass sich keine Organe vorgeschoben haben. Es ist alles frei, und ich verlängere den Schnitt um etwa vier Zentimeter. Elpis nickt mir zu und reicht mir den aktivierten akustischen Sender in einem kleinen schwarzen Plastikgehäuse. Vorsichtig versenke ich den Sender in der Bauchhöhle. Anschließend verschließe ich die Bauchdecke wieder mit einer Naht. Die robuste Haut ist schwer zu durchstechen und erinnert mich an meine Operationen an Kühen.

Untersuchungen haben gezeigt, dass dieser Eingriff sowie der kleine Sender die Haie in keiner Weise beeinträchtigen und der Sender ein Leben lang ohne Nebenwirkungen im Körper bleiben kann. Diese Information beruhigt mich. Sobald ich mit der Naht fertig bin, nehme ich noch vorsichtig etwas Blut an der Schwanzflosse ab. Anschließend übernehme ich wieder die

Fixation des Tieres, und Elpis bringt die gelbe *Floy-Tag*-Marke hinter der Rückenflosse an. Am Ende geht Edna noch einmal alle Daten durch. Elpis nickt zufrieden und hebt den ruhigen Hai wieder zurück ins Wasser. Sie bewegt ihn vorsichtig vor und zurück, damit das sauerstoffreiche Wasser durch die Kiemen des Fisches fließen kann und er sich aus seiner Bewegungsstarre löst. Nach weniger als einer Minute schwimmt der junge Hai munter davon.

Elpis klatscht in die Hände. Die erste Untersuchung hat einwandfrei geklappt. Erleichtert sinke ich auf die Bank zurück und atme tief durch. In dieser Nacht besendern wir noch vier weitere Haie, und auch die folgenden Tage werden sehr erfolgreich. Wir haben großes Glück.

Eines Abends, während wir wieder geduldig auf die Haie warten, erzählt mir Elpis von ihrer Arbeit auf der Isla del Coco.

»Die berühmte Schatzinsel liegt im Pazifischen Ozean, fünfhundert Kilometer vom Festland entfernt, und steht seit den Siebzigerjahren unter Naturschutz. Neben der einzigartigen Flora und vielen endemischen Vögeln gibt es vor Cocos Island die abenteuerlichsten Meeresbewohner. Dort trifft man auf riesige Hammerhai-Formationen, zwei Meter große Mantarochen, Delfine, und sogar Walhaie kommen gelegentlich vorbei. Ich habe dort mehrere Monate für ein Schutzprojekt getaucht und war völlig von den Socken. Nächstes Mal musst du unbedingt mitkommen.

Weißt du, Hannah, jeder Hai hat seine eigene Persönlichkeit: Hammerhaie scheinen immer gut gelaunt, sind aber sehr leicht zu erschrecken und bewegen sich gerne in Gruppen von mehr als hundert Tieren. Bullenhaie dagegen lassen sich von nichts aus der Ruhe bringen. Sie signalisieren dir: Hier bin ich, nimm dich in Acht, ich habe vor nichts Angst. Und der Tigerhai ist der King im Wasser, ganz klar. An ihm kommt niemand vorbei.«

228

Elpis spricht mit solcher Hingabe von ihren Schützlingen, dass ich mir gar nicht mehr vorstellen kann, wie sich überhaupt jemand vor diesen schönen Tieren fürchten kann.

TEIL V

AKTIV WERDEN

14.

NACHTSCHICHTEN FÜR ARA-KÜKEN IN GUATEMALA

Guatemala. Als meine Maschine den kleinen Hauptstadtflughafen ansteuert, bietet sich mir ein spektakuläres Schauspiel:
Eine dunkle, pilzförmige Rauchwolke taucht über einem hohen,
spitz zulaufenden Berg auf. Ein malerisches Bild vor den glit-
zernden Dächern der Stadt. Mein Sitznachbar José-Luis fuchtelt
aufgeregt mit den Händen und beugt sich zu mir hinüber ans
Fenster.

»Das ist der Volcán de Fuego. Einer der aktivsten Vulkane
unseres Landes«, erklärt er mir in holperigem Englisch. Als er
meinen besorgten Blick bemerkt, fügt er schnell hinzu: »Keine
Sorge, der ist schon ewig nicht mehr ausgebrochen.«

Ich bin beeindruckt und starre auf die riesigen Bergkämme,
die die Stadt umrahmen. Das letzte Mal kam ich mit dem Bus
in das kleine zentralamerikanische Land, und dieser Ausblick
blieb mir verwehrt. José-Luis lächelt mich stolz an. Er ist ein
fröhlicher kleiner Mann mit schwarzem Haar und Brille. Seit
dem Zwischenstopp in San José, Costa Rica, sitzen wir neben-

einander. Er war beruflich dort. Deswegen der Anzug, verrät er mir, und nun ist er wieder auf dem Weg nach Hause. Den Guatemalteken scheint es richtig glücklich zu machen, von den schönen Ecken und Sehenswürdigkeiten seines Heimatlandes erzählen zu können.

Guatemala – das Land der Maya, Vulkane und Quetzal. Der Quetzal ist der Nationalvogel Guatemalas, nach dem auch die Währung des Landes benannt ist. Ein farbenprächtiger, grün-rot gefärbter Vogel mit extrem langen Schwanzfedern, den ich in den Nebelwäldern schon aus nächster Nähe bewundern durfte.

»Früher bei den Maya dienten die kostbaren Schwanzfedern als Währung«, erklärt José-Luis.

Er zeigt mir einen Geldschein, auf dem ich den schönen großen Vogel erkennen kann. Ich lasse mich von seiner guten Laune anstecken und erwarte gespannt unsere Landung. Seit zweiundvierzig Stunden bin ich unterwegs.

Guatemala. Ich lasse mir das Wort auf der Zunge zergehen. Das kleine Land südlich von Mexiko liegt zwischen Atlantik und Pazifik. Bekannt wurde es durch die majestätischen Tempelstätten der Maya, der indigenen Bevölkerung Guatemalas. Tikal, die größte Ausgrabungsstätte des Landes, liegt verborgen im Dschungel und ist laut José-Luis ein *Must See* auf meinem Trip.

Doch das Ziel meiner Reise ist ein anderes: Ich werde die nächsten drei Monate mit einer Umweltorganisation ein Schutzprojekt für bedrohte Großpapageien durchführen. Mitten im Dschungel. Dort muss ich allerdings erst einmal hinkommen. Nach einem achtstündigen Aufenthalt in der Hauptstadt mit dem einfallsreichen Namen Guatemala City geht es für mich mit einer kleinen Propellermaschine weiter. Ihretwegen darf ich gerade mal vierzehn Kilo Gepäck für meine drei Monate Aufenthalt mitnehmen und muss schon während der Reise in schweren Gummistiefeln vor mich hin schwitzen. Das winzige Flugzeug hat nur zwei Sitzreihen. Eine Stewardess ist trotzdem mit an Bord. Seelenruhig verteilt sie an jeden Reisenden drei Nüsschen und einen Keks. Der Flug ist kurz und turbulent, erspart mir aber stundenlange Busfahrten über unbefestigte Straßen. Als die Landschaft unter mir immer grüner wird, werde ich immer aufgeregter.

Während der letzten neun Monate habe ich in Deutschland mein Tiermedizinstudium beendet, habe alle zwei Wochen Klausuren geschrieben, mündliche Prüfungen abgelegt und Tiere untersucht. Neun lange Monate am Schreibtisch. Doch jetzt ist es endlich geschafft, bei der feierlichen Zeugnisverleihung wurde mir die Approbation zur Tierärztin überreicht. Und nun: endlich wieder Dschungel.

Flores. Als ich die wackelige Treppe auf die Rollbahn hinunterklettere, atme ich vertraute Gerüche und höre Motorenlärm. Warme, feuchte Luft schlägt mir entgegen, die Sonne ist bereits untergegangen. Der Flughafen besteht aus einer einzigen Halle, nun ja, es ist eher ein Raum. Ein Flughafenmitarbeiter bringt jedem der acht Fluggäste sein Gepäckstück, eine Passkontrolle gibt es nicht.

Durch die Glastür entdecke ich Picho, der mir schon freudestrahlend zuwinkt. Picho heißt eigentlich Luis Fernando, aber so habe ich ihn noch nie genannt. Der Tierarzt aus Guatemala ist das Bindeglied zwischen den Papageien und mir. Seit dem Kongress in Mexiko und seinem kurzen Besuch in Deutschland haben wir uns nicht wiedergesehen. Immer wieder berichtete er mir begeistert von seiner Arbeit bei der Wildlife Conservation Society Guatemala, dem einzigartigen Dschungel im Projektgebiet und den Problemen, mit denen die Schutzorganisation zu kämpfen hat.

Deshalb schmiedeten wir folgenden Plan: Wie schon für die Haie würde ich in Deutschland Gelder akquirieren und Spenden für die bedrohten Papageien sammeln. Mit dem Geld würden wir anschließend das Schutzprojekt unterstützen, und ich käme nach Abschluss meines Studiums selbst nach Guatemala, um in der Brutsaison vor Ort mitzuhelfen. Heute stehe ich also vor ihm – in Gummistiefeln und mit Wanderrucksack. Wir fahren mit Pichos kleinem blauen Mazda nach Flores. Das Städtchen mit knapp zweitausend Einwohnern ist nur über eine Brücke erreichbar, denn es ist umrahmt vom Wasser des Lago Petén Itzá. Die Inselstadt liegt im Departamento Petén und grenzt an das Maya-Biosphärenreservat. Mit etwas über zwei Millionen Hektar ist es das größte Naturschutzgebiet Zentralamerikas. Ich nenne es liebevoll den »Maya-Dschungel«. Während der gesamten Autofahrt redet Picho begeistert auf Spanisch auf mich ein. Ich lächele zufrieden und lasse mich in den Sitz zurücksinken. Doch für Müdigkeit ist noch keine Zeit. Picho bringt mich zu meiner Unterkunft bei Doña Goya, einer freundlichen alten Dame, die mich herzlich umarmt, willkommen heißt und hereinbittet.

»¡Bienvenida, Anna! Adelante!«

Doña Goya spricht kein Wort Englisch und nennt mich bis zum Ende meines Aufenthalts begeistert »Anna«, wir verstehen uns prächtig. Bei ihr habe ich für die nächsten drei Monate ein Zimmer gemietet, mein Basiscamp in der Stadt für die wöchentlichen Aufenthalte im Dschungel. Das Zimmer ist einfach, hat aber alles, was ich brauche: ein Bett, einen Stuhl und eine kleine Kommode. Vor allem über das eigene kleine Bad freue ich mich – auf Privatsphäre werde ich in den nächsten Wochen nämlich wieder oft verzichten müssen. Der schönste und kühlste Ort des Hauses ist die Dachterrasse: Unter Palmenblättern sind zwei Hängematten aufgehängt, und von hier aus kann ich direkt auf den See gucken, der die kleine Stadt umgibt. Hier werde ich abends viele Stunden verbringen.

Zurück in meinem Zimmer ziehe ich mir erleichtert die verschwitzten Gummistiefel aus und springe schnell unter die kalte, herrlich erfrischende Dusche. Anschließend treffe ich mich mit Picho im Restaurant gegenüber und lasse mich bei *Fachitas*, so heißt das frisch gegrillte Gemüse mit Guacamole in einem Weizentortilla, und einem eiskalten *Gallo*, dem lokalen Bier, auf den neuesten Stand bringen.

Am nächsten Morgen wache ich um sechs Uhr auf und fühle mich gerädert von der zweitägigen Anreise. Länger schlafen kann ich nicht – die Sonne scheint direkt in mein Zimmer, und es ist schon jetzt sehr heiß. Da hilft auch der kleine Ventilator, der mir direkt ins Gesicht bläst, nicht viel. Von draußen ertönen laute Motorengeräusche, Roller knattern vorbei, Autos hupen. Völlig zerknautscht steige ich aus dem Bett und lasse mich erst mal vom kalten Wasser der Dusche vollends aufwecken.

Hier in Flores sitzt die Umweltschutzorganisation Wildlife Conservation Society Guatemala (WCS), mit der ich in den nächsten Monaten zusammenarbeiten werde. Heute soll ich das Team kennenlernen, und wir planen gemeinsam die bevorstehende Expedition in den Dschungel. Außerdem darf ich der WCS die Spenden überreichen, die ich in Deutschland für das Projekt gesammelt habe.

Nach ein paar labbrigen Cornflakes und etwas Instantkaffee trete ich vor das Haus, wo Picho schon putzmunter auf mich wartet.

»Na, gut geschlafen? Wie schlimm ist dein Jetlag?«

»Ich hab geschlafen wie ein Stein. Aber leider nicht so lange … Ganz schön warm hier.«

»Ja, wir stecken mitten in der Trockenzeit, die wärmste Zeit im Jahr. Da werden es hier schon mal über 40 Grad.«

Erschrocken schaue ich Picho an.

»Keine Sorge, im Wald ist es kühler. Und im Büro haben wir Aircon.«

Und tatsächlich: Als wir das kleine, grün getünchte Bürogebäude erreichen, erkenne ich eine rappelnde Klimaanlage in der Hauswand und zugemauerte Fenster, um die Hitze auszusperren. Bereits nach dem kurzen Fußweg von meiner Unterkunft bis hierher bin ich in meiner Jeans, den geschlossenen Schuhen und der Bluse durchgeschwitzt. Aber wenn man dazugehören will, muss ich mich eben anpassen: In Flip-Flops und kurzer Hose geht hier niemand zur Arbeit.

Im Büro werde ich freundlich empfangen. Picho stellt mich vor, und ich schüttele viele Hände. Begeistert kommt ein schwarz gelockter Guatemalteke auf mich zu. Rony Alberto García Anleu, er ist Leiter des Projektes. Wir haben schon häufig miteinander via Skype gesprochen und E-Mails geschrieben, aber es fühlt sich gut an, ihn endlich persönlich kennenzulernen.

»Schön, dass du da bist, Hannah. Wir haben dich schon freudig erwartet. Du bist aber groß! Wie war dein Flug? Hat Picho dich abgeholt? Ist deine Unterkunft in Ordnung? Wenn du irgendetwas brauchst, melde dich bitte, ja? Hier ist dein Schreibtisch.«

Ich kann kaum antworten, so schnell redet er auf mich ein.

»Um elf haben wir unsere Besprechung, und nachmittags kommen die *Field Technicians* vorbei. Die Jungs, die mit euch in den Dschungel kommen und aufpassen, dass du nicht vom Jaguar gefressen wirst«, fügt er grinsend hinzu. »Aber jetzt richte dich erst mal ein.«

Die WCS Guatemala hat sich auf den Schutz der Hellroten Aras spezialisiert. Die mittelamerikanische Unterart der Großpapageien *(Ara macao cyanoptera)* ist sehr stark vom Aussterben bedroht. Nur noch knapp tausend Tiere leben in den mittelamerikanischen Staaten Mexiko, Belize, Guatemala, Honduras und Nicaragua.

»Tausend Tiere?«

Ich traue meinen Ohren nicht, als ich die Zahl zum ersten Mal von Picho höre.

»Das sind ja weniger Vögel, als im Kölner Zoo gehalten werden. Und dann auch noch die Letzten ihrer Art?« Die Vorstellung lässt mich erschaudern. »Warum weiß niemand davon?«

»Na, weil kaum einer von ihnen gehört hat. Jeder kennt den Hellroten Ara. Er zählt zu den größten Papageien der Welt und ist von Mexiko bis Brasilien weitverbreitet. Sein hellrotes Gefieder mit den blauen, grünen und gelben Federn an den Flügeln ist in jedem Südamerika-Buch abgebildet. Unsere Unterart dagegen hat anstatt der grünen hellblaue Federn an den Flügeln. Daher auch der Name: *Ara macao cyanoptera* – hellblaue – *cyan* – Flügel – *optera*. Außerdem ist die Unterart noch etwas größer.« Das leuchtet mir ein. Wer hat schon alle Unterarten eines Vogels auf dem Schirm. Selbst ich als Expertin bin bereits froh, wenn ich in Fernsehdokumentationen alle acht Ara-Arten auseinanderhalten kann. Gelbbrust-Ara, Soldaten-Ara, Rotohr-Ara ...

Im Regenwald von Petén befindet sich also die Hauptbrutregion der *Ara macao cyanoptera*. Und genau hier liegt im Nationalpark Laguna del Tigre die Forschungsstation der WCS, das Ziel unserer bevorstehenden Dschungelexpedition. Der hiesige Bestand ist in den letzten acht Jahren auf etwa zweihundertfünfzig Individuen zurückgegangen. Grund für den radikalen Verlust ist der Schwund ihres Lebensraums. Der Wald wird abgeholzt oder abgebrannt, um Boden für die Vieh- und Landwirtschaft zu gewinnen. Der Druck durch das extreme Wachstum der angrenzenden Siedlungen ist enorm. Dieser rasante Rückgang des Regenwalds hat in den letzten Jahren fast zum Aussterben der farbenprächtigen Vögel geführt. Deswegen hat sich die WCS das Ziel gesetzt, die Art zu schützen und den Bestand wieder zu vergrößern. Und ich darf sie dabei unterstützen.

Um elf Uhr besprechen wir gemeinsam in dem kleinen, dunklen Büro bei Kaffee und Keksen die bevorstehende Expedition. Es sind bereits sechs Ara-Küken auf der Station geschlüpft. Zwei *Field Technicians*, die Feldassistenten der WCS, sind bereits vor Ort und versorgen die Tiere. Leider fehlen der Organisation finanzielle Mittel, sodass sie zurzeit nur vier *Technicians* beschäftigen kann. Das bedeutet, dass sie in der Brutsaison rund um die Uhr auf der Forschungsstation sein und sich um die Tiere kümmern müssen. Im Zweiwochentakt wechseln die beiden Teams sich momentan ab.

Picho und ich bilden das Tiermedizinteam. Wir sind für die Untersuchung der wilden Ara-Küken, die Entnahme von Proben und die Bestandskontrolle zuständig. Außerdem beaufsichtigen wir die geschlüpften Küken auf der Station. Die beiden *Field Technicians* Antonio und Pedro werden in zwei Tagen mit uns in den Dschungel aufbrechen, doch bis dahin ist noch viel zu tun: einkaufen, das Auto reparieren, neues Futter für die Papageienküken bestellen. Außerdem wollen Picho und ich noch ein Gesundheitsprotokoll für die Tiere anfertigen.

Von den Spenden aus Deutschland kann die WCS einen neuen solarbetriebenen Brutkasten für die Station kaufen. Und wir wollen noch eine neue Kletterausrüstung für die *Field Technicians* besorgen, sodass sie die Papageiennester in den Baumkronen sicher erreichen können. Wir erstellen Einkaufslisten, Projektpläne und verteilen die Arbeit.

Ich bin sehr froh, »als Neue« schon fest ins Team aufgenommen worden zu sein. Und auch wenn ich eindeutig weiter an meinem Spanisch arbeiten muss, verstehe ich schon fast alles.

Als Pedro nachmittags in das dämmrige Büro kommt, um sich die erste Einkaufsliste abzuholen, ist er mir auf Anhieb sympathisch: Die dunklen Augen in seinem runden Gesicht strahlen eine große Freundlichkeit aus. Die Baseballcap trägt er lässig auf dem Kopf. Nur sein Spanisch verstehe ich kaum. Picho erklärt mir später, das sei Kekchí. Eine Maya-Sprache, die hauptsächlich von Indigenen der Kekchí-Ethnie in Guatemala gesprochen wird. Pedro und Antonio kommen beide aus den umliegenden Dörfern des Maya-Biosphärenreservats, und Kekchí ist ihre Muttersprache. Pedro allerdings lebt schon seit einiger Zeit mit seiner Familie in der Stadt und spricht fließend Spanisch, nur hört man ihm den Dialekt an. Ich bin beeindruckt, mit welch interessanten Personen ich in den nächsten Wochen zusammenarbeiten darf. Und Pedro werde ich sogar noch die eine oder andere Rettung aus brenzligen Situationen verdanken.

Laguna del Tigre. Zwei Tage später verstaue ich mein Gepäck auf dem schwarzen, klapprigen Pick-up, der vor dem Büro geparkt ist – natürlich ein *Four-Wheel Drive*.

»Unbedingt notwendig, um das große Gefährt durch den Dschungel zu navigieren«, erklärt Picho. »In der Regenzeit ist es besonders schwierig. Da sind die Wege so schlammig, dass man trotz Vierradantrieb dauernd stecken bleibt und nicht mehr vor oder zurück kommt.«

Gut gelaunt lehnt er mit Sonnenbrille und in einem blauen T-Shirt mit großem Schriftzug »Surf Guatemala« an der Fahrertür. Pedro kommt telefonierend auf mich zu und schüttelt mir zur Begrüßung zwinkernd die Hand. Auf die Frage, wo denn der Vierte im Bunde sei, erwidert Picho: »Antonio holen wir erst später bei seinem Haus ab. Er wohnt direkt am Eingang des Nationalparks. Aber vorher müssen wir noch ein paar Dinge besorgen.«

Noch mehr besorgen? Dabei ging es in den letzten zwei Tagen doch um kaum etwas anderes. Wir halten an einem Großmarkt am Stadtrand. Es ist eine Art Supermarkt, allerdings ohne fein säuberlich eingeräumte Regale, Kühlung oder irgendein System. Ich schaue staunend zu, wie Pedro routiniert kiloweise getrocknete Bohnen, Maismehl, Eier, Milchpulver, Reis und ein paar Hühnchen für die nächsten zwei Wochen zusammensucht.

Aufmunternd ruft er mir zu, ich solle mir auch etwas aussuchen. Als ich schüchtern auf die großen Karotten und die Bananen zeige, schaut er mich etwas irritiert an und greift dann lachend nach dem Grünzeug. Ich hatte mir noch gar keine Gedanken darüber gemacht, was wir auf der Station wohl jeden Tag essen werden, so ganz ohne Strom oder Gas. Dagegen war das Kochteam in Malaysia, das uns jeden Tag zwei warme, ausgewogene Mahlzeiten zubereitet hat, regelrecht Luxus.

Pedro kauft außerdem noch einige Gallonen sauberes Trinkwasser – extra für mich, damit mein untrainierter Magen nicht schon nach den ersten Tagen schlappmacht. Ich lächele ihn dankbar an. Nebenan kaufen wir in einer Art Baumarkt noch weitere Utensilien für die Forschungsstation: Spritzen und Plastikdosen für das Futter der Küken, große Schüsseln und Holzwolle für die Nester, Handtücher und jede Menge Küchenrollen. Nur das Ersatzteil für die kaputte Dusche im Camp ist nicht auffindbar. Leider.

Um zwölf Uhr sind wir endlich abfahrbereit. Der wenig vertrauenerweckende Pick-up ist jetzt bis oben bepackt. Pedro sitzt irgendwo zwischen all den Säcken und Kisten auf der Ladefläche. Die Sonne knallt mittlerweile unbarmherzig auf uns herab. Ich hoffe sehr, dass wir das Camp ohne Panne und noch vor Einbruch der Dunkelheit erreichen.

»Ist die Aircon okay?«, fragt Picho, während er in der glühend heißen Fahrerkabine an unsichtbaren Knöpfen dreht. Ich muss laut lachen.

Fröhlich und schwitzend rumpeln wir durch die flache Landschaft an unzähligen Rinderfarmen vorbei. Von Wald ist hier noch nichts zu sehen. Dafür begegnen wir Schweinen am Wegesrand, Kühen auf der Straße, grasenden Pferden und Schulkindern, die uns begeistert zuwinken.

Nach zweieinhalb Stunden Fahrt Richtung Nordwesten, kurz vor der mexikanischen Grenze, erreichen wir den Nationalpark Laguna del Tigre. Einige notdürftig nebeneinandergelegte Baumstämme führen uns über den Río San Pedro, einen großen Fluss, der um den Nationalpark herumfließt. Schlagartig wird alles grüner: Die dürren Felder und Viehherden weichen saftigen Sträuchern, hohen Bäumen, und endlich höre ich wieder die Vögel.

Wir fahren durch das Dorf Paso Caballos. Die Einheimischen besitzen eine Genehmigung der Regierung, die es ihnen erlaubt, am Rande des Nationalparks zu leben.

»Allerdings dürfen sie nur die vorgegebenen Flächen bewirtschaften und keinen neuen Regenwald roden«, erklärt Picho.

Der Pick-up bleibt vor einer kleinen Holzhütte stehen. Drei Kinder kommen aufgeregt auf uns zugelaufen. Zwei junge Frauen sitzen neben dem Haus in Hängematten und schauen zu uns herüber. Ein hagerer Mann mit kurzem schwarzen Haar öffnet die Haustür und winkt uns zu. Er trägt Gummistiefel, ein großes, löchriges T-Shirt in die Hose gesteckt und das breiteste Grinsen im Gesicht, das ich je gesehen habe. Wirklich: Sein Gesicht ist übersät von sympathischen Lachfalten. Wie kann ein Mensch nur so herzlich aussehen? Lässig hat er einen kleinen Rucksack über die Schulter geschwungen, eine Frau drückt ihm noch eine Tüte mit Proviant in die Hand. Er streichelt den beiden Jungen am Zaun über den Kopf, nimmt das Mädchen kurz auf den Arm und schwingt sich geübt auf die Ladefläche des Pick-ups. Das also ist Antonio.

»Er ist in diesem Dorf aufgewachsen, lebt hier mit seiner Frau und acht Kindern und kennt die Region wie seine Westentasche. Ohne ihn wären wir im Wald verloren.«

Bewundernd betrachte ich Antonio im Rückspiegel. Und mir wird wieder einmal bewusst, dass genau diese Menschen die wahren Heldinnen und Helden für mich sind. Sie wissen alles über die Natur und die Tiere, die uns umgeben, und schützen sie mit Herz, Überzeugung und vollem Einsatz. Von Antonio werde ich alles über Hellrote Aras in der Wildnis lernen.

Nach weiteren Stunden anstrengender Fahrt kann selbst der geübte Pedro den vollgeladenen Pick-up nicht mehr durch das Dickicht des Dschungels manövrieren. Deshalb müssen Picho, Antonio und ich das Auto verlassen – mit so viel Gepäck, wie wir tragen können. Wir laufen zum Ufer des Río San Pedro, dem wir entlang der Nationalparkgrenze Richtung Westen gefolgt sind. Einige Kinder planschen vergnügt im Wasser. Sie haben ein Seil an einem Baum befestigt und schwingen sich schreiend in die Fluten.

Ich ernte neugierige Blicke, als ich mit meinem Rucksack und mehreren Gallonen Wasser Richtung Fluss gehe. Die Mädchen kichern verlegen, als ich ihnen zuwinke. Für uns drei geht es nun mit dem Boot weiter. Eine schöne Strecke mit riesigen Bäumen am Ufer und Tukanen, die den Fluss überfliegen. Die letzte Etappe legen wir zu Fuß zurück.

Ein Schwarm von Moskitos empfängt uns am Ufer. Innerhalb von Minuten bin ich zerstochen – keine Chance, rechtzeitig mein Repellent herauszukramen, das eh wenig Sinn hätte, schweißtriefend, wie ich bin.

Der Regenwald ist auch in der Trockenzeit wunderschön. Kein Schlamm am Boden, kaum ein Tropfen Regen, die trockenen Blätter rascheln, und Äste knacken unter meinen Gummistiefeln. Trotzdem ist alles grün, und die Bäume ragen bis zu dreißig Meter in den Himmel. Hier gibt es noch unberührten Primärwald – also Urwald, in den der Mensch noch nie eingegriffen hat. Ein seltener Anblick heutzutage.

Der mir so vertraute frische Geruch des Waldes liegt in der Luft. Bei jedem Rascheln am Wegesrand halte ich gespannt inne. Antonio läuft trotz des Gepäcks leichtfüßig voraus. Ich habe ihm im Boot schon von meiner großen Leidenschaft für Tiere erzählt.

»Keine Sorge, da bist du hier am richtigen Ort.«

Und tatsächlich, nach wenigen Metern bleibt er abrupt stehen und deutet nach oben. Eine Gruppe Klammeraffen *(Ateles geoffroyi)* stürmt über uns hinweg. Wahnsinn, wie schnell sie sich in den Baumwipfeln fortbewegen können. Ihr langer Schwanz dient ihnen dabei als fünfter Greifarm. Aufgeregt zücke ich meine Kamera. Daran werden die Jungs sich gewöhnen müssen: immer wieder auf Hannah zu warten, weil sie irgendetwas fotografiert.

Nach eineinhalb Stunden erreichen wir eine große Lichtung. Fragend sehe ich Picho an.

»Das ist eine archäologische Ausgrabungsstätte der Maya. Im Jahr 500 vor Christus blühte hier das Königreich von Wak mit seiner Hauptstadt Waká. Sie ist heute als ›El Perú-Waká‹ bekannt. Deshalb heißt unsere Forschungsstation auch El Perú, obwohl wir immer noch in Guatemala sind.«

Und tatsächlich sehen wir in den nächsten Tagen Pyramiden, Gräber und meterhohe Steintafeln der Maya – inmitten des Dschungels, das ist wirklich einmalig.

Es beginnt zu dämmern, und wir packen unsere Stirnlampen aus. Ein Ara-Pärchen fliegt hoch oben über die Baumwipfel. Wir erkennen sie an ihrem lauten, unverwechselbaren Krächzen. »Wahrscheinlich sind sie auf dem Weg zu ihrem Nest. Die Brutsaison hat begonnen«, mutmaßt Antonio.

Über dem Blätterdach geht ein prachtvoller Mond auf. Die Dunkelheit verschlingt alles. Nur die Glühwürmchen erhellen die Nacht. Das Zikaden-Konzert beginnt. Im Lichtkegel der Stirnlampe bietet sich mir ein bekannter Anblick: Der ganze Waldboden glitzert. Die reflektierenden Spinnenaugen sind auf jedem Blatt oder Baumstamm zu erkennen. Mir sind das zwar immer noch zu viele Beine, aber an dieses Schauspiel habe ich mich zum Glück schon gewöhnt. Quakende Frösche, raschelnde Schlangen, schlafende Vögel – wir sind angekommen in meinem geliebten Dschungel.

Die Forschungsstation der WCS ist sehr einfach: drei aus Holzplanken gezimmerte Häuser, ein paar Zelte für die Forschenden und ein kleines Waschhaus mit Toilette, Waschbecken und Dusche. Das Wasser bekommen wir aus der angrenzenden Lagune.

»Gibt es da nicht auch Krokodile?«, frage ich Antonio.

»Klar, sogar ziemlich viele. Aber keine Sorge, die kommen nicht ins Camp. Was sollen die denn auch hier.«

Die Dusche funktioniert ohne das fehlende Ersatzteil leider nicht. Überhaupt werden die nächsten zwei Wochen eine Herausforderung für mich: Es gibt keinen mückenfreien Ort, auf dem Weg zum Zähneputzen muss ich aufpassen, nicht auf giftige Schlangen zu treten, und ab zehn Uhr morgens brennt die Sonne erbarmungslos auf unser kleines Camp. Strom liefern ein paar Solarzellen – und der ist nur für die Brutschränke der Aras.

Unser Essen kochen wir gemeinsam über dem Feuer. Jeden Morgen hängt ein großer Topf Bohnen über den Flammen, eines der Hauptnahrungsmittel hier im Dschungel. Von Pedro und Antonio lerne ich, wie man Tortillas backt. Dazu werden Maismehl und Wasser verknetet und anschließend mit einer besonderen Klopftechnik zu kreisrunden, kleinen Fladen geformt. Die beiden sind sehr geduldig mit mir. Antonio lacht sich kaputt über meine dicken, unförmigen Teigbatzen. In seinen Augen bin ich ein hoffnungsloser Fall: »¡No, Haaannah!«

Meine erste Nacht im Camp ist abenteuerlich. Nachdem ich mich vom Klo durch das hohe »Todesschlangengras« zurück zu meinem Zelt geschlagen habe, verbringe ich erst einmal eine halbe Stunde damit, mein Moskitonetz aufzuhängen. Schwierige Angelegenheit, so ganz ohne Wände und Haken. Aber darunter fühle ich mich einfach sicherer, mein minikleines und durchsichtiges Stück Privatsphäre. Das Feldbett, auf dem ich nächtige, ist eine äußerst ungemütliche Konstruktion und natürlich zu kurz. Aber ich bin froh, einige Zentimeter über dem Boden schlafen zu können.

Der Klang des Dschungels ist atemberaubend: ein stimmgewaltiger Wirrwarr aus zirpenden Insekten, quakenden Fröschen, vereinzelten Rufen, Rascheln und Heulen. Ich liebe es.

Am nächsten Morgen werde ich um halb sechs von einer Gruppe Brüllaffen (*Alouatta pigra*) direkt über meinem Zelt geweckt. Wahnsinn, wie lautstark diese Tiere sind. Wenn ich es nicht besser wüsste, würde ich dem Klang nach wahrscheinlich ein riesiges, grölendes Ungeheuer neben meinem Zelt vermuten. Ich habe meine erste Nacht im Dschungel überlebt, jetzt kann nichts mehr schiefgehen, denke ich mir. Falsch gedacht.

Eines Morgens wird das ganze Camp von einem lauten Schrei geweckt. Aus meinem Zelt. Pedro kommt beunruhigt angerannt und fragt, was passiert sei. Eine große, haarige Vogelspinne krabbelt über mein Gesicht. Na ja, nicht direkt über mein Gesicht, sondern über mein Zeltdach. Aber da sie das Erste ist, was ich sehe, als ich die Augen öffne, erschrecke ich mich fast zu Tode. Mein Schrei wird natürlich der Lacher der Woche.

An einem anderen Morgen entdecke ich einen Skorpion neben meinen Gummistiefeln, als ich gerade barfuß in meine Schuhe schlüpfen möchte, um aufs Klo zu gehen. Wieso ist der denn *in* meinem Zelt? Wie lange schon? Und wie komme ich jetzt in meine Schuhe? Oje, das erzähle ich nicht meiner Mutter, sind die ersten Gedanken, die mir dazu durch den Kopf schießen. Und wieder ist Pedro meine Rettung in der Not.

Der Dschungel ist und bleibt ein abenteuerlicher Ort, den wir uns mit den schönsten Affen, Vögeln und Spinnentieren teilen, versuche ich mir bei jeder dieser Begegnungen tröstend einzureden.

Die tägliche Arbeit ist beschwerlich und zeitintensiv. In der Nistsaison von April bis Mai müssen die Jungs rund um die Uhr schuften. Zumindest ein klein bisschen Arbeit können Picho und ich ihnen in den nächsten Wochen abnehmen. Morgens am Frühstückstisch erklären mir Pedro und Antonio den genauen Ablauf.

»Bevor die Vögel mit dem Brüten beginnen, müssen wir die Nistmöglichkeiten säubern und vorbereiten. Aras nisten hauptsächlich im Cariba-Baum, eine Akazienart, die viel Wasser benötigt und bis zu fünfzig Meter in den Himmel ragt. Da durch den Nationalpark zwei große Flüsse fließen, gibt es hier viele Akazien. Alte Astlöcher in fünfzehn bis fünfundzwanzig Meter Höhe dienen den Papageien als Nesthöhle.

Die Nester sind oft von Bienen besetzt, sodass die Vögel nicht einziehen können. Da müssen wir dann Abhilfe schaffen und die Bienen aus dem Nest verscheuchen. Außerdem gibt es immer weniger Bäume hier. Deshalb haben wir begonnen, große, selbst gebaute Nistkästen aus Holz in den Akazien aufzuhängen. Die können die Papageien dann zum Nestbau nutzen.«

Sogar ein Nationalpark ist von Brandrodung und Abholzung betroffen, kaum vorstellbar.

»Wenn die Papageienpaare mit dem Brüten begonnen haben, kontrollieren wir regelmäßig die Nester, um zu beobachten, wie viele Küken schlüpfen, ob sie gesund sind und ob sie eine Aufzucht durch ihre Eltern überleben werden.«

Fragend schaue ich Pedro an. »Wieso sollten sie das denn nicht tun?«

»Tja, unserer Erfahrung nach überleben in der Wildnis nie mehr als zwei Papageienküken pro Brut. Manchmal sogar nur eins. Das könnte an mangelnden Ressourcen liegen, genau wissen wir das nicht. Und dann sind da noch die Wilderer.«

»Was? Papageien-Wilderer?« Ich hatte Wilderei immer eher mit Säugetieren in Verbindung gebracht.

»Klar. Kaum ein Gefieder ist so beliebt wie das der farbenfrohen Aras. Es macht sich wunderbar als Schmuck oder Deko. Außerdem sind Papageien sehr intelligente Vögel und beliebte Haustiere.«

Entsetzt schaue ich Pedro an.

»Deswegen versuchen wir, die wilden Nester zu beschützen. Dafür bringen wir Kamerafallen an den Bäumen an und achten auf Kratz- oder Kletterspuren an den Stämmen.«

»Trotzdem verlieren wir jedes Jahr viele Tiere durch die Ganoven«, ergänzt Antonio. »Meistens nehmen sie nur die Elterntiere mit, und die Küken müssen elendig verhungern.« Seine Stimme klingt bitter.

Pedro fügt hinzu: »Ist also ein Küken verletzt oder befinden sich mehr als zwei im Nest, werden die Schwächsten zur Station gebracht. Manchmal nehmen wir auch eines der Eier mit, um es im Inkubator auszubrüten. Das klappt sehr gut. Hier ziehen wir die Küken dann auf.«

Das ist meine erste Aufgabe. Sechs größere Küken haben wir bereits auf der Station, und zwei Babys sind vorletzte Nacht im Inkubator geschlüpft.

Als ich mit Antonio die kleine Hütte der Aras betrete, herrscht schon lautes Gekrächze. Da hat wohl jemand Hunger. Antonio bedeutet mir, die Schuhe auszuziehen und die Hände zu waschen, bevor ich mich den Kleinen nähere. Es ist mit Abstand der sauberste Raum unseres Camps, bemerke ich. Es gibt sogar Moskitonetze an den Fenstern. In einem Brutschrank erkenne ich zwei nackte, kleine Wesen. Sie liegen in einer Plastikschüssel, die mit Holzwolle gepolstert ist, ihre Augen sind noch geschlossen, und ein schwaches Piepen ist zu hören. Die Schüsseln sind fein säuberlich beschriftet, und zwar nach den Nestern, aus denen die Küken kommen und in die sie später auch wieder zurückgesetzt werden sollen. In zwei großen Käfigen neben dem Fenster sitzen die älteren Küken. Sie brauchen den Brutschrank nicht mehr, sitzen schon aufrecht in ihren Nestern und machen ordentlich Lärm.

»Nach ungefähr dreißig Tagen öffnen sie ihre Augen«, erklärt Antonio. »Dann nehmen sie ihre Umwelt immer mehr wahr. Mit vierzig Tagen beginnen dann langsam die bunten Federn zu sprießen.«

Gar nicht so anders als bei den Tukanen, geht mir durch den Kopf. Und tatsächlich, die beiden größeren Küken tragen schon einen roten Flaum auf dem Kopf. Wie niedlich, denke ich und verliebe mich auf der Stelle in diese kleinen Geschöpfe mit ihrem viel zu großen Schnabel und den schwarzen Knopfaugen.

»Wir füttern ein spezielles Papageienfutter für die Handaufzucht, das frisch angerührt und für jedes Küken einzeln dosiert wird. Es beinhaltet einen Mix aus Mais, Nüssen, braunem Reis, Weizen, Sonnenblumenkernen sowie wichtigen Fetten und Nährstoffen«, fährt Antonio mit seinen Erklärungen fort. »Also musst du das Futter für jedes Küken einzeln auswiegen, anrühren und in diese Liste hier eintragen. Die tägliche Zunahme der Tiere ist besonders wichtig.«

Leider dauert es eine kleine Ewigkeit, bis das kochend heiße Wasser, das wir in Thermoskannen abfüllen und zum Anrühren des Futters nutzen, die richtige Temperatur hat. Kein Wunder, bei 35 Grad Außentemperatur. Ohne technische Hilfsmittel ist das eine langwierige Tätigkeit. Vor allem morgens um fünf Uhr, wenn ich schlaftrunken das Thermometer in den Brei halte, wünsche ich mir einen praktischen elektrischen Flaschenwärmer, wie es ihn für Babys gibt.

Als wir das Futter angerührt haben, holt Antonio die beiden größten Küken aus dem Käfig. Instinktiv finden Küken das Futter und versuchen, es mit blitzschnellen, ruckartigen Kopfbewegungen aus dem Kropf der Eltern zu ziehen. Der Kropf ist eine Aussackung der Speiseröhre am Hals und dient Vögeln als Nahrungsspeicher. In unserem Fall ist es die kleine Plastikspritze, mit der wir den Nahrungsbrei aufziehen. Ich brauche ein paar Anläufe, bis ich den gleichen Rhythmus wie die Zwerge gefunden habe. Aber mit der Zeit klappt es immer besser. Ich soll genau darauf achten, wann der Kropf des Kükens prall gefüllt ist. Sobald ich mein sattes Küken zurück in sein Nest setze, fällt es sofort in eine Art Fresskoma, das sieht urkomisch aus. Die Beine von sich gestreckt und manchmal sogar den Kopf ungelenk in den Rücken gelegt.

»Aras sind sehr intelligente Vögel«, erklärt Antonio. »Nach einigen Tagen werden die Großen dich schon erkennen. Der hier zum Beispiel, der mag mich nicht so gerne. Den darfst du heute füttern«, grinst er mich an.

Es dauert neunzig Minuten, bis wir alle Küken versorgt und die Daten notiert haben. Die Kleinsten haben nach zwei Stunden schon wieder Hunger. Jetzt verstehe ich erst, wie viel Arbeit das alles ist. Und in den nächsten Tagen kommen ja hoffentlich noch viel mehr Küken dazu. Wie soll Antonio das denn alles alleine schaffen?

Picho erzählt mir, Antonio sei hier der »Padre de Pichones«, der Vater der Papageienküken. Er weiß genau, wie viel jedes

Küken wiegt, was es braucht und wie es wächst. Bis zu fünfzehn Gramm nehmen die kleinen Gierschnäbel täglich zu. Mit der Zeit lerne ich von ihm alles über die Aufzucht und Handhabung der Hellroten Aras. Drei Monate bleiben die Küken bei uns auf der Station. Anschließend setzen wir sie zurück zu den wilden Papageien in die Nester.

»Zum Glück hat es bisher ohne Probleme geklappt, dass die Eltern die zusätzlichen Jungtiere wieder bei sich aufnehmen. Zusammen mit den anderen Ara-Küken verlassen sie die Nester, wenn sie so weit sind, und bleiben dann noch weitere zwei Jahre bei den Eltern. Von ihnen lernen sie, welche Früchte und Samen sie essen können und wovor sie sich in Acht nehmen sollten. Es herrscht eine sehr innige Beziehung zwischen den Ara-Pärchen. Viele von ihnen bleiben ein Leben lang zusammen.«

Wie romantisch!

»Anhand der kleinen Metallringe an den Füßen der von uns aufgezogenen oder untersuchten Vögel können wir in den nächsten Jahren verfolgen, wie viele Vögel zum Brüten zurück nach Laguna del Tigre kehren und ob die Population stabil bleibt.«

Abends bei Kerzenschein, als wir erschöpft die restlichen Tortillas verdrücken, erklärt mir Picho: »Wir würden auch gerne mit GPS-Sendern arbeiten, die wir den Papageien am Rücken anbringen können, ohne dass sie beim Fliegen gestört werden. Dann könnten wir ihre Flugroute genau beobachten. Aber dafür suchen wir noch finanzielle Unterstützung.«

Um halb sechs werde ich unsanft aus dem Schlaf gerissen. *»¡Levantarse, Hannah! Tenemos que ir!«*, ertönt es neben meinem Zelt. Die Arbeit ruft. Da sind mir die Brüllaffen am Morgen lieber. Ungelenk schäle ich mich aus dem Moskitonetz und schlüpfe in meine lange Hose. Irgendwie irre, bei 40 Grad in langen Klamotten herumzulaufen, aber im Wald mit all den Moskitos, Wespen und Ästen, die die Haut zerkratzen, wären kurze Hosen keine gute Idee. Ich schwitze. Die Gummistiefel klopfe ich zur Sicherheit aus, bevor ich hineinschlüpfe. Nicht, dass sich wieder ein ungebetener Gast darin versteckt hat.

Heute liegt ein langer, anstrengender Tag vor uns: eine sechsstündige Wanderung durch den Dschungel zur Kontrolle zweier Papageiennester. Um vor der extremen Mittagshitze zurück am Camp zu sein, starten wir schon um sechs Uhr morgens. Doch vorher gibt es ein ausgiebiges Frühstück mit frisch gebackenen Tortillas, Bohnen und Rührei mit Wurst. Pedro, Picho und ich machen uns auf den Weg. Antonio muss im Camp bleiben, um die Papageienküken zu versorgen. Pedro ist mit einem Sack bepackt, der fast so groß ist wie er selbst. Aber nein, ich darf ihm nichts abnehmen. Wahnsinn, wie schnell und leichtfüßig er durch den Wald läuft. Anfangs habe ich noch Probleme mitzuhalten, aber nach einiger Zeit gewöhne ich mich an das Tempo.

Ich laufe besonders aufmerksam durch den Dschungel. Muss genau aufpassen, wohin oder worauf ich trete, wo ich meine Hände habe und wann ich mich bücke. Überall sind versteckte Wurzeln, stachelige Bäume oder dornige Äste im Weg. Leider ist Pedro fast zwei Köpfe kleiner als ich, sodass ich, obwohl er vor mir den Pfad mit seiner Machete frei macht, trotzdem noch alle klebrigen Spinnennetze ins Gesicht bekomme oder auf dem Boden entlangkrabbeln muss, um durch das Dickicht zu passen. Eine schweißtreibende Wanderung.

Nach neunzig Minuten haben wir das erste Nest eines Ara-Pärchens erreicht. Eigentlich hat die Brutsaison schon längst begonnen, und Pedro wundert sich, warum die Vögel in der Baumkrone der Akazie noch nicht in ihr Nest eingezogen sind. Seine böse Vermutung bestätigt sich: Ein Bienenschwarm besetzt das Nest. Die Ostafrikanische Hochlandbiene *(Apis mellifera scutellata)* ist eine invasive Art, die vor Jahren auch nach Mittelamerika eingeschleppt wurde. Sie ist ein großes Problem für die Aras. Die Bienenschwärme konkurrieren mit den Vögeln um die gleichen Nester, und sie sind sehr aggressiv. Sie können die kleinen Ara-Küken ohne Problem töten und das Nest besetzen.

»Deswegen müssen wir regelmäßig alle zweiundsechzig bekannten Nester kontrollieren und sie eventuell von den aggressiven Bienenvölkern befreien.«

Ich traue meinen Augen nicht, als Pedro einen dicken weißen Schutzanzug aus dem Sack zieht: »Damit willst du da hoch?«

»*Claro*«, antwortet er unbekümmert, als er sich den Schutzhut über den Kopf zieht und in den Klettergurt steigt. Und tatsächlich, geschickt klettert er den zwanzig Meter hohen Stamm hinauf. Kein Ast weit und breit. Er muss sich aus eigener Kraft hinaufstemmen, und trotzdem ist er in weniger als zwei Minuten oben. Ich bin sprachlos. Und bekomme ziemlich Schiss, als das wütende Summen der Bienen immer lauter und lauter wird. Ängstlich ziehe ich mich etwas weiter in den Wald zurück.

Nach zwanzig Minuten hat Pedro es geschafft. Schweißgebadet und außer Atem steht er wieder neben mir auf dem Boden. Er hat trotz des Schutzanzugs ein paar Bienenstiche abbekommen, einen direkt unter seinem Auge. Das muss höllisch wehtun, denke ich, aber er winkt ganz locker ab. Beeindruckend, was er für eine Ausdauer hat. Und das war erst das erste Nest für den Tag. Ich habe das Gefühl, die *Field Technicians* würden alles für diese Vögel tun. Die Hellroten Aras sind für sie etwas ganz Besonderes, und sie sind stolz, jeden Tag etwas zum Schutz dieser majestätischen Papageien beizutragen. Eine tolle Einstellung. Von ihnen kann ich noch einiges lernen.

So langsam kehrt eine Art Alltag im Camp ein. Abwechselnd helfen Picho und ich den beiden anderen bei der Arbeit oder ziehen selbst los, um die Küken zu untersuchen. Die Papageienküken auf der Station wachsen beständig heran, die großen nehmen mittlerweile fünfzig Gramm pro Tag zu. Außerdem haben wir drei weitere Küken. Eins von ihnen war extrem schwach und von Parasiten befallen, hat sich mittlerweile aber wieder gut erholt. Zwei weitere winzige Aras sind aus den Eiern im Inkubator geschlüpft, ein toller Erfolg. Heute soll ich mit Pedro Kamerafallen im Wald anbringen, während Picho und Antonio sich um die Schützlinge kümmern.

Die kleinen, kastenförmigen Kameras, die mit einem Infrarotsensor und einem Bewegungsmelder ausgestattet sind, kenne ich schon von Borneo. Sie werden für Aufnahmen von wild lebenden Tieren sowie in der Feldforschung verwendet. An Bäumen befestigt, nehmen sie drei Wochen lang Tag und Nacht Fotos von jedem Lebewesen auf, das ihnen vor die Linse läuft. Ein überaus nützliches Hilfswerkzeug zur Beobachtung von Wildlife.

Heute wollen wir zwei Kameras nahe der Wasserlöcher im Dschungel anbringen, da sich dort besonders viele wilde Tiere aufhalten. So kann die WCS die Wildpopulation im Nationalpark gut überblicken: vom Jaguar *(Panthera onca)* bis zum Nasenbär *(Nasua narica)*. Bisher habe ich Wasserlöcher immer mit Afrika, Savanne, Giraffen und Antilopen verbunden – und nicht mit Regenwald. Aber es leuchtet mir ein, was Pedro erklärt: Zur Trockenzeit wird sogar im Regenwald das Wasser knapp.

Nach eineinhalb Stunden erreichen wir unser Ziel. Ich bin etwas aufgeregt, als wir uns langsam an das braune, schlammige Loch heranpirschen. Bei all dem trockenen Laub und den Ästen auf dem Boden fällt es mir schwer, mich leise fortzubewegen.

Plötzlich bleibt Pedro abrupt stehen und reißt warnend seine Hand hoch. Ich bekomme jedes Mal einen richtigen Schock, wenn er das tut. Immer habe ich Sorge, er sei vielleicht auf eine giftige Schlange gestoßen, denn davon gibt es hier viele. Aber dann höre ich es auch: laute, klackende Geräusche kommen auf uns zu, raschelndes Laub, Fußgetrampel: Eine riesige Rotte Weißbartpekaris *(Tayassu pecari)* stürmt an uns vorbei. Diese großen Wildschweine besitzen eine lange Nackenmähne. Ihre Wangen, Nasen und Lippen sind weiß gefärbt.

»Zur Verteidigung gehen sie gerne zum Angriff über. Deswegen sind sie so gefährlich. Es gibt die meisten Unfälle zwischen Pekaris und Menschen hier in der Gegend«, flüstert Pedro mir zu. »Sie schlagen sogar Pumas in die Flucht.«

Ich bin äußerst eingeschüchtert von den Wildschweinen, bleibe stocksteif stehen und gebe keinen Mucks von mir. Als die circa fünfzig Tiere vorbeigerauscht sind, bleibt ein extrem penetranter Geruch zurück. Pedro schmunzelt: »Pekari-Parfum.«

Später lese ich, dass diese Tiere aufgrund von Lebensraumverlust und starker Bejagung laut der Weltnaturschutzunion (IUCN) auf der Roten Liste als gefährdet gelten. Das Klackern erzeugen sie zur Warnung mit ihren Kiefern.

Am ersten Wasserloch erwarten uns keine weiteren Überraschungen. Es ist kaum noch Wasser vorhanden, nur eine braune, schlammige Brühe. Wir bringen, so schnell es geht, die Kamera am Baum an und machen uns aus dem Staub. Denn ein riesiger Schwarm Moskitos scheint nur darauf gewartet zu haben, dass wir uns endlich dem Wasser nähern.

Vor dem zweiten Wasserloch geht dann einer meiner Träume in Erfüllung: Während wir möglichst leise durch das Unterholz krabbeln, entdeckt Pedro vor uns einen zwei Meter langen, etwa einen Meter zwanzig hohen einsamen Tapir *(Tapirus bairdii)*. Genüsslich frisst er die grünen Triebe des Dickichts und lässt sich von uns nicht im Mindesten aus der Ruhe bringen. Ich könnte in die Luft springen vor Glück.

Wir nähern uns dem seltenen Tier bis auf vier Meter und beobachten es für knapp zehn Minuten. Herrlich, wie es mit seinem kurzen Rüssel zwischendurch Witterung aufnimmt. Natürlich hat es uns längst bemerkt. Tapire sind eher scheue, nachtaktive Einzelgänger, die sich tagsüber ins Dickicht zurückziehen. Sie können gut schwimmen und wühlen gerne im Schlamm, was wir kurz darauf am Wasserloch anhand der Grabspuren gut erkennen können.

Der Mittelamerikanische Tapir wird von der IUCN als stark gefährdet eingestuft. Nur noch um die tausend Individuen leben in Guatemala. Die Gesamtpopulation weltweit wird auf weniger als fünftausendfünfhundert Tiere geschätzt. Grund für den extremen Rückgang ist die Vernichtung der Regenwälder Mittelamerikas durch den Ausbau der Landwirtschaft, der Verkehrswege und die Ausdehnung der menschlichen Besiedlungen. So kam es zu einer starken Zerstückelung der Lebensräume. Eine weitere Bedrohung war die Jagd durch den Menschen, die heute in den meisten Ländern illegal ist. Aber auch die Übertragung von Krankheiten durch unsere Nutztiere, etwa Hausrinder und Schweine, stellt eine Gefahr für den Tapir dar.

Ich kann mein Glück kaum fassen, dass ich dieses so besondere und seltene Tier in der Wildnis erlebe. Die Moskitos, die beim Aufhängen der zweiten Kamerafalle über uns herfallen, bemerke ich gar nicht mehr.

15.
NEPADA WILDLIFE E.V. – DIE WELT EIN STÜCK BESSER MACHEN

Vom Regenwald ins Klassenzimmer. Ich sitze auf dem ocker-farbenen Teppichboden im Aufenthaltsraum einer Hamburger Grundschule. Um mich herum zwanzig Kinder, die mich aus großen Augen gebannt anschauen. Gerade erzähle ich ihnen von meiner ersten persönlichen Begegnung mit einem vier Meter lan-gen Krokodil in der Wildnis. Die Spannung bei den Kindern ist spürbar. Ein Mädchen, um die zehn Jahre und mit geflochte-nen Haaren, hält erschrocken sein Gesicht in den Händen. Seine Sitznachbarin starrt mit offenem Mund auf das prähistorische Raubtier auf dem Foto: ein gewaltiges Leistenkrokodil, das sich gerade aus dem Wasser schiebt. Seine spitzen Zahnreihen blit-zen hervor. Das Foto habe ich drei Jahre zuvor während meines Forschungsaufenthaltes auf Borneo gemacht.

Ich bin 26 Jahre alt und habe vor zwei Wochen mein Zeugnis überreicht bekommen – jetzt bin ich offiziell Tierärztin.

Allerdings bin ich weder in einer Tierarztpraxis tätig noch an einem Institut angestellt. Stattdessen arbeite ich für Schutzprojekte, schreibe dieses Buch und besuche Schulen und Umweltzentren. Diese Woche bin ich an einer Hamburger Grundschule und leite das Nachmittagsprogramm im Rahmen der Projektwoche »17 Ziele für unsere Welt«. Dafür habe ich mit den Kindern eine große Pyramide aus bunten Bausteinen aufgebaut. Jeder Baustein steht für eines der siebzehn Ziele für nachhaltige Entwicklung.

Die sogenannten »Global Goals« wurden von den Vereinten Nationen ins Leben gerufen, um weltweit die Sicherung einer nachhaltigen Entwicklung auf ökonomischer, sozialer sowie ökologischer Ebene zu erreichen. Mit den Kindern gehe ich heute vor allem auf die folgenden vier Ziele ein: nachhaltige/r Konsum und Produktion, Maßnahmen zum Klimaschutz, Leben unter Wasser und Leben an Land.

»Wer von euch war schon mal in einer Tierarztpraxis?«, frage ich in die Runde.

Sofort schnellen zahlreiche Finger in die Höhe.

Ich lausche herzerwärmenden Geschichten von schwangeren Meerschweinchen, einäugigen Katzen und toten Goldfischen. Dann erkläre ich, dass ich selbst Tierärztin bin, woraufhin ich mit weiteren Tiergeschichten überhäuft werde.

»Ich bin aber keine gewöhnliche Tierärztin, die sich um Hunde oder Pferde kümmert«, füge ich schnell hinzu, »vor allem beschäftige ich mich mit wilden Tieren. Wisst ihr, wo die leben?«

Wieder melden sich die Kinder aufgeregt. Sie erzählen von Dinosauriern, Löwen und Lemuren. Auf dem nächsten Foto zeige ich dem abenteuerlustigen Publikum das Equipment, das auf einer Dschungelexpedition nicht fehlen darf. Darauf zu sehen sind Gummistiefel, Kompass, eine Trinkflasche, Medikamente, meine Stirnlampe und tropentaugliche Ausrüstung.

»Heute möchte ich euch mal mitnehmen auf eine Reise. Eine Reise in den Dschungel, zu wilden Affen, Elefanten und Nashornvögeln.«

Ein erwartungsvolles Raunen geht durch die Gruppe der kleinen Zuhörer. Ein Junge meldet sich panisch.

»Aber heute kann ich nicht. Ich bin nach der Schule schon verabredet!«, ruft er entsetzt.

Ich muss mir ein Lachen verkneifen: »Nein, keine echte Reise mit dem Flugzeug und so. Ich nehme euch heute mithilfe meiner Fotos und Erzählungen mit auf eine Fantasiereise. In Ordnung?«

Der Junge nickt erleichtert.

Und dann folgt eine Stunde voller Abenteuer, Artenschutz und Tiereraten. Doch nicht nur das: Ich spreche mit den Kindern auch über die Probleme der Regenwaldabholzung und des Plantagenanbaus. Über die Verschmutzung der Meere und die Bedrohung von Tier und Mensch. Obwohl sie erst die dritte oder vierte Klasse besuchen, wissen sie schon unheimlich viel. Sie zählen Produkte auf, in denen Palmöl steckt, und erklären mir, wie wir Plastikmüll vermeiden können. Wir überlegen gemeinsam, was wir im Supermarkt kaufen wollen und welche Konsequenzen das für Tiere auf der Welt haben kann. Und wir sprechen über unsere eigenen schönen Naturerlebnisse.

»Ich war schon mal zelten«, berichtet ein kurzhaariges Mädchen stolz, seine Zwillingsschwester nickt eifrig.

»Und wir haben Eichhörnchen im Garten!«, ruft ein großer Junge mit Brille freudestrahlend.

»Bei uns gab es viele wilde Tiere. In einem Zoo. Einen großen Bären und auch Löwen. Aber dann sind irgendwann die Decken eingestürzt und alle Häuser kaputtgegangen. Jetzt sind die Tiere nicht mehr da«, erzählt ein kleiner Junge ganz unbedarft.

Erst später erfahre ich von der Klassenlehrerin, dass der junge Syrer vor einem Jahr neu in die Klasse gekommen sei. Seine Geschichte trifft mich. Im Vorbereitungsgespräch wurde mir gesagt, dass an der Schule viele Kinder aus sozial schwachen oder geflüchteten Familien seien und manche von ihnen noch nicht allzu gut Deutsch sprächen. Umso mehr bewegt es mich, wie sehr sie sich für die Natur und Tiere interessieren. Sie sind so begeistert und offen, dass auch mir der Unterricht unheimlich viel Spaß macht.

Die Stunde vergeht wie im Flug. Am Ende dürfen sich alle eine Postkarte aus meinen Projekten aussuchen: den Affen aus Borneo, die Schlange aus Costa Rica oder doch lieber den Ameisenbären aus Brasilien?

»Nein, morgen Nachmittag könnt ihr leider nicht noch einmal wiederkommen. Da ist eine andere Klasse dran«, erwidere ich auf die oft gestellte Frage.

Enttäuschtes Murren.

Als am nächsten Tag doch wieder einige Kinder aus der Gruppe vor der Tür stehen, bin ich baff. Sie verkünden, sie wollten nun eine Spendenaktion mit der Klasse durchführen, um den wilden Tieren zu helfen. Vielleicht Kuchen backen oder Insektenhäuser bauen und verkaufen.

Eines der Mädchen hält mir eine Handvoll Bonbons vor die Nase und fragt, ob dort Palmöl drin sei. Und ein Junge erzählt mir vertrauensvoll, er spare nun all sein Geburtstagsgeld für die Orang-Utans. Wenn er endlich achtzehn sei, wolle er mit in den Dschungel kommen.

Ich habe Tränen in den Augen.

Die Zukunft liegt in unserer Hand. Vor zwei Jahren habe ich einen gemeinnützigen Verein gegründet, den Nepada Wildlife e.V. Die Idee dazu entstand während meines zweiten Forschungsaufenthaltes auf Borneo: Dort habe ich seltenen Besuch aus Deutschland bekommen – und zwar aus Hamburg. Der Umweltschützer und Tierliebhaber Jannes Vahl verwirklichte sich seinen Kindheitstraum vom Dschungel und machte sich auf den Weg zu unserer kleinen Forschungsstation mitten im Regenwald von Malaysia. Ich war froh über die Abwechslung vom anstrengenden Forschungsalltag und freute mich, etwas mehr von der Urwaldinsel zu sehen.

Jannes ist Gemeinnützigkeitsexperte und gründete zwei Vereine sowie eine Agentur für Nachhaltigkeit. Der breitschultrige Hamburger mit den strahlenden Augen und dem herzlichen

Lachen steckt seit zehn Jahren gefühlt hinter jeder sozialen Aktion der Hansestadt – sei es ein Spendenfestival für geflüchtete Jugendliche, ein Duschbus für Obdachlose oder ein temporäres Charity-Restaurant.

Eines Abends auf Borneo erzähle ich ihm von meinen Erlebnissen im Dschungel, der erschreckenden Bedrohung der Tierwelt und meinen Local Heroes.

»Es gibt die Schönheit und Vielfalt der Natur auf der einen Seite«, ich zeige durch das mit Moskitonetzen behangene Fenster Richtung Dschungel, »und die fortschreitende Zerstörung von Lebensraum auf der anderen.« Ich deute auf die Landkarte an der Wand, auf der angrenzende Plantagen und Siedlungen eingezeichnet sind.

»Und dann sind da noch wir hier: Forschende, Freiwillige, Einheimische – tatkräftige Menschen, die sich für den Schutz dieser Natur einsetzen, jeden Tag aufs Neue.

Während der letzten Monate ist mir bewusst geworden, wie alles zusammenhängt: Jeder Einzelne ist wichtig, um unsere Tier- und Pflanzenwelt zu bewahren. Nur gemeinsam können wir dieses Ziel erreichen.«

Ich schaue ihn unmittelbar an: »Ich möchte Arten schützen. Als Tierärztin, als Wissenschaftlerin, als Studentin, als Konsumentin, als Tierliebhaberin. Noch nie habe ich diesen inneren Drang, diese Sehnsucht, dieses Glück so stark gespürt wie in den letzten Wochen. Der Dschungel erfüllt mich. Wenn ich ehrlich bin, weiß ich gar nicht mehr, ob ich überhaupt nach Deutschland zurückkehren kann.«

Meine Stimme versagt, und ich schaue zu Boden.

Jannes schweigt. Irgendwann beginnt er mit seiner tiefen, ruhigen Stimme zu sprechen: »Genau *deswegen* kommst du zurück. All das hier …«, sein Blick streift durch den Raum, das Zirpen der Zikaden dringt durch die offenen Fenster, »… der Wald, die wilden Tiere, dein Netzwerk, das alles ist so sehr Teil von dir, das kann dir keiner mehr nehmen. Das bist du. Das ist deine Gabe. Und gerade deswegen ist es so wichtig, dass mehr Menschen an diesem Gefühl, dieser Sehnsucht, ja an *deinen* wertvollen Erfahrungen teilhaben. Nicht jede hat das Privileg, durch ihre Arbeit und Weltoffenheit Tiere und Menschen auf der ganzen Welt kennenzulernen. Nicht jede wird Pfadfinderin, Tierärztin oder Backpackerin. Gib den Leuten da draußen die Chance, auch etwas für den Schutz gefährdeter Arten zu tun. Werde Multiplikatorin für das, was du so liebst und schützen willst.«

Seine Worte hallen lange in mir nach.

Jannes ist es, der letztendlich die Idee in meinen Kopf pflanzt, einen gemeinnützigen Umweltschutzverein zu gründen. Er hat viel Erfahrung in dem Bereich und steht mir mit Rat und Tat zur Seite.

»Aber bin ich dafür nicht viel zu jung? Kann ich mit 24 Jahren einfach einen Verein gründen?«, wende ich vorsichtig ein.

»Klar, jeder kann einen Verein ins Leben rufen. Ginge es nach mir, würden viel mehr junge Leute für den guten Zweck gründen. Wir müssen dringend das Ehrenamt verjüngen, um unserer Welt zu helfen. Das kann ein Engagement im sozialen Bereich sein, Hausaufgabenhilfe oder eben ein frischer Verein für Umweltschutz. Die Zukunft liegt in unserer Hand, und die Tiere und Pflanzen spielen dabei doch eine immens wichtige Rolle.«

Verein für Artenschutz und Umweltbildung. Zurück in Hamburg fasse ich schließlich den Entschluss: Ich treffe mich mit einem spezialisierten Steuerberater und Juristinnen, arbeite eine Vereinssatzung aus und eröffne ein Spendenkonto. Zusammen mit Jannes und fünf weiteren Gleichgesinnten verwirkliche ich meine Idee, und wir gründen einen eigenen Verein: den gemeinnützigen Nepada Wildlife e.V.

Mit diesem Verein eröffnen sich uns international ganz neue Möglichkeiten. Außerdem können wir über das Spendenkonto nun eigene Gelder sammeln und Projekte auch gezielt finanziell unterstützen.

»Nepada« ist eine Kurzform für Nebelparder. Meine erste Begegnung mit dem gefährdeten Tier auf Borneo prägte mich so sehr, dass die Raubkatze Leitbild des Vereins wurde. Die geheimnisvolle Fellzeichnung stand Pate für das Logo. Mit dem Nepada Wildlife e.V. setzen wir uns für den Artenschutz ein und sensibilisieren für den Verlust der biologischen Vielfalt. Über Schutzprojekte, Forschung und Umweltbildung zeigen wir Lösungswege auf und schaffen ein Bewusstsein für Natur, Tiere und Vielfalt. Ich habe selbst noch längst kein lückenloses Wissen, keine umfassende Vorstellung und auch keine Vision, die für sämtliche Probleme eine Lösung bereithält, möchte mit Nepada aber verstehen helfen, wie wir sinnvoll gegen das fortschreitende Artensterben agieren können.

Dafür unterstützt der Verein Artenschutzprojekte weltweit. In den einzelnen Projektgebieten arbeiten wir zusammen mit einheimischen Umweltorganisationen. Denn sie sind es, die sich am besten mit den Gegebenheiten vor Ort auskennen. In der Regel lernen Jannes oder ich die Organisation persönlich kennen und entwickeln die Projekte gemeinsam.

In einem zweiten Schritt schauen wir, wie wir dieser NGO und dem Projekt konkret helfen können und was gebraucht wird. Das können Öffentlichkeitsarbeit, Fotos, finanzielle Hilfsmittel, Equipment, Freiwillige aus aller Welt oder auch ein Wissenstransfer sein. Für das konkrete Projekt oder die Tierart sammeln wir dann in Deutschland über Aktionen, Vorträge oder Fundraiser Spenden. Wenn möglich, überbringen wir sie persönlich und unterstützen das Team auch vor Ort. Etwa als Tierärztin oder durch die Dokumentation der Arbeit von Menschen vor Ort. Journalistische Beiträge helfen der NGO im Projektland und lassen gleichzeitig die spendenden Personen aus Deutschland an dem ganzen Prozess fern ihrer Heimat teilhaben.

Ein Ziel ist es, auf diese Weise den Regenwald nach Deutschland zu bringen. Schließlich haben nicht alle die Zeit und Muße, drei Monate mit Skorpionen und Blutegeln durch den Dschungel zu robben. Deshalb ist uns Umweltbildung als Satzungszweck so wichtig. Wir sind mittlerweile ein Team von Fachleuten aus aller Welt und wollen unser Wissen an Schulen, in Bildungseinrichtungen und über die sozialen Medien verbreiten. Nepada richtet sich an Kinder und Jugendliche genauso wie an Erwachsene.

Bildungsarbeit ist eine der wichtigsten Voraussetzungen für eine Bewusstseinsbildung über den Zustand unseres Planeten. Die Menschen brauchen Ideen und Vorbilder, was jeder und jede Einzelne selbst tun kann. Es gibt schon zu viele Stimmen, die uns sagen, was *nicht* geht. Wir brauchen dringend Beispiele dafür, was geht – damit wir alle, Mensch und Natur, auch in Zukunft ein gutes Leben führen können.

Selbst aktiv werden. Natürlich müssen nicht alle direkt einen Verein gründen – die Verantwortung fängt schon beim eigenen Verhalten an: Ein bewusster Konsum und ein für sich selbst passender nachhaltiger Lebensstil stellen die Weichen für den Schutz unserer Umwelt und damit auch der Arten. Wichtig ist, dass alle dabei ihr eigenes Modell finden. Es gibt da kein Richtig oder Falsch. Der eine verzichtet auf Fleisch, die andere kauft lieber einmal in der Woche regionale Bioqualität. Die eine verzichtet auf Palmöl in ihren Lebensmitteln und Plastik in ihrer Kosmetik, der andere fährt kein Auto oder fliegt nicht.

Es wäre schon viel gewonnen, wenn wir Konsumierenden bewusster einkaufen würden. Dafür bräuchten wir aber auch eine Transparenz in Supermärkten und Bekleidungsläden. Ich als Verbraucherin muss schließlich erst einmal wissen, welche negativen Konsequenzen mein Konsumverhalten für unseren Planeten hat, bevor ich eine bewusste Wahl treffen kann. Stünden die Auswirkungen des Produkts auf die Umwelt beispielsweise auf dem Etikett oder wären in der Werbung präsent, würde mir das bei der täglichen Entscheidung sicherlich helfen.

Ich glaube, niemand möchte gerne auf Kosten anderer Menschen oder der Natur leben, doch dafür müssen wir erst die Zusammenhänge verstehen. Ich selbst bin da noch längst nicht perfekt. Ich lebe nicht vegan, achte aber genau darauf, wo meine Milch oder das Obst herkommen. Die Ananas von Dole für 1,80 Euro im Supermarkt kann ich nach meinen Erfahrungen in Costa Rica nicht mehr kaufen. Und auch bei der Nuss-Nugat-Creme bin ich auf ein leckeres Produkt mit 100 Prozent fairer und nachhaltiger Produktion umgestiegen. So etwas gibt es heute nämlich schon, kostet nur eben etwas mehr. Wichtig ist mir, dass jeder selbst entscheidet, wie nachhaltig er oder sie leben will und kann.

Die Artenvielfalt wird von vielen Einflüssen bedroht. Das Bevölkerungswachstum führt zu einer Ausbreitung der Städte und damit auch zur Abholzung der Wälder. Der Mensch verbraucht immer mehr Ressourcen, was ebenfalls auf Kosten der Natur geschieht. Die intensive Landwirtschaft zerstört Lebensräume und verdrängt wild lebende Tiere. Auf Borneo habe ich genau das mit Palmölplantagen erlebt. In Costa Rica waren es die Bananen und Ananas. Und in Brasilien wird – auch in diesem Moment – Regenwald für die Viehwirtschaft und Futterpflanzen abgebrannt. Dabei halte ich viel von einer nachhaltigen Landwirtschaft im Sinne von Naturkreisläufen. Sie berücksichtigt für mich die Biodiversität, einen Fruchtwechsel auf den Feldern, eine artgerechte Tierhaltung und weniger Einsatz von Dünge- und Pflanzenschutzmitteln. Aber leider begegnet mir diese bisher nur in Ausnahmefällen wie beim Ökolandbau.

Ich sehe die Verantwortung auch keinesfalls nur bei uns Konsumierenden, sondern gerade in der Politik muss sich vieles ändern. Wir brauchen ein gesellschaftliches Umdenken. Wir sollten in einem Land immer so wirtschaften, dass wir es nicht übernutzen, zum Beispiel Böden auslaugen oder Meere leer fischen. Eine intelligente, moderne Landnutzung sollte sowohl gute Lebensmittel oder Rohstoffe produzieren als auch gleichzeitig ein Höchstmaß an Biodiversität ermöglichen. So kann ein naturnaher Wald gleichzeitig Lebensraum für Pflanzen und Tiere, Erholungsort für Menschen sowie Wasser- und Sauerstoffspender sein, dabei aber eben auch den wertvollen Rohstoff Holz erzeugen.

Es gibt in der internationalen Umwelt- und Entwicklungspolitik bereits drei wichtige Abkommen: die Klimarahmenkonvention*, das Biodiversitätsabkommen (Übereinkommen über die biologische Vielfalt)** und das Washingtoner Artenschutzübereinkommen, das den Umgang mit geschützten Arten und deren Produkten regelt. Wenn diese Abkommen weltweit konsequent umgesetzt würden, wäre das ein wichtiger Schlüssel für ein gutes Leben. Dafür brauchen wir den echten Willen zu einer nachhaltigen Politik, die eben zugleich wirtschaftliche, ökologische und soziale Aspekte berücksichtigt.

Wie viel Nachhaltigkeit muss sein? Ich ertappe mich manchmal selbst dabei, wie mir der aktuelle Nachhaltigkeits-Hype zu viel wird. Gedanken wie: Ich kann doch schließlich nicht *alles* richtig machen und mich von Hamburg aus um *alle* Probleme auf dieser Welt kümmern, gehen mir durch den Kopf. Auf allen Kanälen werde ich mit »Nachhaltigkeits-Tipps« überhäuft:

Zum Beispiel soll ich unverpackt einkaufen und weniger Plastik verbrauchen. Doch dabei ist es auch wichtig, zwischen Einweg- und Mehrwegplastik zu unterscheiden. Denn Kunststoffe, die lange genutzt und bedarfsgerecht entsorgt werden, sind nicht per se böse. Und eine Plastikverpackung kann auch Sinn ergeben. Wenn so zum Beispiel Lebensmittel langsamer

---

* United Nations Framework Convention on Climate Change (UNFCCC) 1992

** Convention on Biological Diversity (CBD) 1992

verderben und nicht so schnell weggeworfen werden. Oder wenn dadurch wichtige Hygienestandards für unsere Gesundheit eingehalten werden.

Viel wichtiger ist es doch, auf eine richtige Müllentsorgung zu achten. Müll sollte ein Rohstoff werden, der ausnahmslos wiederverwertet oder mit dem Energie erzeugt wird.

Ich bin schockiert, als ich erfahre, wie deutsche Unternehmen ihr Plastik, das nicht recycelt oder verbrannt wird, ins Ausland verkaufen. Momentan ist Malaysia weltgrößter Plastikmüllimporteur. Allein aus Deutschland hat das Land im Jahr 2019 rund hundertdreißigtausend Tonnen Plastik abgenommen. Die Mülldeponien vor Ort sind oft schlecht gesichert, sodass bei starken Regenfällen und Stürmen Verpackungen im Ozean landen. Wenn ich so etwas höre, habe ich direkt die schlimmen Bilder vor Augen – von Meeresschildkröten mit Plastiktüten über dem Gesicht oder einem Seepferdchen, das sich an ein Wattestäbchen klammert. Und das ist leider kein absurder Zufall: Laut Fachleuten stranden weltweit am häufigsten PET-Getränkeflaschen und Deckel, am zweithäufigsten Zigarettenfilter, und an dritter Stelle stehen Wattestäbchen.

Ich soll keinen Coffee-to-go-Becher in der Bäckerei mehr kaufen, finde dann aber heraus, dass der »nachhaltige« Bambusbecher, den ich zu Weihnachten bekommen habe, keineswegs nur Bambus enthält, durch heiße Getränke giftige Schadstoffe freisetzt und sehr aufwendig hergestellt werden muss.

Ich soll CO_2 einsparen, wo es nur geht: kein Fleisch verzehren, keine Produkte mit Palmöl kaufen, keine exotischen Früchte essen, kein Auto fahren, mit einer Zahnbürste aus Bambus die Zähne putzen, wiederverwertbares Backpapier nutzen und am besten niemals wieder ein Flugzeug besteigen. Dann darf ich aber auch keine Filme mehr streamen oder im Internet surfen, denn gerade das verbraucht Unmengen an Strom, bei dessen Produktion CO_2 entsteht, wenn er nicht aus erneuerbaren Energien stammt. Wenn ich also meinen plastikfreien Einkauf direkt auf Instagram poste, ist das für meinen CO_2-Ausstoß auch wieder nicht optimal.

Ich fühle mich da selbst manchmal machtlos. Ich versuche, so viel richtig zu machen, und stehe trotzdem oft als Klimasünderin da. Ich finde, das ist der falsche Ansatz. Wir dürfen nicht immer nur darüber sprechen, was wir falsch machen, verbieten und Schuldige suchen. Wir sollten vielmehr auf uns selbst achten und persönliche Anreize setzen: Wie will ich selbst am besten leben? Kann ich so auch der Natur und dem Klima helfen?

Ich spüre da ein Umdenken, besonders in meiner Generation. Viele junge Menschen werden aktiv, gehen auf die Straße, machen sich Gedanken und wollen nachhaltig leben. Das macht mir Mut. Wenn es uns in Deutschland gelingt, ein gutes Leben im Einklang mit der Natur und einer positiven Gemeinschaft mit Menschen zu finden, dann stimmt die Richtung. Da müssen dann aber auch alle mit anpacken: die Politik, die Unternehmen und die Verbraucherinnen und Verbraucher. Wirklich konsequent setzen das aus meiner Erfahrung bislang – und schon immer – nur die Naturvölker um. Sie kämen nie auf die Idee, mehr aus ihrer Umwelt zu entnehmen, als sie brauchen, und entziehen ihr immer nur so viel, dass sich die Natur von selbst wieder erholt.

Unsere Erde steht in Flammen. Im Herbst 2019 sind die Waldbrände im Amazonasgebiet weltweit in den Medien. Allerdings musste sich dafür erst der Himmel über der Millionenstadt São Paulo in Brasilien verdunkeln, bis der Durchschnitt von den verheerenden Bränden Notiz nimmt. Die Metropole liegt gut zweitausendsiebenhundert Kilometer von den Brandherden entfernt. Erst als die Feuer solche Ausmaße annehmen, dass in der Großstadt schwarzer Regen vom Himmel fällt, berichten endlich auch die Mainstream-Medien. Über die starken Waldbrände, die zeitgleich in Südostasien, auf Borneo oder in Zentralafrika wüten, wird allerdings geschwiegen.

Der Amazonasregenwald ist der größte zusammenhängende Regenwald unseres Planeten. Er erzeugt Sauerstoff und ist wichtiger Kohlendioxidspeicher. Über 2,5 Millionen Insektenarten leben hier, Zigtausende Pflanzen und über zweitausend verschiedene Arten von Vögeln und Säugetieren.

Als ich erfahre, dass Menschen in Brasilien *bewusst* im trockensten Monat des Jahres Feuer legen, um Weideflächen zu schaffen, bin ich zutiefst entsetzt. Schockiert, wütend und unendlich traurig. Die Entwaldung löscht Artenvielfalt aus. Sie verstärkt die Erderhitzung durch das frei werdende Kohlendioxid und bedroht indigene Kulturen. Erst ein Jahr zuvor reiste ich selbst durch Amazonien, besuchte Aufforstungsprojekte und verbrachte drei Tage auf einem kleinen Schiff auf dem wasserreichsten Fluss der Welt. Ich schlief in Hängematten, bewunderte bedrohte Amazonasflussdelfine *(Inia geoffrensis)* im Wasser und suchte nach Jaguaren.

Umso mehr treffen mich jetzt die Bilder hochschlagender Flammen, zerstörter Waldflächen und verbrannter Tiere aus dieser Region. Über einundsiebzigtausendfünfhundert Feuer haben im Laufe des Jahres 2019 die Regenwälder Brasiliens zerstört. Nach Angaben des Weltrauminstituts INPE* ist die Zahl der Brände in diesem Jahr um 82 Prozent gestiegen. Laut Fachwelt sind es die stärksten Waldbrände seit Langem.

Unter Brasiliens ultrarechtem Präsidenten Jair Bolsonaro haben illegale Abholzung und Brandrodung in Amazonien drastisch zugenommen. Er will das Gebiet zum Rohstoffabbau freigeben und dafür auch bewusst Naturschutzgebiete und Reservate der Urbevölkerung zerstören.

Die Nachrichten lähmen mich. Doch als Umweltschutzverein dürfen wir weder aufgeben noch tatenlos zusehen. Was ich bisher auf all meinen Reisen gelernt habe: Artenschutz funktio-

---

* Instituto Nacional de Pesquisas Espaciais, Nationales Institut für Weltraumforschung in Brasilien.

niert nicht ohne naturverbundene Menschen. Durch die intensive Berichterstattung in den Medien gibt es in dieser Notlage glücklicherweise viele, die dem Amazonas ganz konkret helfen möchten.

Im Rahmen der Waldbrände spreche ich mit dem Autor und Südamerika-Korrespondenten der ZEIT über die Lage in Brasilien. Thomas Fischermann lebte viele Monate mit einem brasilianischen Indianerstamm im Amazonasbecken zusammen und steht im regen Austausch mit den Menschen vor Ort.

Bei einem Treffen zum Mittagessen zeigt Thomas mir auf seinem Handy furchtbare Fotos und Videos aus Brasilien: meterhohe Flammen, verbranntes Gebiet, ein hilfloses Indianervolk. Thomas erklärt mir, dass der größte Brandherd am Amazonas das Gebiet der Tenharim-Indianer im südwestlichen Amazonaswald erfasst habe. Die Feuer waren außer Kontrolle geraten und verschlangen wichtige rituelle Orte dieses tausend Köpfe starken Volkes.

Die Tenharim leben seit den Siebzigerjahren, als die Militärregierung gewaltsam eine Straße durch ihr Gebiet baute, im Konflikt mit Menschen, die Holz fällen, Vieh bewirten oder nach Gold schürfen. Es gab sogar schon Tote auf beiden Seiten. Die Tenharim sind sehr wehrhaft und wollen die Pflanzen, Tiere und Geister ihrer Heimat beschützen.

Das Reservat der Indianer ist in etwa so groß wie Schleswig-Holstein und noch weitestgehend unberührt. Wald und Sumpfland werden von großen Flüssen durchzogen. Die Tenharim leben wie so viele Naturvölker nach einer alten Kosmologie, die es ihnen nicht erlaubt, mehr Tiere im Wald zu jagen, als dieser regenerieren kann. Ende August 2019 wurde das Volk der Flammen nicht mehr Herr. Die von der Regierung versprochene Hilfe von Feuerwehrkräften oder Löschflugzeugen blieb aus.

Spenden für den Amazonas. Am gleichen Tag noch entschieden wir im Nepada Wildlife e.V., den Tenharim-Indianern zu helfen. Wenn die brasilianische Regierung nicht einspringt und auch keine internationale Hilfe annimmt, dann können wir dank Thomas selbst aktiv werden, um den Lebensraum der Indianer und zahlreicher Tiere und Pflanzen zu schützen. Wir starten mit dem Verein eine Soforthilfe, verbreiten den Spendenaufruf über die sozialen Medien, über Zeitungen, das Radio und unseren Bekanntenkreis.

Die Rückmeldung ist überwältigend: Innerhalb von vier Stunden haben wir die ersten Spenden für den Stamm zusammen. Noch am selben Abend überweisen wir das Geld auf das Konto der Tenharim in der nächstgelegenen Stadt bei der Indianerschutzbehörde in Brasilien. Einer der Tenharim-Häuptlinge macht sich sofort auf die Reise und kommt am nächsten Tag dort an, um das Geld abzuheben – Onlinebanking gibt es mitten im Wald ja noch nicht.

Neben der weltweit gelebten Solidarität, die diese finanzielle Unterstützung dem Stamm zeigte, ist es Hilfe in größter Not: Sie müssen schwere Fahrzeuge mieten und genügend Benzin kaufen, um überhaupt die einzelnen Brandherde in ihrem Gebiet zu erreichen. Sie bauen im Wald Basislager für die Feuerbekämpfung auf. Dafür brauchen sie viele praktische und feuerfeste Hilfsmittel. Außerdem organisieren sie Patrouillenfahrten durch ihr Reservat, um zu schauen, wie weit die Feuer sich vorgearbeitet haben und wo eventuell neue ausgebrochen sind.

Doch das Wichtigste für den indigenen Stamm war und ist es weiterhin, auf sich aufmerksam und bei den brasilianischen Behörden Druck zu machen. Denn die Tenharim werden mit den Bränden völlig allein gelassen. Ihre Anführer reisen dafür mithilfe der Spendengelder in die Amazonashauptstadt Manaus. Das Behördenlobbying ist ein wichtiger Teil der Feuerbekämpfung, denn sonst bleibt jegliche Hilfe aus.

Nach einer Woche harter Arbeit und weiteren dreitausend Euro Unterstützung unserer Spenderinnen und Spender hatten die Tenharim endlich erreicht, dass Staatstruppen und Löschflugzeuge in ihre Gegend gelotst werden.

Nun reisen die Häuptlinge der zehn hauptsächlich betroffenen Dörfer gemeinsam zu den Brandstätten. Sie besprechen, wie der Wald neu in Erntegebiete und Jagdgründe aufgeteilt wird. In Teilen des Waldes müssen die Tiere nun geschont werden, dort wird nicht mehr gejagt. Die Häuptlinge stellen schmerzlich fest, dass zwei traditionelle Kastanienhaine von den Feuern zerstört wurden. Das ist eine Katastrophe für die Tenharim, denn an den Kastanienhainen leben die Familienclans für einige Zeit im Jahr. Sie organisieren dort die Ernte der Paranüsse, jagen, fischen und sehen nach dem Rechten im Wald und bei den Tieren. Viele ökologische Kreisläufe sind jetzt gestört und die Routen der Tiere durchbrochen. Für den verbliebenen Wald muss eine komplette Neuorganisation nach den überlieferten Prinzipien stattfinden.

Dank eines Sendemastes an der Transamazônica-Hauptstraße, der einen Monat zuvor von einer Entwicklungsorganisation angebracht wurde, haben die Indianer manchmal Internet. Die Fotos und Videos, die sie uns immer wieder zukommen lassen, brechen mir das Herz. Feuer, so weit das Auge reicht, Asche wirbelt durch die Luft. Doch am schlimmsten sind die schwarzen, verbrannten Flächen, die toten Bäume, die Spuren von fliehenden Tieren in der Asche und die verkohlten Faultiere oder Gürteltiere, die es nicht mehr schnell genug schafften zu fliehen.

Einer der Tenharim-Indianer diktiert Thomas am Telefon: »Vielen Dank für das große Zeichen von Solidarität mit unserer Situation. Man fühlt sich oft völlig allein gelassen als Vertreter eines indigenen Volkes, der die Natur, die Tiere und den ursprünglichen Lebensraum retten will. In meiner Heimat werde ich dafür verfolgt und angefeindet.

Danke für die Hilfe für unser Volk und für den Erhalt der Amazonasnatur, die wir hier noch haben. Wenn ein Kastanienhain brennt, bedeutet das für uns auch: Es ist ein riesiger Angriff auf unsere Natur, die uns von unseren Vorfahren übergeben worden ist. Die Kastanienhaine haben auch eine nützliche Funktion für uns, weil wir viel von unserer Nahrung daraus bezie-

hen und durch den Verkauf von Paranüssen sogar Einkommens-
möglichkeiten für unsere Familien haben.«

Den ganzen September über sammeln wir mit dem Nepada
Wildlife e.V. weiter Spenden für die Tenharim. Zusammen mit
zehn Hamburger Gastronomien organisieren wir ein Spenden-
wochenende auf St. Pauli:»Feiern für den Regenwald« mit»Ama-
zonas-Libre« und Aufklärung zur aktuellen Lage in Brasilien.

Am Ende bekommen wir mithilfe von zahlreichen Unter-
stützenden aus ganz Deutschland dreizehntausendzweihundert
Euro Spenden für das Amazonasvolk zusammen. Den Großteil
der Spenden erhalten die Tenharim auf direktem Weg. Einen
weiteren Teil werden wir den Indigenen persönlich übergeben.
Als nächstes Projekt ist eine Expedition zum Indianerstamm geplant. Zusammen mit Thomas und zwei weiteren Amazonas-
experten werde ich in das Tenharim-Gebiet reisen. Wir möchten
uns die Ausmaße der Brände sowie die aktuelle Lage vor Ort an-
sehen. Immer wieder berichtet das Volk von illegalen Eindring-
lingen wie Jägern, Raubfischern und Holzfällern, die ihr Gebiet
bedrohen. Wir möchten nach einer langfristigen Unterstützung
für das Volk suchen, denn nirgendwo funktioniert Artenschutz
so effektiv wie bei den Naturvölkern.

Für mich bleibt Artenschutz ein Abenteuer. Ob mit einem indigenen Stamm im Amazonasregenwald, im Pazifischen Ozean
mit Bullenhaien oder einem Skorpion im Gummistiefel. Ob mit
ungewöhnlichen Affen, einer nebulösen Raubkatze oder den
Fledermäusen vor meiner Haustür. All die Jahre am Schreibtisch
und die vielen Prüfungen haben sich bewährt. Meine Arbeit erfüllt mich. Vor einer Schulklasse genauso wie auf der wunder-
samen Insel Madagaskar oder im Nebelwald. Für mich geht dieser Weg gerade erst los, doch in einer Sache bin ich mir sicher:
Artenschutz geht uns alle an. Die Vielfalt der Lebensräume,
Tiere und Pflanzen und auch die genetische Vielfalt machen
unseren schönen blauen Planeten erst lebenswert.

EPILOG

Auf dem Rückweg zum Boot entdecke ich plötzlich einen großen, ungewöhnlichen Fleck hoch oben in einem der Bäume. Ich kämpfe kurz mit mir: Will ich wirklich stehen bleiben, um genauer hinzusehen – dafür aber von den erbarmungslosen Moskitos um mich herum verspeist werden? Oder gehe ich lieber zügig weiter?

Die Neugier überwiegt, und bei genauerem Inspizieren stelle ich fest, dass der Fleck eine rot-bräunliche Farbe besitzt und sich bewegt. Aufregung steigt in mir auf.

Wild gestikulierend drehe ich mich zu Danica um, die einige Meter hinter mir läuft und mit dem GPS-Gerät in ihrer Hand beschäftigt ist.

»Orang-Utan!«, raune ich, so leise es geht.

Sie hebt den Kopf und schaut mich verwirrt an. Meine Affengestikulation ist wohl nicht ganz so verständlich. Ich deute in die Bäume, und sie folgt meinem Fingerzeig.

Ich versuche, eine bessere Sicht auf den Baumwipfel zu bekommen, und schleiche tiefer in den Wald hinein. Plötzlich trete ich auf einen trockenen Ast. Lautes Knacken. Erschrocken blicke ich auf und schaue in die Augen eines riesigen Affen. Er hat die Biologin und mich entdeckt.

Der Affe ist ein massiv großes Orang-Utan-Männchen *(Pongo pygmaeus)*. Mit den großen Wangenwülsten und dem ausgeprägten Kehlsack wirkt sein Gesicht besonders einschüchternd. Es scheint sich um ein älteres Tier zu handeln, etwa um die neunzig Kilo schwer. Der Orang-Utan schaut direkt auf uns herab, und mein Herzschlag setzt für einen Moment aus.

Danica und ich wechseln vielsagende Blicke. Noch nie habe ich ein ausgewachsenes Orang-Utan-Männchen in der Wildnis gesehen.

Vorsichtig nähern wir uns dem Riesen ein weiteres Stück. Er behält uns genau im Auge. Auf einmal beginnt er, sich lautstark im Baum zu bewegen. Der Affe schürzt seine Lippen in unsere Richtung und gibt laute, schmatzende Geräusche von sich. Kein gutes Zeichen. Er macht uns deutlich, dass wir Eindringlinge in seinem Territorium sind, und das gefällt ihm gar nicht. Diese drohende Geste sollte nicht unterschätzt werden, gerade bei solch einem großen Tier. Wir weichen langsam zurück.

Doch plötzlich richtet sich der Orang-Utan zu voller Größe auf, mit drohenden Lippen, weiterhin in unsere Richtung gewendet. Er beginnt, den Baum zu schütteln, und große Äste fallen krachend zu Boden. Sehr laut und ungemein einschüchternd. Der Affe versucht, sich uns zu nähern. Er greift nach den angrenzenden Bäumen. Seine langen, kräftigen Arme müssen eine Spannweite von über zwei Metern haben, Wahnsinn! Doch die angrenzenden Äste sind nicht stark genug, um ihn zu halten.

Langsam steigt Panik in mir auf. Jetzt bloß nicht hektisch werden. Mit Bedacht suche ich den Weg zurück zum Flussufer. Äste krachen weiterhin zu Boden, dazu das laute Rufen des Orangs.

Endlich erreichen Danica und ich das Ufer. Das Tier schafft es, den kompletten Baum, in dem es sitzt, hin- und herzuschwingen. Dabei versucht es, mit seinen langen Armen den nächsten großen Ast zu erreichen. Und immer wieder dieses laute Krachen.

Erleichtert erreichen wir das Boot und springen hinein. Danica startet den Motor.

Überwältigt, aufgeregt und auch etwas ungläubig schauen wir uns an. Ist das jetzt tatsächlich passiert? Wurden wir gerade wirklich von einem riesigen, schönen Orang-Utan durch den Wald gejagt?

Ich versuche, vom Wasser aus noch einen Blick auf den beeindruckenden Menschenaffen zu erhaschen, sehe aber nur noch die Baumwipfel heftig hin- und herschwingen. Ich muss lächeln: Genau deswegen liebe ich die Arbeit im Dschungel so sehr.

Orang-Utans sind prominente Tiere, wenn es um den Artenschutz geht. Als sogenannte »Flaggschiffart« *(Flagship Species)* sind sie eine attraktive Tierart, die positive Emotionen in uns auslöst. Generell geschieht das bei Tieren über die vermeintlichen Ähnlichkeiten zum Menschen, eine prachtvolle Färbung oder ihren Niedlichkeitsfaktor. Sie erregen also eher unsere Aufmerksamkeit als ebenso bedrohte, aber unscheinbare Arten desselben Lebensraums. Doch das ist keinesfalls schlecht. Denn besiedelt die Flaggschiffart ein großes Territorium, kommt ihr Schutz auch allen anderen Arten dieses Lebensraums zugute. Leiten wir also Schutzmaßnahmen für die Orang-Utans und ihren Lebensraum auf Borneo ein, schützen wir gleichzeitig auch Nasenaffen, Zwergelefanten, Plumploris und Nebelparder.

Einen Schlüsselmoment meines Lebens trage ich besonders tief in meinem Herzen: Ich bin ebenfalls auf Borneo. Es ist später Nachmittag, und ich komme gerade von einer langen Beobachtungstour aus dem Dschungel zurück. Langsam laufe ich den Hauptweg zurück ins Camp. Die Gummistiefel hängen schwer an meinen Füßen, und ich sehne mich nach einer erfrischenden Dusche.

Da höre ich ein ungewöhnliches Rascheln im Baum neben mir. Nicht laut, aber es fällt mir auf und reißt mich aus meinen erschöpften Gedanken. Ich traue meinen Augen nicht. Keine drei Meter vor mir baut sich eine Orang-Utan-Dame ihr Nest für die Nacht. Sie sitzt ganz ruhig im Blätterdach und nimmt kaum Notiz von mir. Ergriffen von diesem Moment, setze ich mich, ohne groß nachzudenken, an den Fuß des Baumes. Schweiß tropft mir von der Stirn, mein Magen knurrt, die Mückenstiche jucken – aber all das ist mir in dem Moment egal. Ich folge den ruhigen, präzisen Bewegungen der Affendame. Sorgsam steckt sie Ast für Ast ineinander. Für jede Nacht baut sie sich ein neues Nest in den Bäumen, um sicher ruhen zu können. Ein großes Glück und ein mir bis dahin unbekanntes Gefühl von Frieden erfüllen mich.

Erst einige Augenblicke später erkenne ich weiter oben ihr Kleines, wie es im Wipfel des Baumes herumturnt. Seine großen runden Augen lugen hinter einem Ast hervor. Der orange-farbene Haarschopf steht ihm frech vom Kopf ab. Immer wieder versucht es, einen nahe gelegenen Ast zu erreichen, aber seine Arme sind einfach noch zu kurz. Ich lächele. Irgendwann scheint die Mutter genug von seinem Gehampel zu haben und zieht das Kleine zu sich ins Nest. Als es zu dämmern beginnt und ich auf die Uhr schaue, sind ganze zwei Stunden vergangen.

Dieses Erlebnis festigt meine Hoffnung. Nein, zu spät ist es noch nicht für den Erhalt der Tiere und Wälder. Wir müssen nur endlich viel entschlossener damit beginnen. Diese Zuversicht stärkt meinen Entschluss, meine Faszination für die Natur und die Bewahrung ihrer Vielfalt zu meinem Beruf zu machen. Mehr noch – zu meinem Leben.

NACHTRAG – COVID-19

Es ist Mitte März 2020. Ich sitze auf einem unbequemen Plastik-stuhl vor meinem Laptop und versuche verzweifelt, eine Inter-netverbindung über mein Handy aufzubauen. Meine Ellbogen kleben an der fleckigen Tischdecke aus Plastik. Obwohl die Dunkelheit schon hereingebrochen ist, herrschen noch immer über 24 Grad. Das grelle Licht der Deckenlampe scheint un-gemütlich auf mich herab, während ich unglücklich auf meinen Computerbildschirm starre. Der Dschungel um mich herum ist nicht zu überhören. Ich schließe für einen Moment die Augen und konzentriere mich auf das Zirpen der Zikaden und das Quaken der Frösche. Ich atme tief ein – für einen Moment die Welt da draußen vergessen. Schließlich ist der Dschungel der Grund für meinen dreimonatigen Aufenthalt auf Borneo. Ich arbeite in einem Forschungsprojekt, das die Krankheitsüber-tragung von Raubtieren untersucht. Dabei geht es zum einen darum, neue Erreger aus der Wildnis zu identifizieren. Zum anderen möchten wir herausfinden, ob diese Krankheitserreger auch für Haustiere oder Menschen gefährlich werden können. Eine spannende und anstrengende Arbeit, für die ich jeden Tag im Dschungel unterwegs bin, um nach Sonnenbären, Marmor-katzen oder Nebelpardern Ausschau zu halten. Häufig sind wir auch in den angrenzenden Dörfern und auf den Palmölplanta-gen vor Ort, um die Bevölkerung zu interviewen oder Hunde und Katzen zu untersuchen. Doch diese Arbeit scheint gerade ein abruptes Ende zu nehmen.

Der Nachrichtenton meines Handys reißt mich aus meinen Gedanken. Ich blicke auf den aufleuchtenden Bildschirm – end-lich wieder etwas Netz. Erneut rufe ich die Webseite der deut-schen Botschaft in Malaysia auf. Eine Ameise läuft unbeküm-mert über meine Tastatur. Leider bin ich gerade alles anders als unbekümmert und schubse sie ungeduldig von den Tasten. Den ganzen Tag über bin ich schon nervös – die beunruhigenden Nachrichten über die sich verbreitende Corona-Pandemie haben den Dschungel erreicht.

Als ich mich Anfang des Jahres auf den Weg nach Borneo machte, war das Virus (SARS-CoV-2) zwar schon bekannt, aber das Augenmerk lag hauptsächlich auf China. Keiner rechnete zu der Zeit mit weiteren Einschränkungen, und ich hätte es nie für möglich gehalten, dass mir mein deutscher Reisepass ein-mal Schwierigkeiten bereiten würde. Das dunkelrote Doku-ment bedeutete bislang immer vielmehr ein großes Privileg, das mir die Einreise in beinahe alle Länder der Welt ermöglichte. Doch durch die Pandemie habe ich als Europäerin plötzlich mit Restriktionen zu kämpfen.

Bisher hatten wir auf der kleinen Forschungsstation mitten im Regenwald Probleme mit Malaria-Mücken und Dengue-Fieber, nicht aber mit COVID-19. Doch seit sieben Tagen spitzt sich die Situation zu. Ich erfahre von der drastischen Lage in Italien und verfolge die geplanten Schulschließungen in Deutschland. Die stündlichen Eilmeldungen im Liveticker verunsichern mich. Ich telefoniere mit meiner Familie, erkundige mich nach ihrer Ge-sundheit und versichere ihr, dass es mir gut gehe und ich hier im Dschungel am sichersten sei. Doch auch das ändert sich heute.

Vor meiner Abreise habe ich mich auf der Krisenvorsorgeliste der deutschen Botschaft in Kuala Lumpur eingetragen. Darum erreichte mich vor einer Stunde eine E-Mail des Botschafters, in der er alle deutschen Staatsangehörigen über die Maßnahmen der malaysischen Regierung zur Bekämpfung der weiteren Verbreitung von COVID-19 aufklärt. Er rät uns, sobald wie möglich das Land zu verlassen, solange dies noch möglich sei. Niemand wisse, wie es weitergehe, aber das Streichen von Flügen, die Schließung internationaler Flughäfen und eine landesweite Ausgangssperre seien denkbar. Und plötzlich merke ich, wie Angst in mir aufsteigt. Was, wenn ich nicht mehr nach Hause komme? Ich finde die Vorstellung zwar nicht schlimm, die nächsten Monate im Dschungel von Borneo festzusitzen, aber was, wenn ich mich, wie zwei meiner Kollegen, mit Malaria infiziere und dringend ärztliche Hilfe benötige? Wie reaktionsfähig ist dann das schon jetzt überlastete Gesundheitssystem in Malaysia? Bleibt die Versorgung im Dschungel gewährleistet? Darf ich mich als Ausländerin überhaupt für die Option entscheiden, einfach zu bleiben?

Mich beschleicht das unwohle Gefühl, dass die Virusgefahr auch hier in Malaysia anfänglich unterschätzt wurde. Ich habe in den letzten Wochen keine spürbaren Vorsichtsmaßnahmen erlebt, jedes Wochenende kamen weiterhin zahlreiche Gäste in den Nationalpark, und Möglichkeiten zum Händewaschen mit Seife gibt es kaum. Das Einzige, was sich in unserem Forschungsprojekt schnell bemerkbar machte, war, dass die Atemschutzmasken für unsere Wildtiernarkosen und der Alkohol zum Desinfizieren knapp wurden. Doch als letzte Woche die ersten Corona-Fälle vor Ort auftraten, wurden auch die Einheimischen unruhig. Die Panikkäufe begannen, und ich sah immer mehr Menschen mit Mundschutz auf den Straßen.

Wir haben in unserem Forscherteam während der letzten Tage viel über die neuartige Viruserkrankung, die unsere Welt gerade auf den Kopf stellt, diskutiert. Wir sind uns einig, dass dieser Krankheitsausbruch keinesfalls etwas »Neues« ist. Wissenschaftlerinnen und Wissenschaftler haben jahrzehntelang auf menschliche Krankheiten aufmerksam gemacht, die ihren Ursprung im Tierreich haben. In der Infektionsmedizin ist allgemein bekannt, dass Wildtiere Krankheitserreger wie Bakterien, Viren, Pilze oder Parasiten beherbergen, die zwischen Tier und Mensch übertragbar sind und zu Krankheiten wie Ebola, HIV und Dengue führen können – sogenannte »Zoonosen«.

Die derzeit aktuellen Beta-Coronaviren (CoV) haben seit 2002 schon drei zoonotische Ausbrüche verursacht: das Schwere Akute Atemwegssyndrom (SARS-CoV, Ausbruch 2002), das Atemwegssyndrom des Nahen Ostens (MERS-CoV, Ausbruch 2012) und die nun neu aufgetauchte COVID-19 (SARS-CoV-2, Ausbruch Ende 2019).

Zoonotische Krankheiten sind ohne Zweifel mit Umweltveränderungen und menschlichem Verhalten in Verbindung zu bringen: Die Zerstörung unberührter Wälder durch Rodung, Bergbau, Straßenbau, die rasche Urbanisierung und das Bevölkerungswachstum bringen die Menschen in engen Kontakt mit Tierarten, denen sie vorher kaum je begegnet wären. Der Rückgang der Artenvielfalt und die Störung von Ökosystemen machen es sehr viel wahrscheinlicher, dass Viren, die ursprünglich auf Wildtiere spezialisiert waren, nun auf den Menschen übergreifen.

David Quammen, Wissenschaftsjournalist und Autor des Buches »Spillover: Animal Infections and the Next Pandemic« (auf Deutsch 2013 unter dem Titel »Spillover: Der tierische Ursprung weltweiter Seuchen« erschienen), schrieb schon 2012, dass die Menschen immer tiefer in tropische Wälder und andere wilde Landschaften eindringen, in denen jede Menge Tier- und Pflanzenarten mit zahlreichen unbekannten Viren leben. »Wir fällen die Bäume; wir töten die Tiere oder sperren sie in Käfige und schicken sie auf Märkte. Wir stören Ökosysteme und schütteln die Viren von ihren natürlichen Wirten ab. Wenn das geschieht, brauchen sie einen neuen Wirt. Oft sind wir es«, berichtete er der New York Times.

Die Zerstörung der Biodiversität schafft Voraussetzungen für die Entstehung neuer Infektionskrankheiten. Und zwar Krankheiten wie die im Dezember 2019 erstmals in China aufgetretene Viruserkrankung COVID-19. Trotz all der Virologie- und Epidemiologievorlesungen, die ich während meines Studiums besucht habe, konnte ich mir nicht vorstellen, welche tief greifenden gesundheitlichen und wirtschaftlichen Auswirkungen der Ausbruch einer Viruserkrankung weltweit haben würde – in reichen wie in armen Ländern. Durch die stark vernetzte Weltbevölkerung können neu auftretende Erkrankungen schneller zu Pandemien werden. Dies verdeutlicht mir die Zusammenhänge zwischen dem Wohlergehen der Menschen, anderer Lebewesen und ganzer Ökosysteme.

Neben dem Biodiversitätsverlust, also der Zerstörung von Lebensraum und dem Verlust von Artenvielfalt, spielt noch ein anderer Faktor eine Rolle: der weltweite Handel mit Wildtieren. Viele Viren und andere Krankheitserreger werden auf unhygienischen, kaum regulierten Wildtiermärkten übertragen. Sie dienen dazu, die schnell wachsende Bevölkerung mit Frischfleisch zu versorgen sowie Körperteile wilder Tiere für die traditionelle chinesische Medizin zu verkaufen. Auf den sogenannten »*Wet Markets*« besteht ein besonders hohes Risiko für die Übertragung von Viren. Sie sind auf der ganzen Welt weitverbreitet. Auf diesen Märkten werden unterschiedlichste Tierarten auf engstem Raum unter furchtbaren Bedingungen gehalten und an Ort und Stelle geschlachtet, zerlegt und verkauft. Ihren Namen erhielten die Märkte wegen des schmelzenden Eises, das zur Konservierung der Waren sowie zum Reinigen der Böden vom Blut der geschlachteten Tiere verwendet wird. *Wet Markets* haben in den letzten Jahren deutlich zugenommen. Mit steigendem Wohlstand wird in vielen Ländern das Fleisch exotischer Tiere immer begehrter, und der Bedarf an Körperteilen für die traditionelle Medizin steigt.

Dabei sind die Risiken der Krankheitsübertragung von wilden Tieren nicht neu. Die US Centers for Disease Control and Prevention (CDC) schätzen, dass drei Viertel der neuen oder neu auftretenden Krankheiten, die den Menschen infizieren, ihren Ursprung im Tierreich haben. Etwa 70 Prozent davon stammen von Wildtieren. Unsere Verhaltensweisen und unser Umgang mit diesem Risiko sind das, was wir dringend ändern müssen. Wildtierhandel muss weltweit streng kontrolliert und illegaler Handel gestoppt werden. Außerdem muss der Handel nachhaltig, also mit einer naturverträglichen Jagd verbunden sein, die die Art in ihrem Bestand keinesfalls gefährdet. Vor allem aber bedarf es gesetzlicher Bestimmungen zum Schutz der Tiergesundheit sowie einer Reduzierung des Übertragungsrisikos von Zoonosen durch Handelsbeschränkungen, Quarantäneauflagen und Hygienemaßnahmen auf Wildtiermärkten. Aufklärung und Bewusstseinsbildung spielen dabei eine wichtige Rolle: Wissenschaftliche Informationen müssen verständlich in die Welt getragen werden, um den Menschen die Risiken des Wildtierkontaktes bewusst zu machen und um Krankheitsausbrüche in Zukunft zu vermeiden. Das Wissen über Krankheitserreger und Wildtierkrankheiten muss an Jäger, Holzfäller, Markthändler und Verbraucher vermittelt werden, die in direktem Kontakt mit Wildtieren stehen. Letztendlich muss COVID-19 als Weckruf für ein Ende der nicht kontrollierten und nicht nachhaltigen Nutzung von Tieren dienen – ob als exotische Haustiere, als Lebensmittel oder als Medizin.

Ich drücke auf den Refresh-Button der Botschaft-Webseite. Die Zikaden zirpen unbeirrt vor sich hin. »Jetzt bloß nicht panisch werden, Hannah«, murmele ich zu mir selbst. Im Internet lese ich von Reiseeinschränkungen nach Europa und gestrichenen Flügen. Die malaysische Regierung verkündet einen baldigen »*Lockdown*«: Einheimische dürfen das Land nicht mehr verlassen, ausländische Personen nicht mehr einreisen, öffentliche Einrichtungen, Schulen und Geschäftsräume werden geschlossen und alle öffentlichen Versammlungen verboten. Die Krankenhäuser in der Nähe des Nationalparks werden bald hoffnungslos überfüllt sein, und der Tourismus, auf den das Land extrem angewiesen ist, wird zum Erliegen kommen.

Es ist mittlerweile 23 Uhr im friedlichen Dschungel, und ich weiß, dass ich jetzt eine Entscheidung treffen muss. Über eine Not-Hotline der Fluglinie buche ich meine Flüge um, packe Hals über Kopf meinen Rucksack und mache mich wenige Stunden später auf den Weg in die nächstgelegene Stadt. Das mulmige Gefühl und die Ungewissheit, ob ich es noch bis nach Hause schaffe, bleiben jedoch über alle Stationen meiner hastig angetretenen Rückreise. Bis das Taxi in meine Straße in Hamburg einbiegt und ich übermüdet in Gummistiefeln und mit Wanderrucksack meine Haustür aufschließe.

Was ich aus der aktuellen Situation lerne? Die großflächige Entwaldung, die Zerstörung und Zersplitterung von Lebensräumen, eine intensive, nicht nachhaltige Landwirtschaft, unser derzeitiges fleischbetontes Ernährungssystem, der illegale Handel mit Arten und Pflanzen, der anthropogene Klimawandel – all das sind Triebkräfte für den dauerhaften Verlust der biologischen Vielfalt und damit auch für neue infektiöse und gefährliche Krankheiten. Unser Ziel muss es sein, wieder im Einklang mit den natürlichen Ressourcen zu leben. Also die Natur zu achten und zu respektieren, um sie nachhaltig nutzen zu können, ohne sie zu zerstören. Davon würden alle profitieren: Tiere, Pflanzen, Lebensräume und eben auch wir Menschen.

ÜBER DEN VEREIN

Der gemeinnützige Verein Nepada Wildlife setzt sich für den Natur- und Artenschutz ein und sensibilisiert für den Verlust der biologischen Vielfalt. Über Umweltbildung und das Prinzip der Nachhaltigkeit zeigen wir Lösungswege auf und schaffen ein Bewusstsein für Natur, Tiere und Vielfalt. Und das in den unterschiedlichsten Ländern der Erde. Ich bin Gründerin und erste Vorsitzende des Vereins. Als Tierärztin arbeite ich vor Ort in den Projektgebieten, unterstütze Schutzprojekte, spreche mit den Einheimischen und berichte davon in Deutschland auf Vorträgen, in klassischen und sozialen Medien. Über unser entwicklungspolitisches Bildungskonzept »Vom Regenwald ins Klassenzimmer« klären wir mit Nepada im Rahmen der Ziele für nachhaltige Entwicklung über den Verlust der Biodiversität auf und bauen auf digitale Medien und Visualisierung. Durch Virtual und Augmented Reality bringen wir Kindern und Jugendlichen Biodiversität und Nachhaltigkeit spielerisch näher.

Nepada ist eine Kurzform für Nebelparder, mein Lieblingstier und der Anfang von allem: Der Sunda-Nebelparder *(Neofelis diardi)* kommt nur auf Sumatra und Borneo vor und gilt als sehr gefährdet. Die Art ist noch kaum erforscht, und es gibt bisher nur wenige Daten aus der Wildnis. Ich durfte auf Borneo selbst mit den wunderschönen und seltenen Tieren arbeiten und sie in freier Wildbahn erleben. Der Nepada Wildlife e.V. richtet sich an Menschen, die sich für die Natur, den Umwelt- und Artenschutz, Nachhaltigkeit, Reisen, fremde Länder, Tiermedizin und eine Bildung für nachhaltige Entwicklung interessieren. Mit allen unseren Aktivitäten leisten wir einen Beitrag, unsere Welt naturverbundener zu hinterlassen, als wir sie vorgefunden haben.

DANK

Ich bedanke mich ganz herzlich bei allen Menschen (und Tieren), die mich auf meinem Weg durch die Regenwälder dieser Erde begleitet haben. Ganz besonders bei meinen Eltern, die mich so früh haben gehen lassen, damit ich die Welt entdecken konnte – und trotzdem nie von meiner Seite wichen. Danke für unendliche Telefonate, fachliche Auseinandersetzungen und zehn Jahre Care-Pakete mit Schwarzbrot und Schokolade. Danke an Lea und Hannah, dass Ihr je nach Zeitzone von morgens bis nach Mitternacht für mich da seid und immer die richtigen Worte findet. Danke an Jannes für Deinen unermüdlichen Optimismus, Deine Liebe zur Natur und Deinen Glauben an das Gute im Menschen. Danke an meine Agentin Heike Wilhelmi, die von Anfang an mein Ziel und die Bedeutung dieses Projektes verstanden und mir die Welt der Bücher nähergebracht hat. Danke an Eric Peters für die wunderbaren Zeichnungen und Deine Unterstützung seit dem ersten Tag. Danke an das gesamte Team von Nepada Wildlife für Euren Einsatz, damit wir die Welt gemeinsam ein wenig grüner und nachhaltiger machen. Ich danke allen Kreativen, Freiwilligen, Locals, Partnerorganisationen, Fördermitgliedern und spendenden Menschen sowie Thomas, Ann, Charlie, Rieke, Joko und Meike. Ihr wisst, wofür.

Mein besonderer Dank gilt auch all den warmherzigen, klugen, geduldigen und mutigen Umweltschützerinnen und Umweltschützern, den Forschenden und Naturbegeisterten auf der ganzen Welt, meinen Local Heroes: May Hokan, Elpis Joan, Luis Fernando »Picho« Guerra, Sergio Guerrero Sanchez, Danica Stark, Andrew Hearn, Meaghan Evans, Roshan Guharajan, Benoît Goossens, Elisa Panjang, Richard Burger, Jerry Jennings, David Rodríguez-Arias, Vino De Backer und Ritzy, Alut, Sheila, Pedro und Antonio.

Mein großer Dank gebührt allen Fachleuten, die sich die Zeit genommen haben, auf meine Fragen zu antworten, und geht an all die kleinen Artenschützerinnen, Tierliebhaber und Naturforschenden in den Schulklassen und Kindergärten – Ihr motiviert mich jeden Tag, weiterzumachen und für den Schutz unseres Planeten zu kämpfen.

Und danke – geliebter Dschungel!

ADRESSEN DER IM BUCH
GENANNTEN ORGANISATIONEN

Bornean Sunbear Conservation Centre (BSBCC), Malaysia;
www.bsbcc.org.my

The Bat Jungle Monteverde, Costa Rica; *www.batjungle.com*

Centro de Rescate de Especies Marinas Amenazadas (CREMA),
Costa Rica; *www.cremacr.org*

Danau Girang Field Centre (DGFC), Malaysia; *www.dgfc.life*

Deutsche Gesellschaft für Internationale Zusammenarbeit
(GIZ); *www.giz.de*

European Association of Zoo and Wildlife Veterinarians
(EAZWV); *www.eazwv.org*

Friedrich-Loeffler-Institut, Bundesforschungsinstitut für Tiergesundheit; *www.fli.de*

Kölner Zoo; *www.koelnerzoo.de*

Negros Forests and Ecological Foundation Inc., Philippinen

Nepada Wildlife e.V.; *www.nepadawild.life*

Pacuare Reserve – Ecology Project International, Costa Rica; *www.pacuarereserve.org*

Stiftung Tierärztliche Hochschule Hannover; *www.tiho-hannover.de*

The Toucan Rescue Ranch, Costa Rica; *www.toucanrescueranch.org*

»weltwärts«, der entwicklungspolitische Freiwilligendienst des deutschen Bundesministeriums für wirtschaftliche Zusammenarbeit und Entwicklung; *www.weltwaerts.de*

Wildlife Conservation Society (WCS), Guatemala; *www.wcs.org*

Wildlife Disease Association (WDA); *www.wildlifedisease.org*

GLOSSAR

Wichtige Begriffe:

Biodiversität – auch biologische Vielfalt; beinhaltet alles, was zur Vielfalt des Lebens beiträgt: die Vielfalt der Ökosysteme (Lebensräume am und im Wasser, an Land, in Wäldern oder im Gebirge), die Vielfalt der Arten (Tiere, Pflanzen, Pilze und Mikroorganismen) sowie die genetische Vielfalt innerhalb der Arten (Sorten oder Rassen von wild lebenden und genutzten Arten). Als funktionale Biodiversität versteht man die Vielfalt der Wechselbeziehungen zwischen den drei Ebenen *(Biodiversity)*.

Endemische Art – eine Art, die nur in einem bestimmten, räumlich klar umgrenzten Gebiet vorkommt, wie zum Beispiel auf einer Insel. Sie entwickelte sich isoliert, weil eine Abwanderung oder Vermischung nicht möglich war *(Endemic Species)*.

Flaggschiffart – als Flaggschiffarten werden in der Naturschutzkommunikation oft prominente, attraktive oder süße Tierarten bezeichnet. Sie werden genutzt, um emotional für Na-

293

tur- und Artenschutzmaßnahmen zu werben. Nicht immer spielen Flaggschiffarten eine besonders wichtige Rolle für ein bestimmtes Ökosystem, doch durch ihren Schutz profitieren viele weitere Arten *(Flagship Species).*

Schlüsselart – eine Art, die in der Lebensgemeinschaft oder im Ökosystem eine zentrale Funktion hat und deren Verschwinden das Aussterben weiterer, von ihr abhängiger Arten nach sich ziehen kann *(Keystone Species).*

Wichtige internationale Biodiversitätsübereinkommen:

Abkommen zur Erhaltung der europäischen Fledermauspopulationen – das Regionalabkommen verpflichtet die Vertragsstaaten zum Schutz von Fledermäusen, es ist ein Unterabkommen der Bonner Konvention (Agreement on the Conservation of Populations of European Bats [EUROBATS]). *www.eurobats.org*

Klimarahmenkonvention der Vereinten Nationen – ein internationales Umweltabkommen mit dem Ziel, eine gefährliche anthropogene Störung des Klimasystems zu verhindern und die globale Erwärmung zu verlangsamen sowie ihre Folgen zu mildern. Sie wurde auch 1992 auf der Umwelt- und Entwicklungskonferenz der Vereinten Nationen (UNCED) in Rio de Janeiro unterschrieben. Die hundertsiebenundneunzig Vertragsstaaten der Konvention treffen sich jährlich zu Konferenzen, den UN-Klimakonferenzen (auch »Weltklimagipfel«), auf denen um konkrete Maßnahmen zum Klimaschutz gerungen wird (United Nations Framework Convention on Climate Change [UNFCCC]). *www.unfccc.int*

Übereinkommen über die biologische Vielfalt – die Biodiversitätskonvention wurde 1992 auf der UNCED-Konferenz in Rio de Janeiro von hundertachtundsechzig Vertragsparteien unterzeichnet. Ziele dieses internationalen Umweltabkommens sind die Erhaltung der biologischen Vielfalt, die nachhaltige Nutzung der biologischen Vielfalt sowie die gerechte Aufteilung der aus der Nutzung genetischer Ressourcen gewonnenen Vorteile (Convention on Biological Diversity [CBD]). *www.cbd.int*

Übereinkommen zur Erhaltung wandernder wild lebender Tierarten – auch Bonner Konvention genannt, wurde 1979 in Bonn unterzeichnet und enthält die Verpflichtung der Vertragsstaaten, Maßnahmen zum weltweiten Schutz und zur Erhaltung wandernder wild lebender Tierarten zu treffen, einschließlich ihrer nachhaltigen Nutzung. Im Rahmen dieser Konvention gibt es zahlreiche Unterabkommen, zum Beispiel zum Schutz von Walen oder Fledermäusen (Convention on the Conservation of Migratory Species of Wild Animals [CMS]). *www.cms.int*

Washingtoner Artenschutzübereinkommen – das Übereinkommen über den internationalen Handel mit gefährdeten Arten frei lebender Tiere und Pflanzen ist eine internationale Konvention, die den Schutz und einen nachhaltigen, internationalen Handel mit den in ihren Anhängen gelisteten Tieren und Pflanzen gewährleisten soll. Die Konvention wurde 1973 auf der Vertragsstaatenkonferenz in Washington, D. C., unterzeichnet. Auf Anhanglisten wird festgelegt, ob Tiere geschützt werden und damit nicht gehandelt werden dürfen oder ob bestimmte Nachweise erbracht werden müssen, dass die Arten nicht im Bestand gefährdet sind (Convention on International Trade in Endangered Species of Wild Fauna and Flora [CITES]). *www.cites.org*

Wichtige Institutionen im Artenschutz:

Bundesamt für Naturschutz – fördert Naturschutzprojekte, betreut Forschungsvorhaben und ist Vollzugsbehörde für die Umsetzung des Washingtoner Artenschutzübereinkommens in Deutschland. Als wissenschaftliche Behörde des Bundes hat das BfN außerdem naturschutzfachliche Bewertungen von Einfuhranträgen vorzunehmen und führt Situations- und Gefährdungsanalysen für heimische Arten und ihre Habitate durch. *www.bfn.de*

TRAFFIC – ist eine führende Nichtregierungsorganisation mit weltweitem Netzwerk, die überprüft, dass der Handel mit wild lebenden Tier- und Pflanzenarten und deren Produkten nur in nachhaltiger Weise geschieht, im Einklang mit nationalen und internationalen Abkommen und Gesetzen steht und nicht zum Aussterben von Arten führt (Trade Records Analysis of Flora and Fauna in Commerce). *www.traffic.org*

Vertragsstaatenkonferenz – das höchste Gremium einer internationalen Konvention. Alle Vertragsstaaten sind jeweils zur Teilnahme eingeladen. Sie fällt Beschlüsse, an die sich alle Vertragsparteien zu halten haben, z. B. das Verbot zum Handel mit bestimmten Tierarten oder die Festlegung von Klimazielen (Conference of the Parties [COP]).

Weltnaturschutzunion – ist eine internationale Naturschutzorganisation, die für den Natur- und Artenschutz sensibilisiert und eine nachhaltige und schonende Nutzung der Ressourcen sicherstellen möchte. Die Mitglieder der IUCN sind sowohl Staaten als auch Regierungs- und Nichtregierungsorganisationen, die im Bereich Naturschutz aktiv sind. Die IUCN erstellt und veröffentlicht unter anderem die Rote Liste gefährdeter Arten und kategorisiert Schutzgebiete. Zudem publiziert die IUCN zahlreiche Positionspapiere zu Fragen des Umwelt- und Naturschutzes und entwickelt internationale Standards (International Union for Conservation of Nature [IUCN]). *www.iucn.org*

Die Rote Liste mit den weltweit vom Aussterben gefährdeten Tier- und Pflanzenarten wird in folgende Gefährdungskategorien unterteilt: *extinct* (ausgestorben), *extinct in the wild* (in der Natur ausgestorben), *critically endangered* (vom Aussterben bedroht), *endangered* (stark gefährdet), *vulnerable* (gefährdet), *near threatened* (potenziell gefährdet), *least concern* (nicht gefährdet).

Die von Staaten oder Bundesländern für ihr Gebiet herausgegebenen Roten Listen haben einen regionalen Bezug und können daher genau auf die geografischen Besonderheiten eingehen. In Deutschland werden die nationalen Roten Listen vom Bundesamt für Naturschutz in Bonn herausgegeben und sind zum Beispiel für Bauprojekte von großer Bedeutung. *www.iucnredlist.org*

World Wide Fund For Nature – ist eine international tätige Umweltorganisation mit Büros in achtundfünfzig Ländern. Ziel des WWF ist der Schutz und die nachhaltige Nutzung der biologischen Vielfalt durch den Erhalt von Lebensräumen und Arten sowie durch die Veränderung bestehender Konsumgewohnheiten. *www.wwf.de*

»Ein phantastisches Geschenk!«

Frankfurter Allgemeine Sonntagszeitung

Hier reinlesen!

Jan Pedersen /
Lars Svensson /
Einhard Bezzel

Vogelstimmen

Unsere Vögel und ihr Gesang

Aus dem Schwedischen
von Einhard Bezzel
Malik, 256 Seiten
€ 39,99 [D], € 41,20 [A]*
ISBN 978-3-89029-422-3

Ob Ammer oder Zaunkönig, Amsel, Drossel, Fink oder Star: Lauschen Sie dem bezaubernden Gesang unserer Vogelwelt. Dieser Band entführt in die Welt der Vogelstimmen, erklärt ihre Funktionen und die charakteristischen Merkmale jeder Art. Opulent ausgestattet mit über 200 prachtvollen Farbfotos, Illustrationen, aufschlussreichen Texten und integrierten Vogelstimmen, ganz einfach zum Abspielen und Anhören.

»Das melodiöseste Buch des Jahres« *Focus*

»Ein Lese-, Schau- und Hörerlebnis« *Der Tagesspiegel*

Leseproben, E-Books und mehr unter **www.malik.de**

MALIK

Eine kulinarische Entdeckungsreise

Artur Cisar-Erlach

Der Geschmack von Holz – Auf der Suche nach dem wilden Aroma der Bäume

Aus dem Englischen
von Stephan Pauli
Malik, 336 Seiten
€ 22,00 [D], € 22,70 [A]*
ISBN 978-3-89029-431-5

Wonach schmeckt Holz? Und wie beeinflusst dieser unverwechselbare Geschmack unsere Lebensmittel? Artur Cisar-Erlach begibt sich auf die Suche nach dem wilden Aroma von Bäumen, Wurzeln, Saft und Rinde. Sein Streifzug führt ihn zu Ahornsirup-Produzenten in Kanada, Pizzabäckern in Neapel, auf Trüffeljagd im Piemont, zu Whisky-Experten, Winzern und Fassbindern. Anschaulich zeigt er, dass jeder Baum seinen ganz eigenen Geschmack besitzt und welche Vielfalt an Holzaromen es noch zu entdecken gibt.

Leseproben, E-Books und mehr unter www.malik.de

MALIK

»Ein Reisebuch von ganz ungewöhnlicher Intensität.«

Cover- und Preisänderungen vorbehalten

Andreas Kieling

Meine Expeditionen zu den Letzten ihrer Art

Bei Berggorillas, Schneeleoparden
und anderen bedrohten Tieren

Piper Taschenbuch, 352 Seiten
€ 9,99 [D], € 10,30 [A]*
ISBN 978-3-492-30627-0

Von den Berggorillas in Ruandas Hochland bis zu den Komodowaranen Indonesiens, von indischen Löwen bis zu den Riesenwalen der Weltmeere: Immer mehr Tiere sind vom Aussterben bedroht. Der berühmte Naturfilmer Andreas Kieling war erneut zwei Jahre auf Weltreise, schwamm mit Australiens Salzwasserkrokodilen, stand Auge in Auge mit dem Afrikanischen Elefanten und mit Eisbären in der Arktis. Eindrucksvoll berichtet er von seinen Erlebnissen mit den Wildtieren, deren Lebensraum dringend Schutz bedarf.